·全国社会工作者职业水平考试辅导用书·

社会工作者考试教材精编
shehuigongzuozhe kaoshi jiaocai jingbian

（中级）
(zhongji)

社会工作者职业水平考试辅导用书编写组　编

·广州·

版权所有　　翻印必究

图书在版编目（CIP）数据

社会工作者考试教材精编·中级/社会工作者考试辅导用书编写组编.—广州：中山大学出版社，2016.1

ISBN 978-7-306-05219-3

Ⅰ.①社… Ⅱ.①社… Ⅲ.①社会工作－中国－水平考试－自学参考资料 Ⅳ.①D632

中国版本图书馆CIP数据核字（2015）第043091号

出版人：徐　劲
责任编辑：易建鹏
封面设计：张　敏
责任校对：向晴云
责任技编：黄少伟
出版发行：中山大学出版社
电　　话：编辑部 020-84111996，84113349，84111997，84110779
　　　　　发行部 020-84111998，84111981，84111160
地　　址：广州市新港西路135号
邮　　编：510275　　　　　　传　真：020-84036565
网　　址：http://www.zsup.com.cn　E－mail：zdcbs@mail.sysu.edu.cn
印　刷　者：虎彩印艺股份有限公司
规　　格：787 mm×1092 mm　1/16　19印张　487千字
版次印次：2016年1月第1版　2016年1月第1次印刷
定　　价：58.00元

如发现本书因印装质量影响阅读，请与出版社发行部联系调换

前　言

随着我国经济和社会的高速发展，许多社会问题也随之增加。社会工作者，作为职业助人者，遵循助人自助的价值理念，运用个案、小组、社区、行政等专业方法，以帮助机构和他人发挥自身潜能，协调社会关系，解决和预防社会问题，促进社会公正。

为适应社会工作者的考试，社会工作者考试辅导用书编写组严格依照考试大纲编写了《社会工作者考试教材精编·中级》一书，它是一本适合于中级社会工作者职业资格考试的辅导用书。本书主要从考纲要求、考点透析、要点讲解等方面入手对社会工作综合能力、社会工作实务和社会工作法规与政策这三部分内容进行选编。其中，"社会工作综合能力"由十章内容组成，主要讲述了社会工作师各个方面必备的工作能力；"社会工作实务"由十五章内容组成，主要讲述了社会工作师的具体工作实务；"社会工作法规与政策"由十四章组成。

本书对各章节的知识与逻辑结构进行了梳理，不仅为考生提供了学习社会工作的基本知识，而且起到了普及社会工作专业知识、提升社会工作实务水平的作用。

由于编者水平有限，书中难免存在错漏，恳请广大读者在使用过程中提出宝贵的意见。

本书编者：莫嘉彬

目 录

第一编 社会工作综合能力

第一章 社会工作概述 ········· 3
- 第一节 社会工作的含义、目标与功能 ········· 3
- 第二节 社会工作的发展 ········· 4
- 第三节 社会工作的构成要素 ········· 6
- 第四节 社会工作者的主要角色 ········· 6
- 第五节 社会工作的领域 ········· 8

第二章 社会工作价值观与专业伦理 ········· 9
- 第一节 文化传统与社会福利思想对社会工作价值观的影响 ········· 9
- 第二节 社会工作价值观 ········· 10
- 第三节 社会工作专业伦理 ········· 11
- 第四节 社会工作专业伦理守则 ········· 13

第三章 人类行为与社会环境 ········· 15
- 第一节 人类行为 ········· 15
- 第二节 社会环境 ········· 17
- 第三节 人类行为与社会环境的理论基础 ········· 17
- 第四节 人生发展阶段及其主要特征 ········· 19

第四章 社会工作理论 ········· 23
- 第一节 社会工作理论的含义与类型 ········· 23
- 第二节 精神分析取向的社会工作理论 ········· 24
- 第三节 认知行为理论 ········· 25
- 第四节 系统理论和生态系统理论 ········· 26
- 第五节 人本主义和存在主义理论 ········· 27
- 第六节 增强权能理论 ········· 28
- 第七节 社会支持理论 ········· 28
- 第八节 优势视角理论 ········· 29

第五章 个案工作方法 ········· 31
- 第一节 个案工作的基本概念 ········· 31

  第二节 个案工作的主要模式 32
  第三节 个案工作各阶段的工作要求 37
  第四节 个案工作的常用技巧 41
  第五节 个案管理 42

第六章 小组工作方法 43
  第一节 小组工作的概念、类型与特点 43
  第二节 小组工作的模式 44
  第三节 小组工作的过程 45
  第四节 小组工作技巧 47

第七章 社区工作方法 50
  第一节 社区工作的特点与目标 50
  第二节 社区工作的主要模式 51
  第三节 社区工作各阶段的工作重点 54
  第四节 社区工作的技巧 57

第八章 社会工作行政 58
  第一节 社会服务计划 58
  第二节 社会服务机构的类型与运作 59
  第三节 社会服务机构的领导 60
  第四节 社会服务机构的人力资源管理和志愿者管理 61
  第五节 社会服务机构的财务与筹资管理 61
  第六节 社会服务机构的公信力和公共关系管理 62
  第七节 我国的社会福利行政体系 63

第九章 社会工作督导 65
  第一节 社会工作督导的含义和对象 65
  第二节 社会工作督导的功能与内容 66
  第三节 社会工作督导的原则与方法 67

第十章 社会工作研究 69
  第一节 社会工作研究的含义与功能 69
  第二节 社会工作研究方法论与研究范式 70
  第三节 社会工作研究的一般过程 71
  第四节 社会工作研究的具体方法 72
  第五节 社会工作的项目评估 75

第二编　社会工作实务

第一章　社会工作实务的通用过程模式 ... 79
第一节　通用过程模式的理论依据 ... 79
第二节　社会工作实务通用过程模式的特点 ... 80
第三节　通用过程模式的四个基本系统对社会工作实务的作用 ... 81

第二章　社会工作实务的通用过程 ... 82
第一节　接案 ... 82
第二节　预估 ... 86
第三节　计划 ... 87
第四节　介入 ... 88
第五节　评估 ... 89
第六节　结案 ... 90

第三章　儿童社会工作 ... 91
第一节　儿童社会工作概述 ... 91
第二节　儿童社会工作的主要内容 ... 94
第三节　儿童社会工作的主要方法 ... 97

第四章　青少年社会工作 ... 100
第一节　青少年社会工作概述 ... 100
第二节　青少年社会工作的主要内容 ... 101
第三节　青少年社会工作的主要方法 ... 103

第五章　老年社会工作 ... 105
第一节　老年社会工作概述 ... 105
第二节　老年社会工作的主要内容 ... 107
第三节　老年社会工作的主要方法 ... 109

第六章　妇女社会工作 ... 110
第一节　妇女社会工作概述 ... 110
第二节　妇女社会工作的主要内容 ... 111
第三节　妇女社会工作的主要方法 ... 113

第七章 残疾人社会工作 ······ 115
第一节 残疾人社会工作概述 ······ 115
第二节 残疾人社会工作的主要内容 ······ 115
第三节 残疾人社会工作的主要方法 ······ 117

第八章 矫正社会工作 ······ 119
第一节 矫正社会工作概述 ······ 119
第二节 矫正社会工作的主要内容 ······ 120
第三节 矫正社会工作的主要方法 ······ 122

第九章 优抚安置社会工作 ······ 124
第一节 优抚安置社会工作概述 ······ 124
第二节 优抚安置社会工作的主要内容 ······ 125
第三节 优抚安置社会工作的主要方法 ······ 127

第十章 社会救助社会工作 ······ 130
第一节 社会救助社会工作概述 ······ 130
第二节 社会救助社会工作的主要内容 ······ 132
第三节 社会救助社会工作的主要方法 ······ 134

第十一章 家庭社会工作 ······ 136
第一节 家庭社会工作概述 ······ 136
第二节 家庭社会工作的主要内容 ······ 137
第三节 家庭社会工作的主要方法 ······ 139

第十二章 学校社会工作 ······ 140
第一节 学校社会工作概述 ······ 140
第二节 学校社会工作的主要内容 ······ 141
第三节 学校社会工作的基本方法 ······ 143

第十三章 社区社会工作 ······ 146
第一节 社区社会工作概述 ······ 146
第二节 社区社会工作的主要内容 ······ 147
第三节 社区社会工作的主要方法 ······ 149

第十四章 医务社会工作·················151
- 第一节 医务社会工作概述·················151
- 第二节 医务社会工作的主要内容·················152
- 第三节 医务社会工作的主要方法·················158

第十五章 企业社会工作·················164
- 第一节 企业社会工作概述·················164
- 第二节 企业社会工作的主要内容·················165
- 第三节 企业社会工作的主要方法·················167

第三编 社会工作法规与政策

第一章 社会工作法规与政策概述·················171
- 第一节 社会工作法规与政策体系·················171
- 第二节 社会工作法规与政策的主要内容·················173
- 第三节 社会工作法规与政策和社会工作实践的关系·················174

第二章 社会工作专业人才队伍建设法规与政策·················175
- 第一节 加强社会工作专业人才队伍建设的法规与政策·················175
- 第二节 社会工作专业人才队伍建设中长期计划·················176
- 第三节 政府购买社会工作服务的法规和政策·················177
- 第四节 推进民办社会工作服务机构发展的法规与政策·················178

第三章 我国社会救助法规与政策·················179
- 第一节 社会救助法规与政策的一般规定·················179
- 第二节 最低生活保障及特困救助法规与政策·················180
- 第三节 受灾人员救助与医疗救助法规与政策·················184
- 第四节 教育救助与住房救助法规与政策·················187
- 第五节 就业救助、临时救助与法律援助法规与政策·················189

第四章 我国特定人群权益保护法规与政策·················194
- 第一节 老年人权益保护的法规与政策·················194
- 第二节 妇女权益保护的法规与政策·················195
- 第三节 未成年人权益保护的法规与政策·················197
- 第四节 残疾人权益保护的法规与政策·················200

第五章　我国婚姻家庭法规与政策 ……………………………………… 201
第一节　婚姻家庭关系法规与政策 …………………………………… 201
第二节　收养关系法规与政策 ………………………………………… 206
第三节　财产继承法规与政策 ………………………………………… 209

第六章　我国人民调解、信访工作与突发事件应对法规与政策 ……… 214
第一节　人民调解法规与政策 ………………………………………… 214
第二节　信访工作法规与政策 ………………………………………… 216
第三节　突发事件应对法规与政策 …………………………………… 219

第七章　社区矫正、禁毒和治安管理法规与政策 ……………………… 221
第一节　社区矫正法规与政策 ………………………………………… 221
第二节　禁毒法规与政策 ……………………………………………… 224
第三节　治安管理处罚法规与政策 …………………………………… 226

第八章　我国烈士褒扬与优抚安置法规与政策 ………………………… 228
第一节　烈士褒扬法规与政策 ………………………………………… 228
第二节　军人抚恤优待法规与政策 …………………………………… 230
第三节　退伍士兵安置法规与政策 …………………………………… 234
第四节　军队离退休干部安置法规与政策 …………………………… 236

第九章　我国城乡基层群众自治和社区建设法规与政策 ……………… 238
第一节　城市社区居民自治法规与政策 ……………………………… 238
第二节　农村村民自治法规与政策 …………………………………… 239
第三节　社区建设法规与政策 ………………………………………… 242
第四节　社区服务法规与政策 ………………………………………… 243

第十章　我国公益慈善事业与志愿服务法规与政策 …………………… 245
第一节　公益慈善事业的法规与政策 ………………………………… 245
第二节　志愿服务的法规与管理 ……………………………………… 250

第十一章　我国社会组织发展的法规与政策 …………………………… 252
第一节　社会团体管理法规与政策 …………………………………… 252
第二节　民办非企业单位管理法规与政策 …………………………… 255
第三节　基金会管理法规与政策 ……………………………………… 257

第十二章 我国劳动就业和劳动关系法规与政策 ········ 260

- 第一节 促进就业的法规与政策 ········ 260
- 第二节 劳动合同的规定 ········ 262
- 第三节 工资、工作时间和休息休假的规定 ········ 266
- 第四节 劳动保护与职业培训的规定 ········ 267
- 第五节 劳动保障监察和劳动争议处理 ········ 269
- 第六节 构建和谐劳动关系法规和政策 ········ 273

第十三章 我国健康与计划生育法规与政策 ········ 275

- 第一节 公共卫生法规与政策 ········ 275
- 第二节 医疗服务体制法规与政策 ········ 277
- 第三节 城市社区卫生服务法规与政策 ········ 278
- 第四节 食品药品安全法规和政策 ········ 279
- 第五节 计划生育法规与政策 ········ 280

第十四章 我国社会保险法规与政策 ········ 282

- 第一节 养老保险法规与政策 ········ 282
- 第二节 医疗保险和生育保险法规与政策 ········ 283
- 第三节 失业保险法规与政策 ········ 286
- 第四节 工伤保险法规与政策 ········ 287
- 第五节 社会保险管理法规与政策 ········ 289
- 第六节 军人保险法规与政策 ········ 290

参考文献 ········ 291

第一编

社会工作综合能力

第一章 社会工作概述

本章知识体系

社会工作概述 ⎰ 社会工作的含义、目标与功能
　　　　　　 社会工作的发展
　　　　　　 社会工作的构成要素
　　　　　　 社会工作者的主要角色
　　　　　　⎱ 社会工作的领域

第一节 社会工作的含义、目标与功能

一、社会工作的含义（表1-1-1）

表1-1-1 社会工作的含义

要　点		内　容
概　念		一种职业的、专业化的助人活动，也指一个学科
定　义		①一定的福利制度框架 ②利他主义价值观 ③以科学知识为基础 ④科学的助人方法 ⑤职业化的助人活动
我国对 社会工作 的三种理解 （基本理解）	普通 社会工作	本职工作外，不计报酬的教育性或公益性的活动
	行政性 社会工作	在政府部门或群众团体中，专职工作（福利、救助、思想工作），行政性、非专业化
	专业 社会工作	运用专业助人方法，专业理念为指导，服务于困难人群

二、社会工作的目标（表1-1-2）

表1-1-2 社会工作的目标

要　点		内　容
服务 对象层面		①解救危难 ②缓解困难

(续表1-1-2)

要点	内容
服务对象层面	③激发潜能 ④促进发展
社会层面	①解决社会问题 ②促进社会公正
文化层面	①弘扬人道主义精神 ②促进社会团结

三、社会工作的功能（表1-1-3）

表1-1-3 社会工作的功能

要点		内容
类型	正功能	发挥的作用起到正面积极效果的
	负功能	发挥的作用起到消极负面效果
	显功能	发挥作用的效果是明显的，被人预期和认识到的
	潜功能	发挥作用的效果是潜在的，不被人马上认识到的
对服务对象的功能		①促进正常生活 ②恢复弱化的功能 ③促进人的发展 ④促进人与社会环境的相互适应
对社会的功能		①维持社会秩序（通过服务解决问题） ②促进社会和谐（建设相互关怀的社会） ③建构社会资本 ④推动社会进步

第二节 社会工作的发展

社会工作的发展（表1-1-4）

表1-1-4 社会工作的发展

要点		内容
西方社会工作的产生	历史背景	①宗教改革和资产阶级人道主义的张扬 ②资产阶级工业革命及其引发的社会问题 ③英国《伊丽莎白济贫法》颁布
	社会工作的产生	①民间力量参与 ②以贫困者为主要对象 ③工作者职业化 ④服务受政策影响

(续表 1-1-4)

要　点		内　容
西方社会工作的形成	专业教育和培训的发展	① 19世纪末英美慈善组织开始对志愿者和服务人员提供培训 ② 1893年英格兰济贫院和慈善组织会社开设"慈善训练学校" ③ 1898年纽约慈善组织会社训练受薪的"友善访问员" ④ 1904年纽约社会工作学院成立 ⑤ 1919年美国成立社会工作训练学院协会 ⑥ 1952年美国形成社会工作学院标准
	社会工作专业方法的发展	① 20世纪10年代——个案工作：玛丽·里士满《社会诊断》（1917）、《什么是社会个案工作》 ② 20世纪40年代——小组工作 ③ 20世纪60年代——社区工作
	专业组织的发展	① 19世纪末20世纪初，英美大量慈善组织会社出现 ② 1918年成立"美国义务社会工作者协会" ③ 1919年成立"美国学校社会工作者协会" ④ 1955年成立"美国全国社会工作人员协会"，协调专业活动，建立工作标准和伦理
社会工作的专业发展	专业的特征及社会工作的专业化——格林伍德专业观	①系统的理论体系 ②社会广泛认可 ③专业权威 ④职业伦理守则 ⑤形成专业文化
	专业方法的发展	① 20世纪上半期：直接社会工作（个案工作、小组工作、社区工作） ② 20世纪70年代：间接社会工作（社会工作行政、社会工作研究） ③目前：整合社会工作方法
	目标模式的变化	治疗－预防，救助－发展，权利－服务
	工作对象的拓展	早　期　生活困难的群体 后　期　所有"有需要"的人：个人、小组、社区——所有与人类生活相关的方面
	服务模式的发展	心理－治疗模式到人本主义模式、赋权增能模式、女权主义模式、后现代模式 单一模式到多模式并存
我国社会工作的发展		①我国历史上缺乏专业社会工作 ② 20世纪上半叶社会工作在我国的发展 ③ 1949年以后我国的社会工作 ④改革开放与我国社会工作的恢复发展 ⑤社会工作的职业化和专业化

第三节 社会工作的构成要素

社会工作构成要素（表1-1-5）

表1-1-5 社会工作构成要素

要点	内容	
对社会工作过程的基本理解	服务对象基于需要的求助行为→工作者根据对求助行为的理解采取行动→服务对象的反应→工作者对反应的反应→服务对象的进一步反应→服务结束	
社会工作的基本要素	服务对象（案主）	个人、家庭、群体、社区（有主动性、有潜能的）
	社会工作者	助人行动的主体（个人、团体、机构）
	专业价值观	利他主义，社会工作的灵魂
	助人活动	社会工作者向服务对象提供服务，以满足其需求，解决其问题
	专业方法	社会工作是理性行动，利用有效手段才能达到助人目的

第四节 社会工作者的主要角色

一、社会工作者的概念（表1-1-6）

表1-1-6 社会工作者的概念

要点	内容
社会工作者的含义	遵循社会工作的价值准则，运用社会工作专业方法，从事职业性社会服务的人员
一般特征	①认同并遵循社会工作的价值准则 ②从事社会福利服务的人员，而不是行政官僚 ③掌握一定的社会工作专业方法 ④在一定组织框架内开展职业性的助人活动
社会工作者与志愿者的区别	①活动方式不同 ②专业技术能力不同 ③处理问题的难易程度不同 ④社会约束不同

二、社会工作者的主要角色（表1-1-7）

表1-1-7 社会工作者的主要角色

要 点		内 容
直接服务角色（基本角色）	服务提供者	提供复合型的服务，使受助者获得最大帮助
	治疗者	对有困难、有问题的社会成员所处的困境进行诊断和治疗
	支持者	服务对象积极反应的支持者、鼓励者（助人自助）
	使能者	鼓励服务对象，激发其能力和信心
	倡导者	服务对象积极行动的倡导者，并指导其获得成功
	关系协调者	缓解并解决矛盾
间接服务角色		①行政管理者 ②资源筹措者 ③政策影响者 ④研究者（广义理解）
合并角色		社会工作者在工作中综合多种角色，使服务有整体性和综合性

三、社会工作者基本素养（表1-1-8）

表1-1-8 社会工作者基本素养

要 点	内 容
价值观	①人类共同意识 ②帮助社会弱者 ③乐观看待变迁 ④追求社会公正
知识素养	①学科知识（哲学、社会学、心理学、管理学等） ②文化知识 ③心理素质 ④政策知识 ⑤技术知识
能力要求	①沟通与建立关系的能力 ②促进和使能的能力 ③评估和计划的能力 ④提供服务和干预的能力 ⑤在组织中工作的能力 ⑥发展专业的能力

第五节 社会工作的领域

社会工作的领域（表1-1-9）

表1-1-9 社会工作的领域

要点		内容
社会工作的主要领域	儿童及青少年服务	保障健康成长，促进发展
	老年社会工作	老人救助及福利、家庭服务、医疗保健、生活适应、老人发展、社会参与
	妇女社会工作	女童女婴救助、妇女权益维护、反家暴、女性发展
	残疾人社会工作	生理功能康复、精神康复、权益保障、社会参与
	社会救助工作	保障基本生存，增强应对困境的能力
	家庭社会工作	①恢复家庭的正常生活 ②发挥家庭正常功能
	医务社会工作	①连接医疗资源 ②处理医患关系，促进医患合作 ③帮助建立患者与社区间的关系 ④促进保健和疾病预防
	学校社会工作	①治疗型：针对"问题学生"，帮助解决问题，实现正常发展 ②变迁型：帮助学生适应剧烈的社会变迁 ③社区－学校型：实现家校沟通、校外跟进、社区教育
	矫正社会工作	①针对罪犯和有犯罪危险的违法人员、吸毒人员 ②思想教育、心理辅导、行为纠正 ③监狱服务、社区服务（社区矫正）
	社区社会工作	①城市社区服务、社区建设 ②农村社会工作（乡村社区规划、发展项目选择与推广、社区教育与卫生）
	优抚安置社会工作	面向优抚安置服务对象
	企业社会工作	员工激励、劳动保障、劳资关系、心理辅导、工作培训、职业生涯设计、合法权益维护
社会工作领域的扩展		①从困难人群到有需要人群 ②从关注社会问题到关注社会和谐发展

第二章 社会工作价值观与专业伦理

本章知识体系

社会工作价值观与专业伦理 ├ 文化传统与社会福利思想对社会工作价值观的影响
　　　　　　　　　　　　├ 社会工作价值观
　　　　　　　　　　　　├ 社会工作专业伦理
　　　　　　　　　　　　└ 社会工作专业伦理守则

第一节 文化传统与社会福利思想对社会工作价值观的影响

文化传统与社会福利思想对社会工作价值观的影响（表1-2-1）

表1-2-1 文化传统与社会福利思想对社会工作价值观的影响

要 点		内 容
文化传统对社会工作价值观的影响	专业价值体系的意义	①确定专业使命、专业特质 ②规范专业行为和职责，最大限度保护服务对象的利益 ③保证维护社会正义和公平的专业责任
	文化及制度的影响	①文化传统对社会工作专业实践和理念的影响 ②社会福利制度对社会工作专业伦理的影响
西方文化传统和福利思想对专业价值观的影响	西方文化传统	①个人自决、案主参与 ②专业人员和受助者受法律法规制约
	西方社会福利思想	社会工作是福利制度的重要组成，担当着解决社会问题、促进社会正义、保障公民基本权利和平等化的角色
中国传统文化与福利思想	儒教、道教和佛教	①佛教：慈善、博爱、众生平等 ②道教：顺应民意，尊重生命，个性自由 ③儒教：社会道德与秩序、仁爱
	中国社会福利思想	①传统：家庭作为重要依赖机制，成为家庭成员的福利构成核心 ②新中国成立后：二元福利制度下，城市是以就业为基础的单位福利制度；农村在集体经济下为极困难群体提供有限的社会救助 ③当前：关注公平与效率、适度普惠型福利

第二节 社会工作价值观

社会工作价值观（表1-2-2）

表1-2-2 社会工作价值观

要点			内容
社会工作价值观的内涵	专业价值	含义	指社会工作者长期奉行的一套指导实践的原则和理念
		终极目标	关注人类社会的总体福利、正义制度的安排
		工具性目标	通过专业行动实现具体的事物目标
		内容	正义、平等、责任、自我实现、自我决定、知情同意、诚信
	国际共识		服务大众，实践社会公正，强调个人尊严和价值，重视人与人的关系，真诚和守信，能力提升和再学习
	操作原则	基本信念	尊重	不强加、不指责、不批判
			独特性	承认个别差异，尊重个性化要求
			可塑性	相信人是可以改变的
		实践原则	接纳	不等于认同服务对象的价值观
			个别化	服务按案主的个别需求和问题而设
			保密	非特殊情况，不得泄露雇主隐私
			自决与知情同意	案主个人决定服务的选择
社会工作价值观的内容	对服务对象的看法		平等、有潜能、合作者
	对专业实践的看法		专业、优质服务，实践推进社会发展
	对服务机构的看法		员工责任、机构归属意识
	对公共福利的看法		资源分配的公平、公正，服务弱势群体
	对社会发展与社会进步的看法		制度、服务、公平、正义
我国的社会工作价值观			①以人为本，回应需要 ②接纳和尊重 ③个别化，不批判 ④注重和谐，促进发展 ⑤平等待人，民主参与 ⑥权利与责任并重 ⑦个人提升与社会发展结合

第三节 社会工作专业伦理

一、社会工作专业伦理的含义、内容、作用及特点（表1-2-3）

表1-2-3 社会工作专业伦理的含义、内容、作用及特点

要　点	内　容	
社会工作专业伦理的含义	社会工作专业伦理是指一整套指导社会工作者正确履行责任和义务，并预防道德风险的行为规范	
社会工作专业伦理的内容	对服务对象的伦理责任	①尊重并保护服务对象最佳利益 ②尊重案主自决 ③保密 ④公平合理收费
	对同事的伦理责任	①忠实与忠诚的态度 ②团队内相互协助
	对服务机构的伦理责任	①遵守机构规定 ②落实机构服务宗旨 ③负责管理个案
	作为专业人员的伦理责任	①适当的工作认知 ②专业能力的表现 ③提供专业服务 ④维持服务品质 ⑤公正与服务 ⑥专业知识的拓展
	对社会工作专业的伦理责任	①保障专业的完整性 ②遵循专业的评估和研究
	对全社会的伦理责任	①促进整体社会福祉 ②鼓励公民参与 ③倡导社会与政治行动
社会工作专业伦理的作用	①保障服务对象权益 ②帮助社会工作者解决伦理难题 ③评价服务适当性 ④帮助社会工作者自身反思与澄清价值 ⑤奠定社会对行业的信任基础	
社会工作专业伦理的特点	①优先考虑服务对象利益 ②专业价值高于个人价值 ③约束和鼓励并重 ④系统性与权威性统一	

二、社会工作实践中的伦理难题（表 1-2-4）

表 1-2-4　社会工作实践中的伦理难题

要　点	内　　容
伦理难题的含义	社会工作者经常会面临各种挑战和矛盾，不仅包括资源本身缺乏，也包括体制和政策的限制，还涉及伦理原则自身的相互制约，这就是社会工作实践中的伦理难题
社会工作实践中面临的伦理难题	①保密问题 ②人情介入和客观性的矛盾 ③价值介入与客观性的矛盾 ④社会工作者的个人利益满足与职业的社会责任之间的冲突 ⑤自我决定问题

三、伦理难题处理的基本原则及步骤（表 1-2-5）

表 1-2-5　伦理难题处理的基本原则及步骤

要　点		内　　容
伦理难题的基本处理原则	保护生命原则	在社会工作实践中，保护生命原则高于其他所有的伦理原则
	差别平等原则	在社会工作实践中，不仅要以平等的方式对待不同的服务对象，也要注重服务对象间的个体差异
	自由自主原则	在社会工作实践中，应充分保障服务对象的自由和自主以提升服务对象的能动性和参与能力
	最小伤害原则	在社会工作实践中，应尽量保护服务对象的权益不受到侵害，尽可能实现其利益最大化
	生命质量原则	在社会工作的实践中，应注重通过专业服务来提升服务对象的生活质量
	隐私保密原则	在社会工作的实践中，社会工作者应在提供服务的各个环节，始终遵守保护服务对象的个人隐私和相关信息的承诺，保护服务对象的个人权益
	真诚原则	在社会工作的实践中，社会工作者应坦诚对待服务对象，适当地展示自我，与服务对象建立互信的关系
处理伦理难题的一般步骤		①识别案件的伦理问题，包括分析社会工作者自身的价值观、责任和义务 ②分析影响伦理决定的因素 ③认识伦理行动的利益和风险及与行动参与者的关系 ④知晓伦理决定相关参与者的决策的理由 ⑤向同事和专家进行咨询 ⑥做出伦理决定并记录 ⑦对伦理决定进行监督和评估

第四节　社会工作专业伦理守则

一、社会工作专业伦理守则的含义

社会工作者在专业服务活动中应该遵守的一套规则，它清晰告诉社会工作者"应该做什么"和"不应该做什么"。

二、社会工作专业伦理守则的内容（表1-2-6）

表1-2-6　社会工作专业伦理守则的内容

要　点		内　容
基本内容		服务、社会正义、人的尊严和价值、人类关系的重要性、正直、能力
国际专业守则的内容	社会工作者的行为和态度	社会工作者对服务对象需要以服务有需要人群、促进社会变迁和正义为己任
	对受助对象的伦理责任	①对服务对象的承诺/负责 ②尊重服务对象的自我决定 ③使服务对象知情同意 ④相信服务对象的能力 ⑤具有文化敏感性 ⑥保护服务对象的隐私和保密性
	对同事的伦理责任	①尊重 ②保密性 ③合作 ④利益冲突与争议的处置 ⑤咨询 ⑥教育和培训 ⑦服务转介
	对专业的伦理责任	①注重专业的品性 ②加强专业评估与研究
	对机构的伦理责任	①有责任维护机构的政策与立场 ②对机构的相关资料和信息进行保密 ③妥善使用和保存机构的文件、信息和其他相关资料 ④有责任促进机构与政府及其他机构的合作关系 ⑤有责任协调服务对象与机构的关系
	对社会的伦理责任	①促进社会福利的发展 ②促进公共参与 ③在公共危机情形下提供介入与救助措施 ④通过社会与政治行动减少不平等，反对歧视，促进社会公平

三、我国社会工作专业伦理守则的内容（表1-2-7）

表1-2-7　我国社会工作专业伦理守则的内容

要　点	内　　容
社会工作专业伦理制定的原则	①现实需要和未来发展相结合 ②本土与国际相结合 ③专业实践与政治实践互不冲突
社会工作者职业道德指引的主要内容	①尊重服务对象，全心全意服务 ②信任支持同事，促进共同成长 ③践行专业使命，促进机构发展 ④提升专业能力，维护专业形象 ⑤勇担社会责任，增进社会福祉

第三章　人类行为与社会环境

本章知识体系

人类行为与社会环境 ⎰ 人类行为
　　　　　　　　　　 社会环境
　　　　　　　　　　 人类行为与社会环境的理论基础
　　　　　　　　　　⎱ 人生发展阶段及其主要特征

第一节　人类行为

一、人类需要的层次和类型（表1-3-1）

表1-3-1　人类需要的层次和类型

要点			内容
含义			需要反映了人的机体在某一方面的不足与缺乏
层次	马斯洛的需要层次论		从低级到高级的需要顺序：生理需要、安全需要、归属与爱的需要、尊重需要、自我实现的需要。低级需要基本满足后才出现高级需要
	阿尔德弗尔的ERG理论		①生存需要：关系到机体生存（相当于马斯洛的生理与安全需要） ②关系需要：通过社会交往得到满足（相当于马斯洛的归属与爱的需要） ③成长需要：通过开拓个人潜力和才能获得满足（相当于马斯洛的自我实现和尊重的需要） 特点： ①不强调需要的顺序，认为某种需要只在一定时间内对行为产生影响 ②较高层次的需要受挫会使个体退而求其次 ③某种需要在基本满足后其强烈程度可能不会减弱，反而增强
	莱恩·多亚尔和伊恩·高夫的需要理论		他们认为人类存在共同的、客观的需要，将需要分为基本需要和中介需要
		基本需要	包括身体健康和自主两个方面。身体健康需要是指人有保存自己性命，维持生活的需要；自主需要是指人具备自主性，有按自己意愿完成某活动的需要

(续表1-3-1)

要点		内容
层次	莱恩·多亚尔和伊恩·高夫的需要理论	中介需要	即文化中使能够促进基本需要得到更好满足的需要，一共十一种（有营养的食物和洁净的水、有保护功能的住房、无害的工作环境、无害的自然环境、适当的保健、童年期的安全、重要的初级关系、安全的环境、安全的经济基础、适当的教育、安全的生育控制与分娩）
类型		①生理性需要和社会性需要 ②物质需要和精神需要 ③生存性需要和发展性需要

二、人类行为的含义及类型（表1-3-2）

表1-3-2 人类行为的含义及类型

要点		内容
含义	广义	客观刺激通过人的心理活动而引起的内外部的反应
	狭义	人类的外显行为
	行为主义学派认为	人类行为是机械式的刺激引起的反应 $S \to R$，S代表刺激，R代表行为
	考托尔曼认为	$B = f(S \cdot A)$ B是行为变因，S是情境变因，A是前提变因
	勒温认为	$B = f(P \cdot E)$ B代表行为，P代表个体，E代表环境
类型		（1）本能行为和习得行为 （2）亲社会行为和反社会行为 （3）正常行为与偏差行为 如何判断偏差行为： ①统计规律 ②社会规范与价值 ③行为适应标准 ④个体主观体验
特点	适应性	适应环境同时不断改善环境
	多样性	人类行为是一个复杂的系统
	指向性	非盲目的，具有特定的目标指向
	可控性	受个体有意的控制和调节，可通过学习获得和改变
	发展性	人类行为是不断发展的过程
影响人类行为的因素		①生物因素 ②心理因素 ③社会因素

第二节 社会环境

社会环境（表1-3-3）

表1-3-3 社会环境

要点		内容
含义与特点	含义	指与人的生存相关的社会因素，以及与人类生物遗传、心理状态相互作用而成的社会系统 ①纯社会环境（家庭、学校、团体、组织、社区、社会等） ②人造物质环境（房屋、道路、活动空间、各种服务设施）
	特点	①多样性 ②复杂性 ③层次性 ④稳定性 ⑤变动性
构成要素		①家庭 ②朋辈群体 ③学校与工作单位 ④社区 ⑤社会 ⑥文化 ⑦大众传媒
人类行为与社会环境间的关系		①个体必须适应社会环境 ②社会环境影响个人行为 ③社会环境与生物遗传共同影响人类行为 ④人类可改变社会环境 ⑤人类行为与社会环境关系的非平衡性

第三节 人类行为与社会环境的理论基础

一、人类行为的心理学理论（表1-3-4）

表1-3-4 人类行为的心理学理论

要点	内容
弗洛伊德精神分析理论	（1）本能中的性驱力是人格发展的主要动力 （2）五个阶段： ①口腔期（0～1岁）

(续表1-3-4)

要点		内容
弗洛伊德精神分析理论		②肛门期（1～3岁） ③性器期（3～6岁） ④潜伏期（6岁～青春期） ⑤生殖期（青春期～成年）
埃里克森		在弗洛伊德理论基础上引入了社会和文化因素，把人格发展推演到了一生
	人生发展八阶段	①婴儿期（0～1岁）——信任/不信任 ②幼儿期（1～3岁）——自主、羞怯和怀疑 ③儿童早期（3～6岁）——主动/内疚 ④儿童中期（6～12岁）——勤奋/自卑 ⑤青少年期（12～20岁）——同一性/角色混乱 ⑥成年早期（20～40岁）——亲密/孤独 ⑦成年中期（40～65岁）——繁衍/停滞 ⑧成年晚期（65岁以上）——自我整合/绝望
	基本观点	①每个发展阶段都面临特殊的发展任务和危机 ②个体只有解决冲突后，才能顺利进入下一发展阶段 ③如果冲突无法解决，个体自我的发展就会出现困扰乃至停滞 ④强调青少年期"自我同一性"的发展
皮亚杰的认知发展论		四个阶段： ①感知运动期 ②前运算期 ③具体运算期 ④形式运算期 皮亚杰认为在每个发展阶段中，个体主要是运用图式、同化和顺应三种原则来认识世界
科尔伯格的道德发展阶段论	前习俗水平（0～9岁）	①惩罚与服从定向阶段（服从权威，受惩罚的行为是坏的） ②相对功利取向阶段（行为好坏以自己的利益为标准）
	习俗水平（9～15岁）	①"好孩子"定向阶段（着眼于社会要求，好的行为使人喜欢） ②遵守法规和秩序定向阶段（遵循法规和公共秩序）
	后习俗水平（15岁以后）	①社会契约定向阶段（权利与义务同等重要） ②普遍的伦理阶段（主张公正和正义）
行为主义理论与社会学习理论	行为主义理论	①华生：心理的本质是行为，强调环境的影响 ②斯金纳：行为发生变化是强化作用的结果
	社会学习理论	①行为是内部因素和外部影响相互作用的产物 ②直接的学习和间接的学习 ③三种强化（外部强化、替代强化、自我强化）

(续表 1-3-4)

要点	内容	
依恋理论	依恋形成阶段	①前依恋关系 出生后几个星期 ②形成中的依恋关系阶段 婴儿出现"选择性的社会微笑" ③鲜明清晰的依恋关系阶段 可清晰指明依恋对象 ④纠正目标的依恋关系阶段 出生两年后，婴儿获得自我概念，开始理解他人观点
	依恋类型	安全型、回避型、反抗型

二、人类行为与社会环境的社会学理论（表 1-3-5）

表 1-3-5 人类行为与社会环境的社会学理论

要点	内容
符号互动理论	语言是人们认识自我、环境、他人和社会的媒介 人们的行为受到他们对自我、环境、他人和社会的定义和解释结果的影响 ①米德关于自我的理论 自我分为主我和客我，是人际互动中形成的。自我的发展阶段包括模仿阶段、游戏阶段、概化他人阶段 ②托马斯情景定义 人的行为受到情景的主观解释和定义的影响
标签理论	标签是人们对自我形象的界定和产生，自我形象是在人际过程中产生的，而他人的标签则是重要因素

第四节 人生发展阶段及其主要特征

一、婴幼儿阶段（0～3 岁）（表 1-3-6）

表 1-3-6 婴幼儿阶段（0～3 岁）

要点	内容	
主要特征	生理发展	①大脑的发育最早 ②动作发展迅速 ③独立行走 ④手的操作能力发展

(续表1-3-6)

要点		内　　容
主要特征	心理发展	①记忆：无意识记忆为主，机械记忆发达 ②思维：具体形象思维 ③语言：词汇发展最快
	社会性发展	①母婴依恋的发展 ②社会化三阶段 ③自我意识三阶段
主要问题		①哺乳问题 ②母爱剥夺 ③弃婴问题

二、学龄前阶段（3~6岁）（表1-3-7）

表1-3-7　学龄前阶段（3~6岁）

要点		内　　容
主要特征	生理发展	大脑发育接近成人，肌肉发展成熟或协调
	心理发展	内部语言、书面语言
	社会性发展	①自我意识发展：自我评价、自我体验和自我控制 ②道德发展：道德认知、情感、行为发展 ③建立性别认同
主要问题		①挑食偏食 ②攻击行为 ③电视依赖 ④自闭症

三、学龄阶段（6~12岁）（表1-3-8）

表1-3-8　学龄阶段（6~12岁）

要点		内　　容
主要特征	生理发展	各方面的发展进一步提高
	心理发展	①内部语言的发展进一步提高 ②注意的稳定性增强，范围扩大
	社会性发展	①形成自己的道德意识 ②自我中心主义减弱 ③与家人、同伴、老师的关系有了新的发展
主要问题		①儿童意外伤害 ②校园欺负 ③儿童性伤害

四、青少年阶段（12～20岁）（表1-3-9）

表1-3-9 青少年阶段（12～20岁）

要点		内容
主要特征	生理发展	①性发育成熟，出现第二性征 ②生理机能逐步加强
	心理发展	①抽象逻辑思维能力得到发展 ②情绪发展的两极性
	社会性发展	①自我意识、道德观、社会交往进一步加强 ②学校、家庭、同伴、社会环境的影响与之前各阶段不同
主要问题		①网络成瘾 ②青少年犯罪 ③青少年性行为

五、青年阶段（20～35岁）（表1-3-10）

表1-3-10 青年阶段（20～35岁）

要点		内容
主要特征	生理发展	生理机能达到"黄金时期"
	心理发展	①记忆能力达到最高水平 ②认识能力和实际操作能力的发展 ③职业能力和人际交往能力、适应力、管理能力的发展
	社会性发展	人生观、爱情和友谊、心理适应三方面更为成熟
主要问题		①婚恋问题 ②性别歧视 ③就业问题

六、中年阶段（35～65岁）（表1-3-11）

表1-3-11 中年阶段（35～65岁）

要点		内容
主要特征	生理发展	生理功能发生变化，进入更年期
	心理发展	①认知能力和实际操作能力上升，心智功能活跃，个人能力在工作中得到体现 ②能熟练处理各种社会关系 ③解决问题更加充满智慧
	社会性发展	①情感稳定 ②婚姻务实 ③事业成败的关键期
主要问题		①早衰综合征 ②更年期综合征 ③婚外恋 ④家庭暴力

七、老年阶段（65岁以上）（表1-3-12）

表1-3-12　老年阶段（65岁以上）

要点		内容
主要特征	生理发展	①各项生理功能发生较大退化 ②记忆力下降 ③各种老年疾病开始出现 ④身体依赖他人
	认知与心理	思维和记忆力衰退
	社会性发展	①社会退缩 ②丧失感
主要问题		①失智和失能 ②精神健康问题 ③死亡问题 ④老年歧视和被虐待

第四章 社会工作理论

本章知识体系

社会工作理论 {
- 社会工作理论的含义与类型
- 精神分析取向的社会工作理论
- 认知行为理论
- 系统理论和生态系统理论
- 人本主义和存在主义理论
- 增强权能理论
- 社会支持理论
- 优势视角理论

第一节 社会工作理论的含义与类型

社会工作理论的含义与类型（表1-4-1）

表1-4-1 社会工作理论的含义与类型

要点		内容
理论在社会工作中的功能		①解释问题 ②预测与判断 ③确定干预的方法和模式 ④指导服务实践的发展 ⑤发展新的理论
社会工作理论的分类	大卫·豪的分类	（1）支持社会工作的理论（提供理论基础） ①人及社会本质的理论 ②人与社会关系的理论 ③人类心理与行为的理论 ④社会结构、社会制度的理论 （2）社会工作理论（关于社会工作的性质、目的、过程与方法的理论）
	马尔科姆·佩恩的分类	（1）实证主义理论 ①知识是从经验中获得的 ②行为是具有规律并可测量的 ③强调实验研究

(续表 1-4-1)

要 点	内 容	
社会工作理论的分类	马尔科姆·佩恩的分类	（2）后现代理论 ①知识是权力的反映 ②行为是个体化的无规律 ③经验不能脱离主体而独立存在

第二节 精神分析取向的社会工作理论

精神分析取向的社会工作理论（表1-4-2）

表1-4-2 精神分析取向的社会工作理论

要 点	内 容		
精神分析理论的主要观点	心理构成	人的心理由意识、前意识和潜意识构成 ①意识是可以觉察的想法和感受 ②前意识是通过思考可以觉察的部分 ③潜意识是精神分析理论的核心	
	人格结构	本我、自我、超我 ①三者平衡，人格完善 ②三者失衡，人格失调	
	焦虑与防卫机制	焦 虑	欲望和需求得不到满足，出现焦虑，焦虑是痛苦的情绪体验
		防卫机制	自我为消除不愉快的情绪体验而采取的方法
		常见的防御机制	否认、替代、认同、投射、合理化、反作用、退化、压抑、升华
	人格发展五阶段	口腔期、肛门期、性器期、潜伏期、生殖期	
精神分析理论的实务原则	①个别化原则 ②与受助人签订治疗协议 ③为受助人提供安全与支持的环境 ④自由联想是基本方法 ⑤倾听感受，给予支持、接纳和理解		
精神分析理论在社会工作中的应用	强调儿童期的性经验对现在生活的影响 治疗过程： ①治疗情境的建立——包括签订治疗协议与态度 ②治疗关系的建立——创造安全环境 ③治疗性对话——自由联想、治疗性倾听及诠释		

第三节 认知行为理论

认知行为理论（表1-4-3）

表1-4-3 认知行为理论

要 点			内 容
理论由来	行为主义		①经典条件反射 ②操作条件反射 ③社会学习理论
	认知学派		①人类的思想、感觉、行动相互联系 ②认知可以改变行为，行为也可以改变认知
主要观点			①认知扮演着中介与协调的作用 ②认知的形成受到"自动化思考机制"的影响 ③"ABC情绪理论框架" ④改变人的行为的三个要素（ABC） ⑤将认知用于行为修正上，强调认知和环境间的关系
在社会工作实务中的运用	实务原则	如何界定问题	①问题可以经由学习改变 ②问题的外在性与内在性 ③服务对象及其处境的差异性
		助人目标原则	①改变错误认知、想法、期待 ②修正不理性的自我对话 ③加强解决问题和决策的能力 ④加强自我控制和自我管理的能力
		运用原则	①尊重个人自决和信念 ②改变错误认知，建立正确认知 ③建立专业关系，形成积极态度
	认知行为学派的助人过程		①确定评估重点 ②专业关系的建立 ③社会工作者的角色——教育者、陪伴者
	策略及步骤		①确定不正确的思维方式或想法 ②要求受助人自我监控、自我对话 ③探索错误的思维方式与潜在感觉、信念之间的关系 ④尝试不同的正面、正常的思维方式 ⑤检验有效性
	结案和跟进	结案阶段	受助人生活方式和行为模式回到正常
		注意问题	①受助人自主意志和信念非常重要 ②相信受助人有能力改变 ③明确界定认知和行为问题 ④鼓励受助人合作

第四节 系统理论和生态系统理论

一、系统理论（表1-4-4）

表1-4-4 系统理论

要点		内容
系统理论的历史		社会工作中的系统理论起源于20世纪70年代，该理论认为个人是家庭的组成部分，家庭又是社区、社会的组成部分，每一个系统都是另一个高级系统的子系统，每个系统环环相扣密切相关，任何一个子系统出现问题都会导致整个大系统或其他系统的异常，反之亦然
系统理论的主要观点	结构	是指个人所面对并能够认知的外在环境，包括微观、中观和宏观三个层面
	过程	助人是一个系统过程，包括输入、流程、产出、反馈、生存或终止
	行动	分为中介系统、服务对象系统、目标系统和行动系统
	机能	系统运行在一定水平上的动力
系统理论在社会工作应用中的原则和过程	实务原则	①服务对象的问题既有生理、心理根源，也有社会方面的因素 ②评估问题需要聚焦在生理、心理和社会三个方面 ③个人的问题和环境的互动关系是动态的 ④向服务对象提供的服务应该是系统性的
	系统理论在社会工作实务过程中的应用	①界定专业关系 ②服务目标 ③专业人员角色

二、生态系统理论（表1-4-5）

表1-4-5 生态系统理论

要点		内容
生态系统理论	理论背景	社会工作实务的干预焦点应将个人置于其生活和场景中，重视人的生活经验、发展时期、生活空间与生态资源分布等有关个人与环境的交流活动，并从生活变迁、环境特性、调和度三个层面的互动中考量社会工作的实施
	主要观点	①生命周期 ②人际关联 ③胜任能力 ④角色表现 ⑤生态地位 ⑥适应力
生态系统理论在社会工作中的应用	原则	通过改变系统来实现个人需求的满足，将人与环境视为一个完整的整体 ①从服务对象的处境出发

(续表 1-4-5)

要 点		内 容
生态系统理论在社会工作中的应用	原 则	②认识情境的重要性 ③积极的视角,不利情境中看到可能 ④辨识可能的改变 ⑤重视过程 ⑥关注支持网络、个人支持网络及社会资源
	注意问题	①社会环境中的障碍是导致问题的重要因素 ②着眼点在于相关的不同系统 ③服务对象与各个系统之间的关系是动态的 ④从整个系统出发

第五节 人本主义和存在主义理论

人本主义和存在主义理论(表 1-4-6)

表 1-4-6 人本主义和存在主义理论

要 点			内 容
人本主义社会工作的主要观点及应用	主要观点	相信理性	具有理性的人可以自主选择行动
		治疗原则	诚实和真诚,温暖、尊重和接纳,同理
	应 用		①强调个人的价值和能力——尊重 ②人们彼此负有责任 ③个人具有归属与被包容的权利 ④个人具有参与和被聆听的权利 ⑤自由表达的权利 ⑥群体成员之间有差别 ⑦质疑和挑战专业人员的权利
存在主义社会工作的观点及其应用	观 点		①核心是个人的存在,个人具有选择的自由 ②自由表现在选择和行动两个方面 ③实践中强调个人的自由和责任 ④五个基本概念:觉醒、痛苦是生命的一部分、选择的自由、对话的必要性、实行
	应 用		①强调个人生命的意义、个人的内在价值,包括痛苦经验 ②为社会工作提供最基本的价值基础和思想基础

第六节　增强权能理论

增强权能理论（表1-4-7）

表1-4-7　增强权能理论

要点	内容		
基本假设	①个人的无力感是由环境的压迫而产生的 ②环境中的障碍可以改变 ③个人的能力可以通过互动不断增加 ④服务对象是有能力、有价值的 ⑤社会工作者和服务对象是合作性伙伴关系		
增强权能社会工作的取向	伦理价值	推动社会正义，尊重受助者自决与自我实现	
	干预认可	指环境中的资源对干预计划的认可	
	权能	使受助者具有获得社会资源的能力 ①个人层面 ②人际层面 ③环境层面	
	概念框架	能力不是稀缺资源，可以增强	
	助人过程	①协同的伙伴关系 ②重视服务对象的能力 ③注重人与环境两个工作焦点 ④确认服务对象是积极的主体 ⑤有意识地选择长期处于"缺权"状态中的人为服务对象	
运用	服务目标	巴巴拉·所罗门提出从四方面协助受助者提高技能 ①确认自己是改变自己的媒介 ②知识和技巧可以分享与运用 ③社会工作者是伙伴，受助者是主体 ④明确无力感是可以改变的	
	服务原则	李（Lee）：社会工作实践十项原则	

第七节　社会支持理论

社会支持理论（表1-4-8）

表1-4-8　社会支持理论

要点	内容		
主要观点	概念	社会支持网络	一组个人之间的接触，通过这些接触，个人得以维持社会身份，并获得各种支持、服务、信息和新的社会接触

(续表 1-4-8)

要点	内容		
主要观点	概念	个人拥有的资源	个人资源和社会资源
		社会支持	社区、社会网络和亲密伙伴提供的感知和实际的工具性或表达性支持
	影响因素	①发展因素 ②个人因素 ③环境因素	
实务模式	①正式的社会支持网络和非正式的社会支持网络 ②社会工作的作用 ③干预模式：评估→拟订帮助计划		
应用	①重点帮助服务对象建立和利用社会支持网络 ②支持网络反映个人与其生态环境中其他系统之间的关系状态 ③社会支持网络的作用：预防、治疗和恢复 ④社会支持网络本身也是工作的对象		

第八节 优势视角理论

优势视角理论（表 1-4-9）

表 1-4-9 优势视角理论

要点	内容	
优势视角的概述	"优势视角"是一种关注人的内在力量和优势资源的视角。意味着应当把人们及其环境中的优势和资源作为社会工作助人过程中所关注的焦点，而非关注其问题和病理。优势视角基于这样一种信念即个人所具备的能力及其内部资源允许他们能够有效地应对生活中的挑战	
主要概念	优势	人们天生具有一种能力，即通过利用他们自身的自然资源来改变自身的能力。社会工作者着重于挖掘案主自身的优点，帮助案主认识其优势，从而达到解决案主外在或潜在的问题
	增强权能	推翻歧视性的标签，让服务对象充满信心突破界限克服困难
	成员资格	服务对象与社会工作者一样应该享有成员身份带来的自尊和尊重
	抗逆力	个人面对逆境时能够理性地做出建设性、正向的选择和处理方法
	治愈和整合	个体会调动身体和心灵处理障碍和伤痛
	对话与合作	对话能够弥合社会工作者和服务对象之间的缝隙，合作使社会工作者成为服务对象的顾问，并使服务对象和社会工作者一起创造利益
	悬置怀疑	悬置社会工作者对服务对象的怀疑，从信任服务对象的角度去建立关系

(续表 1-4-9)

要　点	内　　容
优势视角社会工作原则	①每个个人、团体、家庭和社区各有优势 ②伤害性事件也可能是发展的挑战和机遇 ③与服务对象合作 ④所有的环境都充满资源 ⑤平等的专业关系

第五章 个案工作方法

本章知识体系

个案工作方法 ┤
- 个案工作的基本概念
- 个案工作的主要模式
- 个案工作各阶段的工作要求
- 个案工作的常用技巧
- 个案管理

第一节 个案工作的基本概念

个案工作的基本概念（表1-5-1）

表1-5-1 个案工作的基本概念

要点		内容
概述	个案工作的要素	①服务对象 ②个别化的工作方式 ③服务目标
概述	含义	运用专业的知识、方法和技巧，通过一连串的专业工作，帮助遭遇困难的个人或家庭发掘和运用自身及周围的资源，改善个人与社会环境之间的适应状况，实现对人的尊重和肯定的过程
本质	社会功能的恢复	①个人或家庭具备基本处理困境的能力 ②个人或家庭具备基本的社会环境适应性 ③个人或家庭与社会环境能够相互促进
本质	社会功能的增强	①对个人或家庭自身拥有的能力的关注 ②个人或家庭运用周围环境资源能力的提高 ③个人或家庭困境解决能力和问题预防能力的同时提高

第二节　个案工作的主要模式

一、心理社会治疗模式的内容及特点（表1-5-2）

表1-5-2　心理社会治疗模式的内容及特点

要点			内　容
内　容	理论假设	对人的成长发展的假设	人生活在特定的社会环境中，生理、心理、社会因素的相互作用推动人的发展
		对服务对象问题的假设	问题的产生可能来源于： ①不良的现实生活环境 ②不成熟或者有缺陷的自我和超我能力 ③过分严厉的自我防卫机制和超我功能
		对人际沟通的假设	人际沟通是健康人格形成的重要条件
		对人的价值的假设	每个人都是有价值的、有潜能的
	过程与技巧	服务过程	研究→诊断→治疗
		治疗技巧	①直接技巧，又分为非反思性直接技巧和反思性技巧 ②间接技巧
特　点			①注重从人际交往的场景中了解服务对象 ②运用综合的诊断方式确定服务对象问题的原因 ③采用多层面的服务介入方式帮助服务对象

二、认知行为治疗模式（表1-5-3）

表1-5-3　认知行为治疗模式

要点		内　容
内　容	基本假设	①认知对情绪和行为有重要影响 ②行动影响人的思维方式和情绪 ③人的问题是认知、行为和情绪三者之间相互影响的结果
	治疗技巧	①个案概念化（从服务对象出发） ②合作式的治疗关系 ③苏格拉底式的提问 ④结构化和心理教育 ⑤认知重塑
特　点		①认知和行为因素的结合 ②采用综合的方式开展个案辅导工作

三、理性情绪治疗模式的内容及特点（表1-5-4）

表1-5-4 理性情绪治疗模式的内容及特点

要点		内容
内容	理论基础	人本主义
	ABC理论	A 代表引发事件 B 代表服务对象的信念系统 C 代表引发事件之后出现的认知、情绪和行为
治疗技巧	非理性信念的检查技巧	①反映感受 ②角色扮演 ③冒险 ④识别
	非理性信念的辩论技巧	①辩论 ②理性功课 ③放弃自我评价 ④自我表露 ⑤示范 ⑥替代性选择 ⑦去灾难化 ⑧想象
特点		①明确辅导要求 ②检查非理性信念 ③与非理性信念辩论 ④学会理性生活方式 ⑤巩固辅导效果

四、任务中心模式的内容及特点（表1-5-5）

表1-5-5 任务中心模式的内容及特点

要点			内容
内容	基本假设		①高效服务介入的基本要求：介入时间有限、目标清晰、服务简要、过程精密、服务效果明显 ②任务是介入的核心 ③关注服务对象的自主性：服务对象有处理自己问题的权利和义务，并有解决自己问题的潜在能力
	治疗技巧：有效沟通	两个要素	①有系统 ②有反应
		需要达到五种功能	①探究（明确需求与问题） ②组织（规划服务内容） ③意识水平的提升（提升服务对象意识） ④鼓励（激励服务对象） ⑤方向引导（服务引导）

(续表1-5-5)

要点		内 容
任务中心模式的特点	清晰界定问题	问题需具备四个条件： ①服务对象知道问题的存在 ②服务对象承认这是一个问题 ③服务对象愿意处理这个问题 ④服务对象有能力处理这个问题
	明确界定服务对象	①服务对象愿意承担自己的任务且做出承诺 ②服务对象处于正常的生活状态，具有自主能力
	合理界定任务	融合以下三类因素： ①服务对象的问题 ②服务对象解决问题的能力 ③服务对象的意愿

五、危机介入模式

（一）危机介入模式的内容（表1-5-6）

表1-5-6 危机介入模式的内容

要点		内 容
危机的类别	普通生活经历的危机	是指每个人在成长过程中必然遭遇的困难，这些困难包括上学、工作、恋爱、结婚、抚养子女、赡养父母和退休等
	特殊生活经历的危机	是指特殊人群遭遇的困难，如家庭破裂、战争和自然灾害等
危机的发展阶段	危机	危机事件发生的最初阶段，服务对象运用惯用问题处理方式面对生活困境
	解组	服务对象处于极端的情绪困扰中，处理问题的认知能力下降，生活被打乱，家庭关系紧张或破裂
	恢复	服务对象经历过解组阶段，调整自己的行为，尝试新的解决方法
	重组	服务对象在混乱中重拾自信，恢复生活平衡
危机介入的基本原则		危机介入过程是服务对象在社会工作者的协助下，增强自主能力，面对和克服危机的过程
	及时处理	危机发生的时候需要第一时间去处理
	限定目标	与服务对象协商的时候需要尽快限定好处理问题的目标
	输入希望	危机当中的服务对象经常会有无望感，社会工作者在服务当中需要向服务对象注入希望
	提供支持	在危机介入的过程中要给予服务对象支持
	恢复自尊	服务对象在面临危机的时候常常会处于低自尊状态，社会工作者在介入时要注意案主自尊的恢复
	培养自主能力	社会工作的服务目的是让服务对象自己帮助自己解决问题，在危机介入模式中也是一样

(二) 危机介入模式的特点 (表1-5-7)

表1-5-7 危机介入模式的特点

要 点	内 容
迅速了解服务对象的主要问题	社会工作者需要尽快了解服务对象的生活和环境,用最快的速度了解服务对象的主要问题
快速作出危险性判断	社会工作者在了解服务对象的主要问题时需要评估其伤害自己或他人的可能,以便尽快处理
稳定服务对象情绪	社会工作者在危机介入的时候需要用技巧来稳定服务对象的不良情绪,与服务对象建立相互信任的合作关系
积极协助服务对象解决当前问题	社会工作者在危机介入的时候应该协助服务对象,以问题解决为中心进行服务

六、人本治疗模式 (表1-5-8)

表1-5-8 人本治疗模式

要 点		内 容
内 容	理论假设（以人本主义心理学为基础）	①对人性的基本看法：人的本质是好的,个人有能力和潜力处理自己的问题 ②自我概念：人的问题来自自我概念冲突 ③心理适应不良和心理适应失调
	治疗策略	有效的辅导方式是创造一种有利的辅导环境,让服务对象接近自己的真实需要,成为一个能充分发挥自己潜能的人
人本治疗模式的特点		（1）注重社会工作者自身的品格和态度 （2）强调个案辅导关系 ①三项充分必要条件——真诚、同感、无条件积极关怀 ②六个方面的内容——表里如一、不评价、同感、无条件接纳、无条件的爱、保持独立性 （3）关注个案辅导过程

七、家庭治疗模式的内容及特点

(一) 结构式家庭治疗模式 (1-5-9)

表1-5-9 结构式家庭治疗模式

要 点		内 容
内 容	理论假设	家庭的动力和组织方式与个人的问题密切相关
		①家庭系统 ②家庭结构：次系统、边界、角色和责任分工、权力结构 ③病态家庭结构：纠缠与疏离、联合对抗、三角缠、倒三角 ④家庭生命周期

(续表 1-5-9)

要　点	内　容	
内　容	治疗技巧	①重演 ②集中焦点 ③感觉震撼 ④划清界限 ⑤打破平衡 ⑥互动方式 ⑦协助建立合理的观察视角 ⑧似是而非 ⑨强化优点
特　点		三个主要阶段：进入家庭—评估—介入 ①以家庭为工作的焦点 ②关注家庭功能失调的评估 ③强调家庭功能的恢复

（二）萨提亚家庭治疗模式（表 1-5-10）

表 1-5-10　萨提亚家庭治疗模式

要　点		内　容
理论假设	对人的理解	人是善良的，拥有快乐生活的方法和资源，但只有各部分互相协调才能发挥出来
	对困难的理解	人的问题不是来自不幸事件，而是错误的应对方式
	对家庭的理解	开放式的家庭才能激发成员发挥潜能
治疗方法	诊　断	①自尊和自我价值的诊断 ②沟通方式的诊断 ③家庭规则的诊断
	治疗步骤	①追思往事 ②整理旧有经验 ③整合新旧经验
萨提亚家庭治疗的特点		①强调自尊 ②强调经验的整合 ③关注感受的改变

第三节 个案工作各阶段的工作要求

一、申请与接案（表1-5-11）

表1-5-11 申请与接案

要点	内容
求助者的服务申请	社会工作者倾听求助对象的需求和愿望，了解是否迫切需要帮助，提醒求助对象正式提出服务申请
接案	鼓励提出服务申请的求助对象，肯定其改变的动力和信心，促使其成为机构服务对象，纳入机构服务计划。接案主要任务有三： ①鼓励求助对象用积极的态度去面对改变 ②明确求助对象的改变需求 ③确认求助对象的受助身份
专业关系的建立	初次接触服务对象，倾听服务对象的困扰和需求，表达自己的同理和接纳。如服务对象的需求在机构服务范围外或生活在本机构的服务区域外，则应该提供转介服务，向服务对象说明转介理由

二、预估与问题诊断（表1-5-12）

表1-5-12 预估与问题诊断

要点		内容
收集服务对象的有关资料		了解服务对象个人情况和周围环境以及个人与环境的互动，个人情况包括生理、心理和社会方面情况，环境资料包括家庭、同辈群体、社区和工作情况等
预估服务对象的问题		对服务对象的问题进行横向和纵向分析
	横向分析	分析服务对象的生理、心理和社会三个层面上的问题，了解不同层面问题对服务对象的影响
	纵向分析	分析服务对象的问题发展变化，问题的缘由和历史重要经历等
诊断服务对象的问题		从专业角度推断服务对象的问题，诊断应该包括四个方面： ①服务对象的主要表现 ②服务对象问题的成因 ③服务对象的能力和环境中所拥有资源 ④实施干预的建议

三、制订计划（表1-5-13）

表1-5-13 制订计划

要点	内容
制订服务计划	鼓励服务对象参与到服务计划的制订过程中，让服务对象与社会工作者平等地交流，真实反映服务对象需求

(续表 1-5-13)

要 点	内 容	
制订服务计划	服务计划包括七个方面	①服务对象的基本情况 ②服务对象希望解决的问题 ③开展服务的理论依据、原理和基本概念 ④服务计划的目标 ⑤开展服务的基本阶段和使用的方法 ⑥开展服务的期限 ⑦服务对象和社会工作者之间的联系方式
	社会工作者需要完成服务计划的五个任务	①准确分析服务对象的需求和问题 ②明确服务机构的目标、方法和阶段,以及彼此之间的联系 ③熟悉服务机构提供的具体服务 ④清晰了解自己的能力 ⑤了解服务对象已有的资源
安排服务面谈和服务面谈以外的具体事项	①服务面谈结束后给服务对象设计和布置面谈以外的行动任务 ②服务面谈开展之前了解前一次行动任务的完成情况 ③针对服务对象行动任务的完成情况给予面对面指导 ④每次服务面谈后给予下次行动任务的要求和要点	
服务协议的签订	签订服务协议,明确双方责任和义务,促进服务对象参与服务过程,与社会工作者密切配合 服务协议包括的五个基本内容: ①服务目标 ②采用的方法、服务的内容 ③双方的权利和义务 ④服务地点、时间、场地、次数、形式等 ⑤服务双方签字	

四、开展服务

(一)推进服务(表 1-5-14)

表 1-5-14 推 进 服 务

要 点	内 容
从能做的开始	人的改变是需要一步一步进行的,从微小的改变开始,增强服务对象的信心和动力
从愿意合作的着手	服务对象的改变受到自身和环境的制约,工作中可以从服务对象自身和周围他人双管齐下
采用综合的服务策略	服务对象的改变是综合环境改变的结果,开展服务应综合影响服务对象周边的环境,使得周边他人和环境为其改变创造有利条件

（二）扮演专业角色（表 1-5-15）

表 1-5-15　扮演专业角色

要　点	内　　容
使能者	使用专业知识和技能使得服务对象发挥潜在能力，促使服务对象改变
联系人	协助服务对象与提供服务的机构联系，保证服务对象获得合适的服务
教育者	教导服务对象使用新的知识、新的方法处理问题，调整原来的行为方式
倡导者	倡导机构实行必要的改革，为缺乏资源的服务对象争取更加多的服务，或鼓励服务对象争取合理的资源和服务
治疗者	使用专业方法和技巧减轻或消除服务对象的困扰

（三）维持专业关系（表 1-5-16）

维持好良好的专业关系有利于服务对象配合社会工作者的工作，影响服务效果。服务过程中社会工作者需要做到：

表 1-5-16　维持专业关系

要　点	内　　容
接　纳	无论服务对象面临什么问题，社会工作者需要对其状况有足够的理解态度，关注服务对象和他的需求
无条件关怀	社会工作者不评价服务对象，尊重服务对象的选择，并且相信服务对象是能够改变的
真　诚	社会工作者对自己的感受保持开放的态度，分享自己的真实想法

五、连接社会资源和协调服务（表 1-5-17）

表 1-5-17　连接社会资源和协调服务

要　点		内　　容
社会资源的类别	非正式社会资源	服务对象在非正式交往中形成的社会资源，包括家庭成员、亲属、朋友、邻里等
	正式社会资源	正式的社会机构和社会组织提供的社会资源
连接社会资源的方式	资源的提供	社会工作者直接将资源提供给服务对象
	资源的发现	帮助服务对象寻找到合适的潜在的资源
	资源的培育	帮助服务对象培养和创造社会资源
	需求的表达	社会工作者在他人误会和质疑服务对象的需求时对其进行澄清和正确的说明
	利益的协调	社会工作者在服务对象与他人冲突时协助服务对象协商
	权益的保护	通过合法程序帮助服务对象避免受到他人的威胁
服务的协调	服务面谈内和服务面谈外的协调	帮助服务对象将面谈内的改变推进到面谈外的生活，将面谈外的困难带到面谈中进行探讨

（续表1-5-17）

要　点		内　容
服务的协调	服务对象改变和周围他人改变的协调	服务对象的改变需要得到他人的支持，他人的改变也需要服务对象有情况好转的回应
	服务对象的改变与社会工作者改变的协调	服务对象的改变需要社会工作者对所提供的服务进行相应的调整，以促进服务对象更好发展

六、评估与结案（表1-5-18）

表1-5-18　评估与结案

要　点		内　容
结　案	可以结案的情况	①社会工作者和服务对象认为工作目标已经达到并且达成共识 ②服务对象有独立完成任务或独立解决问题的方法 ③社会工作者和服务对象关系建立不佳，希望尽早结束 ④服务对象需要其他机构或社会工作者解决一些新的问题和满足新的需求 ⑤因为不可抗力因素结束服务 第③④⑤种情况社会工作者应该转介其他机构或社会工作者进行服务，并且进行后续回访了解服务是否合适
	结案的处置	结案意味服务双方专业关系的终结，为了帮助服务对象顺利处理服务结束的情况，社会工作者应当做适合的处理： ①预先告知服务对象结案的安排，让服务对象做好心理准备 ②巩固和肯定服务对象在服务过程中的改变和进步 ③社会工作者和服务对象探讨问题得到解决的因素，做好独立准备 ④鼓励服务对象表达结案情绪，并且讨论后续跟进事宜
成效评估	服务对象的改变	有什么方面得到改善，改善的程度
	工作目标的实现	有多少目标实现了，实现的程度如何
	服务成本的投入	投入了多少人力、物力和时间资源
跟踪服务		①了解服务对象练习任务情况，巩固服务对象的进步，增强其独立处理问题的能力 ②通过跟踪继续调动服务对象的社会资源，增强服务对象的社会支持 ③对服务对象的情况进行持续的评估

第四节　个案工作的常用技巧

一、会谈（表1-5-19）

表1-5-19　会　谈

要点	内容	
会谈类型	①建立关系的会谈 ②收集资料的会谈 ③诊断性会谈 ④治疗性会谈 ⑤一般性咨询会谈	
会谈安排	①个案会谈的准备 ②个案会谈的内容安排 ③会谈内外的衔接	
会谈技巧	支持性技巧	专注、倾听、同理心、鼓励
	引导性技巧	澄清、对焦、摘要
	影响性技巧	提供信息、自我披露、建议、忠告、对质

二、记录（表1-5-20）

表1-5-20　记　录

要点	内容	
方式	文字记录、录音、录像	
要求	基本格式	基本情况、主要问题、背景和经历、能力与资源、个案诊断
	现在与过去	描述问题的过去与发展
	事实与推断	事实描述需要放在推断之前
作用	①跟进服务 ②社会工作者评估 ③转介依据 ④机构评估依据 ⑤未来研究的参考	

三、收集资料

（1）会谈的运用。
（2）调查表的运用。
（3）观察的运用。
（4）现有资料的运用。

四、策划方案

（1）目标清晰而且现实，可观察、可测量、积极正向。

（2）服务对象的范围明确。
（3）策略合理。

五、评估

1. 正确运用评估类型：效果评估和过程评估
2. 合理运用评估方法
　（1）问卷评估。
　（2）行为评估。
　（3）心理测量。
3. 鼓励服务对象的积极参与
4. 坦诚与保密

第五节　个案管理

个案管理（表 1-5-21）

表 1-5-21　个案管理

要　点	内　容
特　点	①服务对象遭遇多重问题（所遭遇问题复杂，取得和使用资源上有困难） ②强调"全貌"的工作方法 ③双重功能（强调服务的合理配置及服务效率）
实施原则	①服务对象参与 ②服务评估 ③服务协调 ④资源整合 ⑤包裹式服务与专业合作 ⑥服务监督
工作过程	①个案发掘与转介 ②评估与选择 ③个案管理服务计划与执行 ④监督和评估 ⑤结案
个案管理与个案工作的比较	①从服务提供者的角度看 ②从功能的角度看 ③从角色的角度看
个案管理中社会工作者的角色	①教育者 ②协调者 ③倡导者

第六章 小组工作方法

本章知识体系

小组工作方法 ┤ 小组工作的概念、类型与特点
小组工作的模式
小组工作的过程
小组工作技巧

第一节 小组工作的概念、类型与特点

小组工作的概念、类型与特点（表1-6-1）

表1-6-1 小组工作的概念、类型与特点

要点		内容
概念		①是社会工作者按照既定的目标带领和引导的一个过程 ②带领的过程以科学的知识为基础 ③小组以成员间经验的相互影响，达到助人自助的目的
类型		教育小组、成长小组、支持小组、治疗小组
特点与功能	特点	①组员问题的共同性或相似性 ②组员的民主参与 ③注重团体动力 ④运用小组治疗因素
	功能	①塑造共同体的归属感和平等意识 ②提供自我改变及"被肯定"的社会场景 ③提供共同成长的学习机会 ④提供支持网络
理论基础	场域理论	人的每一个行动均被行动所发生的场域所影响，而场域并非单指物理环境而言，也包括他人的行为以及与此相连的许多因素
	小组动力学理论	"小组动力学"一词最初由勒温提出，后来得到广泛使用。自1945年勒温在麻省理工学院创办小组动力学研究中心以来，小组动力学无论在理论研究上还是在实际应用上都得到迅速的发展，推动了美国社会心理学的研究

(续表 1-6-1)

要点		内容
理论基础	符号互动理论	符号互动论的基本观点是： ①事物本身不存在客观的意义，它是人在社会互动过程中赋予的 ②人在社会互动过程中，根据自身对事物意义的理解来应对事物 ③人对事物意义的理解可以随着社会互动的过程而发生改变，不是绝对不变的
	镜中自我理论	美国社会学家库利认为人的行为很大程度上取决于对自我的认识，而这种认识主要是通过与他人的社会互动形成的，他人对自己的评价、态度等，是反映自我的一面"镜子"，个人通过这面"镜子"认识和把握自己
	社会学习理论 / 学习与模仿	学习者不是通过直接的刺激—反应模式来学习的，学习者不直接介入行动过程本身，不亲自接收强化，不直接作出反应，只是通过观察别人的行为即可学习和获得新的行为和反应方式
	社会学习理论 / 替代强化	人们通过观察别人的某种行为受到赞赏或惩罚就可以得到强化，这种强化被称为替代强化
	社会学习理论 / 认知的重要性	探讨个人的认知、行为与环境因素三者及其交互作用对人类行为的影响
	社会学习理论 / 交互决定论	班杜拉认为行为、环境与个体的认知之间的影响是相互的

第二节　小组工作的模式

小组工作模式（表 1-6-2）

表 1-6-2　小组工作模式

要点		内容
社会目标模式	概述	运用于社区发展项目，注重社会责任和社会变迁，强调培养公民社会责任、社会参与和社会行动
	理论基础	①参与、提升意识与增能理论 ②系统功能理论 ③社会变迁理论中人的发展与社会发展的关系
	实施原则	①提升组员的社会意识和社会责任 ②发展组员的自我发展能力、社会参与和社会行动能力 ③培养小组领袖 ④小组工作目标与社区发展目标的一致性

（续表1-6-2）

要点		内容
治疗模式	理论基础	精神分析、阿德勒理论、心理剧、行为治疗理论、完型治疗理论
	实施原则	①综合性原则 ②建构性原则 ③个别性与共同性相结合的原则
互动模式	理论基础	系统理论、场域理论（符号互动理论、"镜中自我"理论）
	实施原则	①开放性的互动 ②平等性互动 ③"面对面"互动
发展模式	理论基础	发展心理学、社会发展理论、社会关系和社会结构理论及小组动力学
	实施原则	①积极参与原则 ②"使能者"原则

第三节 小组工作的过程

小组工作的过程（表1-6-3）

表1-6-3 小组工作的过程

要点		内容
小组准备阶段		（1）组员招募与遴选 （2）确定工作目标 ①小组总目标 ②具体目标，包括四部分： a.过程目标 b.沟通目标 c.实质目标 d.需求目标 （3）制订计划 （4）申报并协调资源 （5）规模及时间确定 （6）场地和设施的选择与安排
小组初期 （开始阶段）	组员的特征	①矛盾心理和行为特征 ②谨慎、相互试探 ③沉默被动 ④对社会工作者依赖

(续表1-6-3)

要点		内容
小组初期（开始阶段）	社会工作者的任务	①消除陌生感 ②强化小组期望 ③建立契约 ④制定规范 ⑤制造信任气氛 ⑥形成相对稳定的小组关系结构
	社会工作者的角色	领导者、鼓励者、组织者
小组中期（转折阶段）	组员的特征	①认同小组 ②互动中抗拒与防卫 ③竞争中的冲突
	社会工作者的任务	①处理抗拒行为 ②协调处理冲突 ③保持组员对目标的意识 ④协助组员重构小组 ⑤适当控制小组进程
	社会工作者的责任和角色	协助者和引导者
小组后期（成熟阶段）	组员的特点	①小组凝聚力增强 ②组员更加亲密 ③组员对小组充满信心 ④小组结构趋于稳定
	社会工作者的任务	①维持互动 ②协助组员从小组中收获新的认知 ③协助组员把认知转为行动 ④协助组员解决问题
	社会工作者的角色	①信息资源的提供者和连接者 ②组员能力的促进者 ③小组的引导和支持者
小组结束期	组员的特点	①离别情绪 ②小组关系结构弱化
	社会工作者的任务	①处理组员离别情绪 ②协助组员保持小组经验
	小组评估	①工作者自评 ②组员自评 ③观察者，督导评估
	社会工作者的角色	①引导者 ②领导者

第四节 小组工作技巧

一、小组工作技巧（表1-6-4）

表1-6-4 小组工作技巧

要 点		内 容
沟通与互动技巧	与组员沟通的技巧	①营造轻松、安全的氛围 ②专注与倾听 ③积极回应 ④适当自我表露 ⑤对信息进行磋商 ⑥适当帮助梳理 ⑦及时进行小结
	促进组员沟通的技巧	①提醒组员互相倾听 ②鼓励组员相互表达 ③帮助组员相互理解 ④促进组员相互回馈 ⑤示范引导
小组讨论技巧	事前准备	①选择适合的主题 ②注意讨论主题的措辞 ③选择适合的讨论形式 ④安排活动的环境 ⑤挑选合适的参与者 ⑥准备好讨论草案
	主持技巧	开场的技巧、了解的技巧、提问的技巧、鼓励的技巧、限制的技巧、沉默的技巧、中立的技巧、摘述的技巧、引导的技巧、讨论结束的技巧
小组治疗技巧	直接干预	①作为核心人员的技巧：信任、关心、鼓舞士气、帮助行为改变 ②作为象征人物的技巧：赞扬奖励、警告惩罚 ③角色分配者的技巧：角色互动，引导进入角色
	间接干预	①运用小组治疗元素 ②运用角色扮演方法 ③运用行为改变方法 ④布置家庭作业 ⑤结构化角色技巧
小组活动设计技巧		①扣紧小组目标 ②考虑组员的特征和能力 ③基本要素齐备 ④预留经验分享环节

二、小组评估技巧

（一）小组评估类型（表1-6-5）

表1-6-5　小组评估类型

要点		内容
作为研究方法的评估	过程评估	又称形成性评估，是对小组过程中的每个步骤的进展情况的评估。了解每个步骤和因素对服务对象的影响
	结果评估	对小组的产出结果进行评估，通过收集小组的成果资料评定小组是否完成目标
作为工作方法的评估	组前计划评估	对小组的设计和计划过程的评估。包括资料的收集，文献的检索，查看有关论文，了解小组成员的情况等
	小组需求评估	小组筹建阶段对小组需求和成员需求进行评估
	小组过程评估	收集小组发展中的资料、以显示小组和成员的变化情况
	小组效果评估	小组完成任务后，按照小组任务完成程度对工作进行总结性评估

（二）评估的流程（表1-6-6）

表1-6-6　评估的流程

要点	内容
制订评估方案	明确评估的各方面因素，如评估目的、对象、评估者、评估指标
建立评估体系	考察内容包括小组过程、成员改变情况、社会工作者的表现、投入与成效、小组的方案等
评估要素之间的联系	评估由诸多要素组成，需统合考虑
按照流程实施评估	按照评估流程，尽量客观敏感地收集评估资料
评估后审核	审核评估的信度和效度，进行评估结果的修正和完善
编写评估报告	完善评估结果后，社会工作者编写评估报告

（三）收集评估资料（表1-6-7）

表1-6-7　收集评估资料

要点	内容
评估资料的收集	决定收集什么资料是收集资料的第一步。托斯兰和里瓦斯认为所有与评估有关的资料可以通过以下四个方面来获得： ①与小组计划有关的资料 ②小组过程方面的资料

（续表1-6-7）

要 点	内 容
评估资料的收集	③小组发展方面的资料 ④小组效果和效率的资料
选择测量工具	①小组记录：社会工作者记录每次聚会的活动过程。记录方式包括过程式记录、摘要式记录、问题导向记录、录音和录像等 ②个人自我报告 ③分析报告 ④目标达成量表（GAS）、任务完成量表（TAS）和心理测量表等 ⑤设计问卷和量表测量 ⑥行为计量 ⑦日志、日记
资料收集应考虑的因素	①收集资料要注意资料来源的多样性及收集资料的方法 ②收集资料时要注意收集质性资料和量化数据 ③评估主体应该兼顾主观和客观，采用三角测量方法，综合不同人的评估结果
资料收集中常见的问题	①组员和社会工作者的关系影响评估结果，社会工作者尽力避免参与评估 ②根据小组的具体情况确定采用非干扰观察和干扰式观察
谁来做评估	从客观的角度来看，一般由主持人以外的人进行测量，比如老师、督导等

第七章　社区工作方法

本章知识体系

社区工作方法 ┤ 社区工作的特点与目标
　　　　　　　 社区工作的主要模式
　　　　　　　 社区工作各阶段的工作重点
　　　　　　　 社区工作的技巧

第一节　社区工作的特点与目标

社区工作的特点与目标（表1-7-1）

表1-7-1　社区工作的特点与目标

要　点		内　　容
社区的特征		①是一个人群，居住地相邻或衔接，常有往来 ②共同的利益，彼此支援的需要 ③共同的服务 ④面临共同的问题 ⑤共同的需要
社区的功能		①经济功能 ②社会化功能 ③社会参与和互助功能 ④社会控制功能 ⑤心理支持功能和感情功能
社区工作的含义、特点	含　义	社会工作者运用专业方法解决社区问题、促进社区发展的方法和活动
	基本特征	①采用多种方法 ②专业社会工作者的介入 ③多元化的工作对象 ④集体行动 ⑤以解决社会问题为目标 ⑥以民主价值观念为指导思想

(续表1-7-1)

要点		内容
社区工作的含义、特点	专业特点	①分析问题的视角更为结构取向 ②介入问题的层面更为宏观 ③具有一定的政治性 ④富有批判和反思精神
社区工作目标和实践原则	目标的分类（罗夫曼）	①任务目标：解决特定社会问题，满足社区需要，达到一定的社会福利目标 ②过程目标：指达到任务过程中的中间目标
	具体目标	①推动社区居民参与：增加归属感，发掘潜能，提高自决自立能力 ②提高社区居民的社会意识：居民有表达个人对社区意见的权利和义务 ③善用社区资源，满足社区需求：使社区需要与社区资源互相协调配置 ④培养相互关怀和社区照顾的美德：促进居民间互相关怀，达到社区照顾的目的
	实践原则	①注重以人为中心的发展目标 ②尊重社区自决 ③强调社区参与 ④坚持社区行动过程的理性原则

第二节　社区工作的主要模式

一、地区发展模式（表1-7-2）

表1-7-2　地区发展模式

要点	内容
含义	社会工作者协助居民参与社区事务，促使社区发展的模式
基本假设	①对个人和其行为动机的假设：社区居民应该愿意参与社区事务 ②对社区人群关系的假设：社区问题的主要成因是缺乏沟通和合作，通过发动居民参与，问题能够得到解决 ③对社区构成的假设：社区应当也可以实现和谐
实施特点	①较多关注社区共同性问题 ②通过建立社区自主能力来实现社区的重新整合 ③过程目标的重要性超过任务目标 ④重视居民参与
实施取向	创新改革、习俗改变、行为改变及工作过程

(续表 1-7-2)

要 点	内 容	
实施策略	①促进居民之间的交流 ②团结邻里 ③社区教育 ④提供服务和发展资源 ⑤社区参与	
社会工作者的角色	①使能者 ②教育者 ③中介者 ④协调者	
评 价	优 点	①营造良好的社区氛围 ②提高居民的能力 ③推进社区民主 ④切合中国文化传统
	缺 点	①无法解决整体资源分配不均及制度不合理产生的社区问题 ②调和不同利益群体的手段不足 ③民主参与可能导致的成本高而效益低

二、社会策划模式（表 1-7-3）

表 1-7-3 社会策划模式

要 点	内 容
含 义	社会工作者作为专家策划社区发展的工作模式
基本假设	①对社会发展和变迁的假设：依靠专业人员的专业技术 ②对个人行为动机的假设：每个人都崇尚理性的力量 ③对社区及社区构成的假设：社会问题可以通过渐进的方式解决
特 点	①注重任务目标的实现 ②强调利用理性原则处理问题 ③注重由上而下的改变 ④指导社区未来的变化
实施策略	①明确组织的使命和目标 ②分析环境和形势 ③客观地认识自己的能力 ④界定和分析问题 ⑤确定需要 ⑥建立目标和达到目标的标准 ⑦列出、比较并选择可行方案 ⑧测试方案 ⑨执行方案 ⑩评估结果

（续表1-7-3）

要　点		内　容
社会工作者的角色		①技术专家 ②方案实施者
评　价	优　点	①保证服务质量 ②较有效率
	不　足	①居民参与率低 ②服务对象的依赖性上升，可能导致被动民众群体的出现

三、社区照顾模式（表1-7-4）

表1-7-4　社区照顾模式

要　点		内　容
背　景		①西方国家对大型机构照顾的反思 ②对"正常化"的强调 ③福利国家的困境
理论假设		①服务对象原生环境优于机构环境 ②社区有非正式资源可以向服务对象提供支持和照料
特　点		①协助服务对象正常地融入社区 ②强调社区的责任 ③强调非正规照顾的作用：家庭、亲朋、邻居和志愿者 ④提倡建立相互关怀的社区
实施策略	在社区照顾	将有需要及依赖外来照顾的弱势人士留在社区内并提供服务 ①将照顾者迁回家庭里生活，辅以支援性服务 ②将大型机构改造为更接近社区的小型机构 ③将大型机构迁回社区
	由社区照顾	由家庭、亲友、邻里和志愿者等提供的照顾服务 ①提供直接服务网络：亲人、邻里、居民组织或志愿者 ②服务对象自身的互助网络 ③社区紧急支援网络
	对社区照顾	充足的支援性社区服务辅助才能使社区照顾可持续
	整合式社区照顾	整合服务对象的正式照顾资源和非正式照顾资源，使得服务综合和立体 正式照顾是指由政府和提供相关服务的社会组织提供的服务 非正式照顾是指服务对象的家人、朋友和邻里提供的服务 本土化的社区照顾服务应该注重去机构化，将传统家庭照顾升级为社区照顾
	为家庭照顾者提供服务	英国学者狄维格等将对家庭照顾者的支持划分为以下五种类型： ①为家庭照顾者提供一些具体的和实际的帮助 ②协助家庭照顾者善用服务资源，并鼓励他们参与社会服务机构的活动 ③为家庭照顾者提供能够稍事休息的支援 ④针对家庭照顾者的压力提供情绪及专业上的支援

(续表 1-7-4)

要点		内容
实施策略	为家庭照顾者提供服务	⑤为服务对象提供高质量的服务，减轻家庭照顾者的负担，缓解困难和焦虑
	社区倡导	社区照顾应倡导尊重服务对象和以其需要为中心的服务精神 社会倡导包括两个层面的意义： ①社区倡导是一个社会教育过程 ②社区倡导也是社区增权的过程
社会工作者的角色		①治疗者 ②辅导者和教育者 ③经纪人 ④倡议者 ⑤顾问
评价	优点	①给予服务对象人性化的关怀 ②动员社区普通居民参与社区照顾 ③倡导社区层面服务的综合化
	不足	①资源及权力下放可能引发政府责任与角色问题 ②社区资源状况可能不符合社区照顾的要求 ③激励机制问题 ④非正规照顾的服务质量难以保证 ⑤社区对有困难人士的排斥和歧视

第三节 社区工作各阶段的工作重点

一、进入社区（表 1-7-5）

表 1-7-5 进入社区

要点		内容
进入社区之前的准备		①了解机构：对自己所在机构的理念、立场、倾向性、拥有资源等进行了解 ②了解机构分工和自己的工作内容 ③认识同事：社区工作通常以团队形式进行，与同事相互了解、合作沟通是社区工作的必要前提
进入社区的方式	积极参与社区的重要活动	参加社区的节假日活动和传统活动，增加在社区的知名度
	主办社区活动	社会工作者所在机构可以在社区举办传统活动或者节假日活动，邀请社区居民和社区团体参加，营造良好互动环境并宣传机构服务
	积极介入社区事务	通过介入社区事务，给予积极的意见和建议，力所能及地参与社区建设

(续表 1-7-5)

要点		内容
进入社区的方式	经常出现在社区居民视线中	通过在居民聚集的地方停留，主动和居民打招呼、谈话、拉家常等，让居民熟悉社会工作者
	报道社区活动	通过出版简报、通讯或向媒体投稿等方式报道工作新闻和活动，增加居民对机构的了解

二、认识社区（表1-7-6）

表1-7-6 认 识 社 区

要点		内容
社区基本情况分析	地理环境	包括社区边界、环境、交通状况、土地使用、基础设施、商业和社会服务、经济状况等
	人口状况	包括人口数量、年龄分布、性别比例、人口特征等
	社区资源	掌握社区的公共设施、教育、医疗、金融单位和社会组织等资源
	社区内权力结构	了解社区内的政治和权力单位、名人和社区领袖等
	文化特色	了解社区居民看重的价值观和文化信念、社区的重要节日活动和习俗
社区问题分析		①描述问题：了解问题的情况、性质和症状，关注居民的觉察、理解和感受 ②界定问题：明确说明问题性质，为解决问题提供方向 ③明确问题范围：确定问题的大小、严重程度等 ④问题的起源和动力
社区需要分析		英国学者布赖德·肖提出的社区的四种需要
	规范性需要	专业人员、行政人员或学者参照现有规定、标准制订的需要
	感觉性需要	社区成员的个人期望
	表达性需要	居民将自己的感觉和想法通过行动表达出来的需要
	比较性需要	参照其他人和其他社区提出的需要

三、组织社区（表1-7-7）

表1-7-7 组 织 社 区

要点	内容
建立社区组织	①招收成员 ②订立组织规则 ③推选领导者 ④建立工作小组 ⑤筹措经费
管理社区组织	①服务规划 ②行销管理 ③财务管理 ④人力资源管理 ⑤研究与发展

四、制订社区工作计划（表1-7-8）

表1-7-8 制订社区工作计划

要点		内容
明确目标	目标的构成	整体目标和阶段目标
	制订目标的原则	社区参与原则和社区自决原则
制订策略	提出策略	头脑风暴
	评估策略	应用符合性、可接受性和可行性三个指标去评估策略
	筛选策略	运用SWOT分析法对策略进行筛选
设计方案		

五、实施社区工作计划（表1-7-9）

表1-7-9 实施社区工作计划

要点		内容
管理社区资源		（1）社区资源分析 （2）社区资源开发 （3）资源连接服务 （4）资源维系 ①不浪费原则 ②多方共同承担原则 ③资源使用公共透明原则 ④良好合作原则 ⑤加强资源统筹，减少重复使用原则
执行工作方案	筹备阶段	提前召开会议筹备工作分工
	开展阶段	做好工作分工，合理使用推进策略
	结束阶段	记录、总结、反思

六、社区工作评估（表1-7-10）

表1-7-10 社区工作评估

要点		内容
评估的类别	过程评估	又称形成性评估，是对社区工作过程中每个步骤的进展情况的评估，了解每个步骤和因素对服务对象的影响
	成果评估	对社区工作的产出结果进行评估，通过收集社区工作的成果资料评定工作是否完成目标
	效益评估	关注服务的投入和产出之间孰大孰小的问题
评估步骤		（1）明确评估目标 ①评估目标与计划中的目标相联系 ②界定目标对象

(续表1-7-10)

要 点	内 容
评估步骤	③对目标的描述要清楚具体 ④各方在评估目标上达成共识 （2）建立测评标准 （3）设计评估研究方案 ①确定测评因素 ②确定测评方法和对比方法 ③确定测评时间和长度 ④确定测评次数 （4）收集与分析资料 （5）使用评估结果

第四节 社区工作的技巧

社区工作的技巧（表1-7-11）

表1-7-11 社区工作的技巧

要 点	内 容	
建立和发展社区关系的技巧	（1）了解各组织的运作情况 （2）分析组织间的关系 （3）把握组织间交往准则 （4）活用组织接触的技巧 ①注意组织形象的平衡和统一 ②增加接触的机会 ③求同存异，加强沟通	
社区教育的技巧	①宣传教育 ②社区带头人培训	
发展社区支持网络技巧	①网络分析 ②发展自助小组的技巧 ③发掘和培育志愿者的技巧	
动员群众的技巧	直接接触途径	由社会工作者和志愿者直接与群众接触
	间接接触途径	通过大众媒介等途径将信息传递给居民
	注意事项	①不要言过其实 ②推动群众参与时既不宜用力不足，也不宜用力过猛 ③分辨动员对象的真实想法 ④不要与持有相反意见的居民争辩
运用传播媒介的技巧	①制订媒介策略，发展媒介关系 ②关注媒介事件，吸引传媒报道 ③运用媒介的途径和技巧	

第八章 社会工作行政

本章知识体系

社会工作行政
- 社会服务计划
- 社会服务机构的类型与运作
- 社会服务机构的领导
- 社会服务机构的人力资源管理和志愿者管理
- 社会服务机构的财务与筹资管理
- 社会服务机构的公信力和公共关系管理
- 我国的社会福利行政体系

第一节 社会服务计划

社会服务计划（表1-8-1）

表1-8-1 社会服务计划

要点			内容
社会服务机构的规划与计划	社会服务机构的规划	含义	实现机构使命、长远目标而作出的战略性布局
		特征	①机构高层制订 ②涉及大量资源 ③长期效应
		意义	①明确机构发展方向 ②集中对机构使命与目标的思考，增强凝聚力 ③提供行政控制的标准和手段
		内容	使命宣言、策略性计划、运作性计划
		步骤	选择目标→考虑机构资源→可能性方案的列举和说明→选择最佳方案→规划具体的行动方案→方案的修正
	社会服务机构的计划		计划与规划的细化，由基层管理者制订，需考虑机构本身的条件与服务对象的需求
	规划与计划的区别	规划	注重未来发展的方向性目标，关注机构与社会环境的关系
		计划	关注特定时间应实现的工作目标

(续表1-8-1)

要点	内 容	
社会服务方案策划	问题的认识和分析阶段	问题的认识和分析，需要评估
	目标制订阶段	界定总目标和影响性目标，建立目标的优先次序
	方案安排阶段	制订可行方案，选择方案，找资源，制订行动计划
	考虑服务的评估	过程评估、效果评估
社会服务机构信息管理系统的规划	①行政文书事务工作的管理 ②财务管理 ③社会工作人力资源的开发与管理 ④各项社会服务工作的管理与整合 ⑤社会工作研究 ⑥志愿者管理 ⑦社会服务项目与方案的推广 ⑧其他服务信息的管理	

第二节　社会服务机构的类型与运作

社会服务机构的类型与运作（表1-8-2）

表1-8-2　社会服务机构的类型与运作

要点	内 容		
性质与类型	性　质	①非营利机构 ②强调社会使命和社会责任 ③主要功能是提供福利服务	
	类　型	一般类型	①政府主管社会保障事务的行政机构 ②从事公共服务、公益服务的机构
		我国社会服务机构的类型	①政府 ②群众团体组织 ③社会公益类事业单位 ④社会服务类民间组织
组织结构与运作	组织结构	一般结构类型	①直线式组织结构 ②直线参谋式组织结构 ③职能式组织结构

(续表1-8-2)

要 点	内　　容			
组织结构与运作	组织结构	团队结构类型	①问题解决型团队 ②跨专业团队	
	运作	功能性环节	①授权 ②协调 ③沟通	
		项目化运作	特征	目标明确、时间周期性、多主体协调、多资源整合
			意义	使服务活动更趋理性化，合理使用资源，激发能力，客观跟踪检查服务成效
			步骤	目标—计划—行动—检讨结果
			依据	项目方案

第三节　社会服务机构的领导

社会服务机构的领导（表1-8-3）

表1-8-3　社会服务机构的领导

要 点	内　　容	
性质与特征	性　质	社会服务方案管理的核心
	特　征	①领导较少运用职位赋予的合法权力来领导下属 ②领导较多运用指导、诱导方式来影响下属 ③领导较注重使用影响他人的能力和技巧
领导方式类型	①专制型 ②民主型 ③放任型	
领导方式	①获取员工的合作 ②使用领导者的权威 ③引导与沟通 ④维持纪律与督导训练 ⑤发挥团队精神	
激励措施	①了解员工的个别差异 ②用目标引导员工，增进其对工作的兴趣 ③提供员工参与决策的机会 ④协助员工制订职业生涯发展规划	

第四节 社会服务机构的人力资源管理和志愿者管理

社会服务机构的人力资源管理和志愿者管理（表1-8-4）

表1-8-4 社会服务机构的人力资源管理和志愿者管理

要点		内容
社会服务机构的人力资源管理	特点	①对机构的专业人员、半专业人员、志愿人员的管理 ②机构的服务是否成功往往取决于人力资源的管理
	意义	①有助于增进员工参与感、归属感和自我实现的达成 ②有助于组织凝聚力的形成和组织创新、发展 ③有助于更好地提升服务质量，满足服务对象需求
社会服务机构的人力资源管理	内容	①任用 ②训练和发展 ③绩效评估与激励 ④薪酬管理 ⑤员工关系与维持
志愿者管理	志愿者的特点	①非正式员工，高自主性和自发性 ②以热情、兴趣和能力提供服务，而非机构岗位要求 ③希望受到尊重、支持和肯定
	管理原因	①保障机构效率和效益提升 ②减少志愿服务的负面效果 ③激励志愿者的积极性 ④服务多元化
	内容	规划、组织、领导、控制

第五节 社会服务机构的财务与筹资管理

社会服务机构的财务与筹资管理（表1-8-5）

表1-8-5 社会服务机构的财务与筹资管理

要点		内容
财务管理	含义	有关服务输送方案所需要的财物、经费资源的确认和获取，并确保这些资源被有效使用和妥善记录
	目标	以服务和使命为根本出发点，着重点在于稳定及长期发展
	主要内容	①资本预算 ②长期融资 ③运作资金管理

(续表 1-8-5)

要点		内容
财务管理	功能	①提供经费支持方案执行，并使其更有效率，更节约成本 ②避免社会服务机构的财务危机 ③强化公信力 ④通过"投资管理"使基金增值，开辟财源
	资金来源	①政府资助：购买服务、奖励补贴、协议合作 ②社会捐助：个人、企业、基金会 ③商业交易：服务收费、物品销售
	财务预算	①单项预算法 ②方案预算法 ③零基预算法
	财务控制	①会计系统和记录 ②财务控制 ③审计
筹资管理	社会捐助动机	个人：个人需要、外界影响、利他动机 企业：①市场营销 ②公共关系 ③自我利益 ④税法策略 ⑤社会联谊
	政府购买服务	由政府根据服务数量和质量向社会服务机构支付费用
	筹资方法	①项目申请 ②私人恳请与电话劝募 ③特别事件筹资活动

第六节 社会服务机构的公信力和公共关系管理

社会服务机构的公信力和公共关系管理（表 1-8-6）

表 1-8-6 社会服务机构的公信力和公共关系管理

要点	内容
公信力	（1）社会服务机构公信力的展现：多元交代 ①财政交代 ②政治交代 ③专业交代 ④服务交代 ⑤行政交代

（续表 1-8-6）

要点		内容
公信力		（2）社会服务机构公信力评估 ①资金的合理使用和运作 ②服务、活动与组织使命和宗旨保持一致 ③财务与信息的透明化 ④规范的治理结构
公共关系管理	含义	组织为了更好地生存和发展，努力促进组织与公众之间的理解和适应的活动
	特点	①传递信息给特定对象 ②依据事实，不夸大或曲解事实 ③选择合适的沟通媒介，进行直接有效的沟通 ④公共关系的对象包括机构外部人群和内部人群
	意义	①增进大众对机构的认识 ②建立良好形象，获得认同和支持 ③争取社会各界对机构的使命、新计划或新观念的认同 ④为机构创造有利的环境
	主要方法	①写新闻稿 ②开记者会 ③接受媒体采访 ④制作机构的刊物 ⑤公开演讲 ⑥筹备特别活动 ⑦建设机构网站等媒体平台

第七节　我国的社会福利行政体系

我国社会福利行政体系（表 1-8-7）

表 1-8-7　我国社会福利行政体系

要点		内容
行政体系的构成	民政部	①优抚安置工作 ②救灾工作 ③城乡社会救助工作 ④基层政权与社区建设工作 ⑤特殊困难群体的权益维护和社会保护工作
	人力资源和社会保障部	①人力资源和社会保障规划工作 ②城乡社会保障工作

(续表 1-8-7)

要点		内容
行政体系的构成	人力资源和社会保障部	③促进就业工作 ④劳动保护工作 ⑤各类人群的福利保障工作
	卫生部和计生委	①医疗管理和服务工作 ②计划生育服务管理 ③基层卫生和妇幼保健工作 ④疾病预防工作
运作方式	运作的基本方式	①根据不同层级政府分工"对口"设置福利行政体系结构 ②政策实施中，采用一家为主、多家协调的合作模式
	运作方式的改革	①自上而下为主、多元互动的福利运作模式 ②社会政策的实施越来越重视效率和效果评价
特点		①强调科学发展观和"以人为本"的执政理念 ②从政府主导向政府—社会合作的社会福利行政模式发展 ③社会福利行政的专业化

第九章 社会工作督导

本章知识体系

社会工作督导 { 社会工作督导的含义和对象
社会工作督导的功能与内容
社会工作督导的原则与方法

第一节 社会工作督导的含义和对象

社会工作督导的含义和对象（表1-9-1）

表1-9-1 社会工作督导的含义和对象

要点			内容
意义			①保障服务机构的正常运行 ②提高服务质量 ③促进服务人员成长 ④推动专业发展
含义与对象	含义		专业训练的一种方法，包含监督、指导两重内涵
	对象与类型	督导对象	①新进机构的工作者 ②服务年限短、经验不足的初级社会工作者 ③实习生 ④机构的非正式人员，主要是志愿者
		督导类型	①师徒式督导 ②训练式督导 ③管理式督导 ④咨询式督导

第二节 社会工作督导的功能与内容

社会工作督导的功能与内容（表1-9-2）

表1-9-2 社会工作督导的功能与内容

要点	内容		
功能	①行政的功能 ②教育的功能 ③支持的功能		
内容	行政性督导	①社会工作者的招募和选择 ②安置和引导工作人员 ③工作计划和分配 ④工作授权、协调与沟通 ⑤工作监督、总结和评估 ⑥督导者扮演多种角色（缓冲器角色、倡导者角色、机构变迁推动人）	
	教育性督导	①教导有关"服务对象群"的特殊知识 ②教导"社会服务机构"的知识 ③教导有关"社会问题"的知识 ④教导有关"工作过程"的知识 ⑤教导有关"工作者本身"的知识 ⑥提供专业性"建议和咨询"	
	支持性督导	压力来源	①来源于服务对象的压力 ②来源于工作的压力 ③来源于服务机构的行政压力 ④来源于社会对社会工作认识的压力
		内容	①协助处理情绪，增强自我功能 ②给予关怀和支持 ③协助被督导者发现工作成效 ④给予被督导者从事专业的满足感和价值感
	志愿者督导	志愿者督导的目的	①协助志愿者认清和明确志愿者价值 ②协助志愿者了解机构和组织的功能和价值 ③评估志愿者的服务效果，提出意见
		志愿者督导的功能	志愿者督导一般由机构分管志愿者工作的专职人员或者资深志愿者担任 ①行政性督导功能——培养有效的志愿者 ②教育性督导功能——培养能干的志愿者 ③支持性督导功能——了解和关怀志愿者

第三节 社会工作督导的原则与方法

一、社会工作督导的原则与过程（表 1-9-3）

表 1-9-3 社会工作督导的原则与过程

要　点		内　容
督导原则		①有利于机构目标的实现 ②支持与持续反思 ③促进自我完善
督导过程及技巧	督导过程	①督导前期 重点在互相熟悉 ②开展期 建立相互信任和双方同意的督导形式，并口头或书面确认 ③工作期 分享经验和感受，解释困惑，指导工作 ④终结期 总结和综述成长过程，协助被督导者了解自我和改进
	督导技巧	①督导的相互契合技巧 ②订立协议 ③开展话题的技巧 ④同感与分享感受的技巧 ⑤要求被督导者努力工作和分享资料 ⑥督导会谈的结束技巧

二、社会工作督导的方式及其技巧（表 1-9-4）

表 1-9-4 社会工作督导的方法

要　点		内　容
个别督导	督导责任	聆听、补充、提出疑问、评估、提出建议
	技　巧	①诚恳倾听 ②仔细批阅工作记录、服务报告 ③接纳的态度 ④提出评价时语气委婉 ⑤提供示范性的方法和技术
	优　点	①不受干扰，有充分的时间，较高的隐秘性 ②仔细检查记录，掌握进度，了解被督导者的情况 ③提供充分的和有效的服务示范
	缺　点	①接受的督导信息可能无助于服务，甚至有偏差 ②过于紧密分享彼此共同的观点，易发展成共同谋划的关系 ③没机会接触其他督导者，无法比较不同督导者的处理策略和技巧

（续表1-9-4）

要点			内容
团体督导	技巧		①熟悉团体成员，建立良好关系 ②引导成员集中注意力和形成向心力 ③促使成员自发提出问题和建议 ④事先须有准备，在讨论过程中富有弹性地加以修正 ⑤敏锐觉察团体成员的潜在感受，适当处理和引导 ⑥对成员所表述的观点善加引导与应对 ⑦适时做"段落总结"
	优点		①矫正单一督导可能产生的偏见和盲点 ②可以向其他同事学习如何处理他们的服务个案，聆听、分享和学习工作经验 ③充分的角色表演机会 ④节省时间、经费和专业人力
	缺点		①时间不足，无法讨论细节 ②被督导者有机会隐藏和忽视自己的问题，也可能会与他人竞争 ③被督导者不同的观点易产生冲突，出现团体动力分散或"走神"情况 ④隐秘性较低
同事督导	技巧	同事督导团体的组成	①注意价值的共同性 ②成员一般不超过7位，了解成员的各种期待 ③签订明确的契约 ④注意同事督导会议的反馈
		同事督导会议组织的技巧	①设定基本规则 ②安排一定时间让成员表达他们对团体的希望和需求 ③安排非正式交流时间，进行更加充分的交流
	优点		①没有权威现象 ②可在最方便的时间组织和安排督导会议 ③不需要付费 ④选择同事督导更容易有收获
	缺点		①每位成员没有最终的权利和义务 ②参与的成员会彼此避免与他人的争论和对抗 ③有时参与的成员缺乏必要的经验和技术，无法与他人分享 ④团体成员有时也会彼此形成同谋

第十章 社会工作研究

本章知识体系

社会工作研究
- 社会工作研究的含义与功能
- 社会工作研究方法论与研究范式
- 社会工作研究的一般过程
- 社会工作研究的具体方法
- 社会工作的项目评估

第一节 社会工作研究的含义与功能

社会工作研究的含义与功能（表1-10-1）

表1-10-1 社会工作研究的含义与功能

要点		内容
社会工作研究的含义	基本概念	获取、发现与社会工作相关知识和事实的过程
	主要类型	①基础伦理研究和本体知识研究 ②整体研究和部分研究
	特征	①以困难群体及其议题为主要对象 ②采用社会工作视角 ③恪守社会工作伦理和社会研究伦理 ④旨在促进实务、提升理论和推进福利 ⑤体现研究者的角色多样性
社会工作研究的伦理	选题的伦理	①注意研究正当性 ②留意研究的实用性 ③清楚经费来源
	社会工作的伦理	①恪守社会工作原则 ②注重社会公正 ③注重专业行为
	社会研究的伦理	①被研究者有权利和机会表达自己的意见 ②不伤害参与者 ③匿名和保密 ④研究结果的公开和分享

(续表1-10-1)

要点	内容
社会工作研究的目的	①治疗和预防社会问题 ②改善社会工作实践 ③提升社会理论 ④推进福利正义
社会工作研究的功能	①改善具体服务 ②完善策略模式 ③发展专业理论 ④提高工作者能力 ⑤优化社会环境

第二节 社会工作研究方法论与研究范式

一、主要的方法论（表1-10-2）

表1-10-2 主要的方法论

要点	内容
实证主义方法论	①社会研究对象也是纯客观的，存在着内在的、必然的、可重复的规律 ②人的行为、社会变化的因果关系或相关关系是可以被感知、概括、客观计量的 ③社会研究旨在说明社会现象或规律是什么，而非应该是什么 ④将社会现象视为研究起点，重视概括归纳 ⑤价值中立 ⑥强调理论研究的实践功能
反实证主义方法论	①强调社会现象不同于自然现象，不可重复，无一般规律 ②着重分析社会整体的因素 ③注重研究者与被研究者的互动
建构主义方法论	①事实是人们建构的，并受环境影响 ②不同人对同一问题有不同建构 ③研究结果通过主体互动而达到生成性理解
马克思主义方法论	①包括辩证唯物主义和历史唯物主义 ②客观世界是动态的 ③注重事实与整体
方法论比较	对社会工作均有启示，社会工作是多个方法论指导下的实务工作

二、社会工作研究范式

（一）定量研究和定性研究的特点（表 1-10-3）

表 1-10-3　定量研究和定性研究的特点

要　点		内　容
研究者和研究对象的关系	定　量	研究者被视为客体、对象，排除研究者对研究对象的影响
	定　性	研究者设法使自身被研究对象视为自己人
研究与理论的关系	定　量	依托理论→形成假设→分析数据→验证假设
	定　性	研究过程中逐步形成理论假设
研究策略	定　量	假设演绎法为主，追求研究资料、研究结论的精确性
	定　性	研究设计灵活变化，可根据情况修改
资料特性	定　量	收集和分析量化资料、可操作的变量和统计数据
	定　性	获取描述性的信息
结果范围	定　量	注重研究问题的普遍性、代表性
	定　性	注重发现研究问题的个别性和特殊性，以发现新问题、新视角

（二）定量研究和定性研究的适用范围

（1）定量研究适用于研究问题已有大量资料、资料收集相对容易、需要探讨变量关系、宏观层面的大规模的调查与预测等场合。

（2）定性研究则适用于不熟悉的社会系统、无权威和不受控制的场景，适用于微观层面。

（3）二者不是截然对立的。

第三节　社会工作研究的一般过程

社会工作研究的一般过程（表 1-10-4）

表 1-10-4　社会工作研究的一般过程

要　点		内　容
定量研究的过程	研究准备	①确定研究议题 ②提出研究假设 ③进行研究设计
	资料收集与研究	①资料收集 ②资料整理 ③统计分析

(续表 1-10-4)

要　点		内　容
定性研究的过程	研究准备	①确定研究对象 ②确定研究方法
	资料收集、整理与分析	①通过正式、非正式联络进入现场 ②通过语言、行动参与等方式进行互动 ③特质分析，资料系统化
调查报告的撰写	基本原则	①标题与内容呼应 ②逻辑性和资料完整性：观点与资料配合，有理有据 ③定量资料与定性资料相结合 ④朴实流畅
	研究报告结构	①标题 ②引论 ③研究问题、目的与意义 ④文献回顾 ⑤研究方法 ⑥研究发现 ⑦讨论和建议 ⑧附录 ⑨参考文献
	社会工作研究报告	①项目方案书 ②项目总结报告 ③需求评估报告

第四节　社会工作研究的具体方法

一、问卷调查（表 1-10-5）

表 1-10-5　问　卷　调　查

要　点		内　容
含　义		依托问卷，收集和分析资料的方法
问卷类型		自填问卷、访问问卷
问卷结构		标题、封面信、指导语、问题和答案、编码、其他
问卷设计	原　则	信度与效度，答题者视角，考虑阻碍因素，整合研究目的、内容、样本特性和资料处理方法
	步　骤	探索性工作→设计问卷初稿→试用和修改→定稿和印制
问卷设计	技术要领	①开放式问题注意空间大小，封闭问题要注意答案的穷尽性和互斥性

（续表1-10-5）

要点		内容
问卷设计	技术要领	②语言简单明了，避免双重含义与含混不清 ③题目数量适当 ④问题按序排列
问卷资料收集		①对象选取 ②访问员选拔和培训 ③物质准备 ④质量控制
问卷调查的评价	优点	匿名访问有利于获取真实信息；有利于中和极端回答；收集数据各方面较统一，便于比较分析；节省资源
	不足	难以保证调查员的素质，对被研究者有一定的要求，质量难以保证

二、实验研究（表1-10-6）

表1-10-6 实验研究

要点		内容
三对要素		①自变量和因变量 ②实验组和控制组 ③前测和后测
常用类型	标准实验设计	①前后测控制组设计 ②单后测控制组设计 ③所罗门四组设计
	准实验设计	①非对等控制组设计 ②简单时间序列设计 ③多组时间序列分析
	实地实验	将实验置于真实场景中，受试者按照事先设计完成某些要求，再分析效果
评价	优点	变量清楚明白，自变量作用明显；节省资源；有效控制实验场景和外在环境；测量较精确
	缺点	研究条件不自然，难于复制，在实验组人员、实验刺激应用等方面会面临伦理问题

三、观察法

（1）优点：简单易行。

（2）缺点：费时费力，难以控制场景。

四、访谈法

常用形式：非正式会话式访问、引导式访问和标准化开放式访问。

深度访谈是访问的常用手段之一。

优点：适应面广、弹性大，较适合实地研究。

缺点：主观性较强，规模小，不便涉及敏感性问题。

五、个案研究（表1-10-7）

表1-10-7 个 案 研 究

要点		内容
含义		对单个对象的某项特定行为或问题进行的整体的和深入的研究
研究特点		①调查程序不严格，用多种方法进行研究 ②手段和资料多样化 ③资料详尽深入 ④强调应用性研究
评价	优点	全面深入认识有利于提出解决问题的方法
	缺点	费时费力，研究发现不能进行推论

六、非接触性研究

主要类型：现存统计资料分析法、比较法、内容分析法。

评价：非接触性研究是与调查研究、实验研究并列的研究类型，可采用定量研究方法，也可采用定性研究方法。

七、行动研究（表1-10-8）

表1-10-8 行 动 研 究

要点		内容
内涵		①目的在于解决实践问题 ②对象是行动者的实践情境 ③研究者即实务工作者 ④研究方法兼用量和质的方法，偏向定性研究 ⑤研究者与行动者伙伴式合作的研究过程 ⑥研究成果应用的即时性 ⑦研究效果在于解决实践问题
类型	研究要点	①行动者用科学方法对自己的行动进行研究 ②行动者为解决自己实践中的问题而进行的研究 ③行动者对自己的实践进行批判性反思
	参与者对行动所作的反思	①"行动中认识" ②"行动中反思" ③"对行动进行反思"

(续表 1-10-8)

要　点	内　　　容	
类　型	参与研究的成员成分	①合作模式 ②支持模式 ③独立模式
评　价	①克服了其他研究与实践脱节的不足 ②研究者与行动者不断分享感受和经验	

第五节　社会工作的项目评估

社会工作的项目评估（表1-10-9）

表1-10-9　社会工作的项目评估

要　点	内　　　容		
基本含义	基本概念	利用具体研究方法对社会服务结果、过程和行政进行评价	
	基本要素	主　体	评估的实施方，即评估单位
		对　象	被评估单位
		目　标	项目评估目标与社会工作评估的目标呼应
		伦　理	符合社会工作和社会研究的双重伦理
		方　法	社会工作研究方法
主要类型	①服务前期评估：需求评估和方案评估 ②服务中期评估：对项目执行中相关活动的评估状况 ③服务后期评估：结果评估和影响评估		
一般程序	①开始准备阶段：明确评估目的和方式，签订协议 ②评估实施阶段：收集评估项目的资料 ③结果应用阶段：完成评估报告，讨论意见和建议，提升工作		

第二编

社会工作实务

第一章 社会工作实务的通用过程模式

本章知识体系

社会工作实务 ┤ 通用过程模式的理论依据
的通用过程模式 ┤ 社会工作实务通用过程模式的特点
　　　　　　　 ┤ 通用过程模式的四个基本系统对社会工作实务的作用

第一节 通用过程模式的理论依据

一、通用社会工作过程模式的含义（表 2-1-1）

根据社会工作的历史经验，社会工作是一个过程。而社会工作通用过程模式则是当代整合性社会工作实务发展的成果。

表 2-1-1　社会工作过程模式的含义

要　点	内　　容
通用社会工作过程模式的概念定义	社会工作过程模式是指社会工作实务中对服务的方式方法的总结、归纳和理论概括。这种模式的内涵在于： ①概括社会工作实务活动的共性 ②涵盖社会工作实务的不同阶段和不同系统
通用社会工作过程模式强调整合视角的社会工作实务	社会工作通用过程涵盖了各种助人模式的手段、方法、技巧、资源运用等内容所具备的普遍性和共性。社会工作过程模式是在实践中总结出的有效助人程序。它的特点包括： ①强调全人服务观 ②强调社会工作实务的结构化和规范化

二、通用过程模式的理论依据（表 2-1-2）

表 2-1-2　通用过程模式的理论依据

要　点		内　　容
人类行为与社会环境		即"人在情境中"，"人与环境"交互作用的视角，要求我们将视角放到个人和环境的双重因素上，尤其是重视社会结构、系统和文化规范
系统理论	含　义	在社会实践中，"系统"是指社会系统内各个成员之间的相互交流

(续表 2-1-2)

要点		内 容
系统理论	工作实务的着重点	①注重个人的整体性和完整性 ②强调社会系统在塑造和影响人的行为及生活状态方面的作用 ③注重运用社会资源
	特点	①对问题的分析不再是个人归因 ②评估要注重宏观、中观及微观层面 ③动态实务，服务对象相关各系统是动态的 ④实务工作注重纵横相交
生态系统理论	内容	人通过与环境的各种因素的相互作用来发展和适应，社会工作通过对人与自然和社会环境间的功能失调的处理，来强化能力，解决问题 比如，"我"是在天气、交通、个人学识、家庭出身、社会发展形势、工作单位领导气质、同事关系等很多因素的作用下才形成现在的"我"的，也形成"我"现在的问题。那么解决"我"的问题就要从这些因素出发
	社会生态系统	①微观：个人生理、心理、经历 ②中观：家庭、工作群体、社会群体 ③宏观：组织、机构、社区、文化
优势视角和增能理论	优势视角的社会工作的特点	①非疾病假设 ②强调社会工作的任何过程都要重视服务对象的优势 ③强调整全性干预服务
	优势视角的社会工作实务强调	①每个人都有其优点：三人行必有我师 ②挫折也是机遇：化危为机 ③人都有改变的愿望 ④社会工作者与案主协作才能更好地为他们服务 ⑤每一种环境都充满资源：经历就是财富，无论成功与失败 ⑥提升服务对象的能力：社会工作服务其实是增能的过程

第二节 社会工作实务通用过程模式的特点

社会工作实务通用过程模式的特点（表2-1-3）

表2-1-3 社会工作实务通用过程模式的特点

要点	内容
助人过程是一个结构化的实务过程	①社会工作助人关系的建立是一个"过程" ②服务对象的改变是一个"过程" ③服务对象的改变必须是一种主动与自发的"过程"

（续表 2-1-3）

要　点	内　容
通用过程模式的特点	①运用综合方法 ②工作过程阶段化 ③工作任务阶段化 ④整合社会工作的价值观
运用通用过程模式应考虑的因素	①助人过程各阶段的先后次序应该是弹性的 ②社会工作实务过程是螺旋式进展的 ③模式本身只能作为实务过程的参考

第三节　通用过程模式的四个基本系统对社会工作实务的作用

通用过程模式的四个基本系统对社会工作实务的作用（表 2-1-4）

表 2-1-4　通用过程模式的四个基本系统对社会工作实务的作用

要　点	内　容
四个基本系统	①改变媒介系统——社会工作者及相关助人者，如学校老师、街道干部、服务对象家庭 ②服务对象系统——服务对象，有"潜在"与"现有"之分 ③目标系统——为达目的需要改变和影响的系统，与服务对象系统有时一致，有时不一致 ④行动系统——相关参与方（除案主外，为实现目标而与社会工作者联动的方面）
对社会工作实务的意义	①四个基本系统帮助社会工作者识别出改变服务对象系统所必须完成的一般任务 ②需要改变的不只是服务对象系统（系统理论） ③确立目标系统后才能确定行动系统的规模组织 ④社会工作者必须与不同系统建立关系（资源链接者） ⑤组织也是一个系统 ⑥社会工作者要不断诊断行动系统的情况（评估）

第二章　社会工作实务的通用过程

本章知识体系

社会工作实务的通用过程 { 接案 / 预估 / 计划 / 介入 / 评估 / 结案

第一节　接　案

接案（表2-2-1）

表2-2-1　接　案

要点			内容
接案阶段社会工作者的主要任务	概述		在接案阶段，社会工作者的主要任务主要有：了解服务对象的求助原因和求助过程，初步评估服务对象的问题，确定是否接案，订立初步协议
	接案目的		①澄清角色期望和义务，避免误解 ②激励服务对象为解决自己的问题而努力 ③促进、诱导服务对象的改变 ④促进服务对象参与改变过程 ⑤为今后工作开展打下基础
	主要任务		①了解服务对象的来源：主动求助、他人转介、外展接触成为服务对象的 ②认定服务对象的类型：自愿型、非自愿型、被强制接受服务型 ③了解服务对象的求助过程 ④使"潜在服务对象"成为"现有服务对象" ⑤与服务对象初步建立专业关系
接案的步骤及核心技巧	接案前的准备	做好会谈的准备并拟定初次会谈提纲	
		服务对象的资料准备	了解服务对象基本资料，是否接受过服务，走访社区了解服务对象及其环境，了解服务对象的特殊事项等
		拟定会谈提纲	①介绍自己和自己的专业服务领域 ②简述会谈目的和双方责任与角色

(续表 2-2-1)

要点	内容			
接案的步骤及核心技巧	接案前的准备	做好会谈的准备并拟定初次会谈提纲	拟定会谈提纲	③介绍机构功能与服务和相关规则流程等 ④征询服务对象对会谈安排的意见、期望 ⑤询问是否存在紧急事宜需要处理和协助
	会谈	确定会谈目的和安排会谈场所		选择合适会谈的场所有利于工作的开展，会谈时与服务对象位置最好保持90~130度左右夹角和1~1.5米的距离
		会谈的主要任务		①界定案主的需要和问题 ②澄清双方的角色期望和义务 ③通过激励促进服务对象进入角色 ④促进、诱导态度和行为改变
		会谈的技巧	主动介绍自己	向服务对象说明接案目的，介绍服务机构的目标和服务，介绍自己的工作经验和工作专长，介绍自己对求助受助行为的看法等 以上过程有助于消除服务对象对服务的担心与不安，使他们有效地进入受助者的角色
			沟通	包括在沟通过程中了解服务对象的问题和需要，对服务对象的问题进行探讨，对社会工作服务机构的功能进行沟通，澄清社会工作者的角色 除上述"事实性"内容的沟通，社会工作者也要有意识地与服务对象进行治疗性沟通
			倾听	①倾听要传达出工作者对案主的专注 ②倾听需要设身处地地感受，善于听出"弦外之音" ③倾听时不仅要"听"，还要有"参与"
		回应服务对象的方法		①透彻了解服务对象的想法和反应 ②将自己与服务对象融合 ③敏锐察觉服务对象的各种情绪态度和反应 ④向服务对象表达愿意协助的态度
		会谈中的问题与挑战		①留意服务对象对接受协助的看法并进行处理 ②热诚表达协助的意愿，减低服务对象对"外人"的抗拒感 ③时刻保持对服务对象的敏感性 ④与服务对象共同分析和平衡反面事件
	收集资料	资料收集的范围和内容		服务对象个人资料、身体情况、服务对象的特点与能力、服务对象所处的社会环境等
		收集资料的主要方法		向服务对象及相关人进行询问，向专业权威人士进行咨询，对服务对象进行观察，查询服务对象相关档案记录，问卷调查和家访等

(续表 2-2-1)

要 点			内 容
接案的步骤及核心技巧	初步预估		初步预估的主要任务包括： ①再次界定和确认服务对象问题 ②对照机构功能看能否处理 ③了解服务对象对接受服务的看法和意愿，形成约定 ④确定问题和需求的轻重和先后次序
	建立专业关系	社会工作的专业关系	社会工作的专业关系是社会工作者与服务对象之间态度与情感的互动，以达到帮助服务对象与环境之间达到更适应的合作关系为目的
		社会工作专业关系的功能	社会工作专业关系是一种有意义的联结，激发了服务对象学习和改变的动力，使得服务对象愿意接受社会工作者的协助和影响 专业关系能够使服务对象改变有动力，服务过程有计划、有目标、有亲切感
		社会工作专业关系的特点	①社会工作者和服务对象有一个双方共识的目标 ②专业关系有时间限制 ③以服务对象的利益为中心 ④社会工作者是掌握有专门知识、具有专业伦理和专门技巧的权威 ⑤社会工作者掌控服务进展的方向，并控制感情投入和采取的行动
		建立专业关系五要素	①与服务对象准确沟通想法和感受 ②与服务对象沟通相互之间的资料 ③沟通充满亲切感和关怀 ④与服务对象角色互补 ⑤与服务对象建立信任
		建立专业关系的技巧	同 感：①了解服务对象资料以促进对服务对象的认识和理解 ②想象和感受服务对象所面对的情况 诚 恳：保持诚恳的、真切的、开放的态度 温暖与尊重：关心并专注服务对象的一切情况，向服务对象传达关怀和尊重 积极主动：积极关心服务对象，主动了解和帮助，而不是消极和被动
	决定工作进程		在会谈之后，社会工作者和服务对象对下一步需要采取的步骤进行协商和决定。决定有以下几种可能：
		终结服务	当如下情况存在时，即可终结服务： ①机构缺乏合适的工作人员提供服务 ②服务对象的问题和所需服务在机构的职责、使命或功能范围之外

(续表 2-2-1)

要点	内容		
接案的步骤及核心技巧	决定工作进程	终结服务	③在处理特定服务对象或问题方面，其他机构具有特权 ④服务对象不愿接受服务或问题得到解决 ⑤服务对象对问题的看法和期望与社会工作者所能提供的服务不相符 ⑥社会工作者所能提供的服务不能解决问题 ⑦服务对象没有充分的动机投入必要的时间、力量和资源等
		转介其他服务	转介可以是正式的，也可以是非正式转介
		进入下一个阶段	服务对象与社会工作者对问题和服务的开展有共识，并且愿意继续接受服务，则可以进入下一个阶段
	签订初步的服务协议	与服务对象签订服务协议的内容	①初步界定服务对象的问题 ②机构和社会工作者可以提供的服务 ③明确社会工作者和服务对象相互的角色期望和暂定的工作时间长度 服务协议的形式一般是书面形式，但也可以是口头的，目的在于社会工作者和服务对象之间有一个目标与约束，促使后续工作顺利开展和富有成效
		与服务对象以外的其他系统建立关系并签订服务协议	①与改变媒介系统建立关系和签订协议 ②与行动系统签订协议 ③与目标系统订立关系和工作协议
影响接案成功的因素	不能建立关系的原因		①社会工作者与案主的期望不一致 ②社会工作者能力不足 ③临时事件和外部障碍 ④服务对象不愿意接受帮助 ⑤社会文化因素（中国人的"差序格局"） ⑥不同专业间的配合出问题
	避免过早终结关系的策略		①增进彼此关系 ②制订明确的接案工作指引 ③订立初步协议 ④回应服务对象最迫切需求 ⑤运用网络资源共同推进服务 ⑥不断给予鼓励
接案的注意事项	①决定是否紧急介入（自杀、虐待、暴力、离家出走等情形） ②权衡是否有能力处理问题 ③决定问题的先后顺序 ④保障服务对象所要求的服务符合机构的工作范围		

第二节 预 估

预估（表2-2-2）

表2-2-2 预 估

要 点	内 容		
什么是预估	预估是收集资料和认定问题的过程，目的在于得到对问题的深入认识，让社会工作者能由表及里探查问题		
预估的目的	①识别客观因素（背景、环境、持续时间、所作努力） ②识别主观因素（感受及态度） ③识别问题成因及使问题延续的因素 ④识别积极因素（优势视角） ⑤决定服务方式和内容（个案、小组或社区活动）		
预估环节的特点	①持续性（贯穿于整个助人过程） ②社会工作者与服务对象共同参与（服务对象最了解自己） ③行动取向（预估为介入行动服务） ④有可识别的步骤（收集资料—分析问题—认定问题） ⑤广泛深入 ⑥运用知识 ⑦渗透专业判断 ⑧有局限性（助人实践中不断修正）		
预估的原则	①个别化原则（每个人都是独特的） ②合作原则（共同参与） ③避免片面（各种方式收集资料） ④避免简单归因（系统论） ⑤兼顾服务对象的弱点和长处（优势视角） ⑥不断循环往复		
预估的基本步骤	收集资料	内 容	①个人资料 ②环境资料（家庭与社会）
		方 法	①询问（会谈、问卷、角色扮演） ②咨询专业人士 ③实地观察 ④家访 ⑤利用已有资料
	分析解释资料与问题	①排列顺序（时间、逻辑） ②发现问题 ③识别原因 ④作出解释	
	认定问题	①描述问题及需要 ②描述问题成因	

（续表2-2-2）

要点		内容
预估的基本步骤	认定问题	③描述案主处境和社会系统的状况 ④探究问题持续原因 ⑤描述服务对象系统发展阶段 ⑥描述、鉴定服务对象系统资源状况
	撰写预估报告	第一部分：资料和事实（呈现问题和背景） 第二部分：专业判断（对资料的理解；问题的评估；对形成问题原因的分析，对原因的理解与解释；判断改变的可能性和好处）
预估的方法		①社会历史报告 ②家庭结构图 ③社会生态系统图 ④社会网络分析（结合通用过程模式中的资源分类理解）

第三节　计　划

计划（表2-2-3）

表2-2-3　计　划

要点	内容
什么是服务计划	服务计划，即服务方案，有目标、有行动 ①综合之前收集的各方面信息（全方位考虑） ②确定服务目的和目标（着眼于问题和对象） ③选择合适的行动方式和行动内容（注意案主参与和自决）
服务计划的构成	（1）制订目标的要求 ①目标制订"SMART"原则（S-specific，目标陈述要具体，M-measurable，可测量，A-Achievable，可操作、可达到，R-Realistic，目标要现实，T-Time，有时间限制） ②目标符合机构目标和社会工作伦理 （2）关注的问题与对象 ①个人 ②家庭 ③群体 ④组织 ⑤社区 （3）多层次介入策略 （4）计划一起协同工作的合作者 （5）社会工作者与服务对象各自的角色 （6）计划具体的行动、工作程序及工作时间表

(续表2-2-3)

要　点	内　容	
制订服务计划的原则	①服务对象参与 ②尊重服务对象意愿 ③尽可能详细和具体 ④与总目的、宗旨相符合 ⑤可量化评估	
制订服务计划的方法	①设定目的和目标 ②构建行动计划 ③签订服务协议	
服务协议的形式	既可以是书面协议，也可以是口头协议，最好是书面协议	
服务协议的签订过程及技巧	过　程	①会谈协议 ②界定服务对象的问题 ③协议介入目的和目标 ④协议介入策略和行动
	技　巧	①认定服务对象对问题的看法 ②与服务对象分享对问题的看法 ③描述为之工作的问题 ④确定目的和目标并说明行动的具体策略 ⑤总结和强调协议的主要内容

第四节　介　入

介入（表2-2-4）

表2-2-4　介　入

要　点	内　容
介入的特点	①有计划、有目的的行动 ②干预是介入的核心 ③物质帮助和精神支持并重 ④介入有短期效果和长期效果
介入的分类	①直接介入（直接服务案主） ②间接介入（代表服务对象采取行动，改变环境） ③综合介入
选择介入行动的原则	①以人为本，服务对象自决 ②个别化 ③考虑服务对象的发展阶段和他们的特点 ④与服务对象相互依赖 ⑤瞄准目标 ⑥考虑经济效益

(续表2-2-4)

要点		内容
介入策略	直接介入	①促使服务对象运用现有资源 ②危机介入 ③运用活动作为介入的策略 ④调解行动 ⑤运用影响力
	间接介入	①运用和发掘社区人力资源 ②协调各种服务资源与系统以达到服务的目标 ③制订计划创新资源 ④改变环境 ⑤改变机构的政策、程序与工作方式

第五节 评 估

评估（表2-2-5）

表2-2-5 评 估

要点		内容
含 义		对介入工作的考核与评价，对服务效果的考量
评估的目的		①考查介入目标实现程度 ②总结经验（以评促进） ③验证方法有效性（证据为本） ④进行社会工作研究
评估的内容		①目标是否设置得当及是否有效达到了既定目标 ②评估工作方法与技巧是否得当 ③评估社会工作者运用的角色是否有效
评估的两大类型	过程评估	对服务过程每一步骤，每一阶段的评估（初、中期，重点评估服务对象的表现及社会工作者的工作和技巧，结束阶段重在评估是什么因素导致服务对象的改变）
	结果评估	工作过程最终阶段进行的评估（问题解决了么？功能增强了么？）
评估的作用		①监督介入工作进度 ②发展本土社会工作知识和方法，促进专业成长 ③巩固改变成果 ④社会问责
评估的常用方法（质性+量性）		①基线测量：定义、应用范围、操作程序 ②任务完成情况测量方法与技巧 ③目标实现程度测量：对目标的评估（目标核对表，个人目标尺度测量） ④介入影响测量：对象满意度测量，差别影响评分

第六节 结　　案

结案（表2-2-6）

表2-2-6　结　　案

要　　点	内　　容
结案的主要任务	①总结工作 ②巩固已有改变：回顾工作，强化已有改变，给予积极支持 ③解除工作关系 ④撰写结案记录 ⑤跟进服务
结案的四种情形	①目标实现 ②服务对象不愿意继续接受服务 ③不能实现目标而结案 ④社会工作者或服务对象身份发生变化（调动工作、案主搬家）
服务对象的反应及处理方法	（1）正面反应：给予肯定，适时强化 （2）负面反应 ①否认：否认到了结案期，表现为心不在焉、迟到等 ②倒退：回复到以前的状态，以拖延结案 ③抱怨：对社会工作者不满意 ④忧郁：情绪低落，充满焦虑 ⑤愤怒：对社会工作者不满，批评、攻击和挑战其他人 ⑥依赖：对社会工作者过分依赖 ⑦讨价还价：找理由和借口拖延结案 （3）结案反应的处理方法 ①与服务对象一起讨论他们对结案的准备情况 ②提前告知结案时间 ③减少见面次数 ④继续提供服务，另寻时机 ⑤安排正式的结案活动

第三章 儿童社会工作

本章知识体系

儿童社会工作 { 儿童社会工作概述
儿童社会工作的主要内容
儿童社会工作的主要方法

第一节 儿童社会工作概述

一、儿童的特点（表2-3-1）

表2-3-1 儿童的特点

要点		内容
社会属性特点		①儿童期是人一生的基础 ②儿童是每一个家庭的基础 ③儿童是社会发展的基础
成长发展特点	快速性	生长发育快，身体变化大
	阶段性	儿童的发展具有年龄特征，每阶段有相对稳定的特点
	顺序性	儿童的身体和社会心理发展具有一定的顺序性
	不平衡性	儿童在出生后一年和青春期身体发育较快，身体各系统发展速度各不一样
	个体差异性	受不同的环境和遗传影响，每个个体发展的速度和特征各不一样
	分化和互补性	儿童的身心发展会出现具体的分化，但总体上会出现互补的特点

二、儿童的需要（表2-3-2）

表2-3-2 儿童的需要

要点		内容
生存的需要	生命存在的需要	获得基本生活照料，养育照料和医疗照料需要突出
	社会存在的需要	获得社会身份，包括姓名、户籍等

(续表2-3-2)

要点		内 容
发展的需要	良好的家庭生活	得到父母的爱和适当管教，良好的亲子关系等
	受教育机会	对未知事物的认知、探索和学校学习等机会
	休闲和娱乐需要	通过"玩乐"方式求得身心的调节与放松
受保护的需要		①免于身体虐待的需要 ②免于情感虐待的需要 ③免于性虐待的需要 ④免于被忽视的需要 ⑤免于被剥削的需要
社会化的需要		①培养生活技能的需要 ②自我观念发展的需要 ③养成良好生活习惯的需要 ④养成良好道德品质的需要

三、儿童的问题（表2-3-3）

表2-3-3　儿童的问题

要点		内 容
儿童生活的问题	新生儿健康问题	我国2010年的新生儿死亡率达1.3%，新生儿残疾率高，重男轻女观念影响大
	儿童营养问题	农村儿童营养问题严峻，与城市儿童差异大；城市儿童存在膳食营养不良或过剩的问题
	儿童户籍问题	儿童经常由于父母疏忽或其他原因导致户籍产生问题，影响其他福利
儿童发展面临的问题	贫困的问题	贫困会严重影响儿童的各个方面，包括生存权、社会关系和信息资源被剥夺等问题
	家庭监护问题	家庭是儿童成长的重要环境，家庭监护的缺失影响儿童的发展
儿童保护问题		①儿童遗弃的问题 ②儿童受到体罚和肢体虐待的问题 ③儿童被性侵的问题 ④儿童被忽视的问题 ⑤儿童被拐卖的问题

四、儿童社会工作的概念（表2-3-4）

表2-3-4 儿童社会工作的概念

要点		内容
工作层面	微观层面	对儿童自身展开的个案工作
	中观层面	针对儿童家庭开展的同质性的小组
	宏观层面	针对社会组织、社区的社区工作，或政府政策、社会价值倡导等满足儿童需要的工作
儿童社会工作类型	支持性儿童福利服务	支持父母履行教养义务，为儿童成长服务
	补充性儿童福利服务	针对儿童父母亲职能力不足，改善父母的亲职情况，满足儿童成长需要
	替代性儿童福利服务	代替儿童的父母履行亲职职能，改变成长环境，保障儿童健康成长的工作
	儿童保护服务	包括伤害预防和伤害应对服务

五、儿童社会工作的特点

（1）明确了儿童社会工作的专业价值理念。（表2-3-5）

儿童社会工作的价值理念是儿童权利。工作过程需要以儿童为中心，满足儿童需要、促进儿童权利实现是最高指导原则。

表2-3-5 儿童社会工作的专业价值理念

要点	内容
儿童权利的基本概念	儿童权利是指儿童根据社会道德和法律所享有的从事某些行动的自由以及受到某种对待的资格
儿童需求和儿童权利之间的关系	儿童的需求是儿童成长和发展的事实条件；儿童权利包括儿童需求概念的内涵，又弥补儿童需求的不足，对社会他人作出要求，从而为儿童的成长和发展提供帮助
儿童权利理念作用	儿童需求要求社会工作者了解和掌握关于儿童成长的科学知识；儿童权利不但要求社会工作者拥有这些知识，而且要求他们掌握促使儿童成长的方法和技巧，满足儿童需要

（2）界定了儿童社会工作的伦理知识范围。
（3）聚焦亲职能力建设，突出家庭监护服务。
（4）兼顾专业理想和本土化实务路径之间的平衡。

六、儿童社会工作实务的原则

（1）儿童中心的原则。
（2）服务个别化原则。
（3）儿童发展的原则。
（4）儿童参与的原则。

第二节　儿童社会工作的主要内容

一、促进儿童健康成长
（一）传播理念和知识（表2-3-6）

表2-3-6　传播理念和知识

要点	内容		
母婴保健服务	母婴保健服务大多由医生提供，儿童社会工作并非直接提供医学服务，而是协助父母处理照料事务，保障医疗服务产生良好效果		
	婚前保健服务	婚前卫生指导	对性知识、生育知识和遗传病知识的教育和宣传
		婚前卫生咨询	提供关于婚姻和生育保健的医学意见
		婚前医学检查	对可能影响结婚和生育的疾病进行医学检查
	孕产期保健	母婴保健指导	对婚育期母婴相关状况提供医学意见
		孕产妇保健	为孕妇、产妇提供营养、心理、卫生等方面的指导和保健服务
		胎儿保健	监护胎儿健康发育，提供咨询和医学指导
		新生儿保健	为新生儿发育、哺乳和护理等提供医疗保健服务
婴儿早期喂养理念和实践	社会工作者及机构可以和医疗人员合作向新生儿父母提供婴儿早期喂养的教育服务。包括： ①母乳喂养的概念 ②母乳喂养的影响因素：母亲、家庭、社会和婴儿等 ③母乳喂养的好处：对婴儿、对母亲、对家庭和社会 ④母乳喂养技术指导 ⑤母乳喂养方案 ⑥辅食添加		
幼儿早教	向幼儿的父母和家庭提倡早教及指导早教活动。包括： ①关于早教的知识及其开展的可能性 ②幼儿大脑可塑性的知识 ③智力开发的关键期的知识 ④早教的类别：婴儿中心类型、家长中心类型和两者兼顾型 ⑤早教的方法：环境刺激、游戏、示范、提问等 ⑥早教的内容：根据儿童发展的阶段特点进行安排		
科学育儿	①科学的育儿观念：儿童的权利、现代儿童观 ②科学的育儿知识：儿童生理学、发展心理学、教育学、社会行为发展等知识 ③科学的育儿技能：观察、沟通、引导和教育技能		

（二）提供家庭支持（表 2-3-7）

表 2-3-7　提供家庭支持

要　点	内　容
亲职辅导	对家长提供父母亲角色的指导和教育工作
婚姻辅导	对家庭夫妻双方的婚姻关系提供指导和教育，利于夫妻身心健康，创造儿童健康成长的条件
家庭辅导	以家庭为单位，提供家庭内相处融洽功能正常发挥的专业辅导
亲子关系辅导	以儿童及其父母为对象，消除双方矛盾和隔阂，增进彼此理解和支持，实现两者的良性互动

（三）开展儿童支持活动（表 2-3-8）

表 2-3-8　开展儿童支持活动

要　点	内　容
儿童问题辅导	针对儿童提供辅导服务，处理儿童问题，促进儿童发展
儿童的娱乐和休闲	娱乐和休闲对儿童在情绪、认知、语言、社会和身体动作等方面起到了十分重要的作用，其方式包括：游戏、购物、旅行、登山、阅读等
儿童的社会化引导	①自我认同 ②技能学习 ③团队精神 ④社会责任

二、补充和改善家庭状况（表 2-3-9）

表 2-3-9　补充和改善家庭监护环境

要　点	内　容
补充和改善经济状况	①连接现有政策资源：通过使用和执行相关政策改善家庭经济环境，使儿童成长得到经济保障 ②困境儿童父母就业援助：为困境儿童父母提供就业辅导服务，提供就业信息和帮扶，使得儿童成长有家庭经济保障
补充和改善家庭监护状况	①亲职教育：为亲职不当的父母提供指导和意见，矫正父母不当育儿观念，改善亲职状况 ②"四点半课堂"：学校放学而父母未有空闲时间照料儿童的时候，提供看管和托管服务

三、救助和保护儿童

指为永久或临时失去家庭监护的儿童提供替代性的家庭监护服务。

(一)儿童收养服务(表 2-3-10)

社会工作者在专业价值观指导下为儿童寻找合适的收养家庭,关注领养父母和子女之间情感关系的建立。工作流程基本如下:

表 2-3-10 儿童收养服务

要　点	内　　容
送养儿童信息发布	根据儿童的需要和特点,将需要送养的儿童的信息进行公布,在公开渠道上寻找合适的收养家庭
收养家庭招募	通过法律程序征集有收养意愿并且符合条件的家庭
收养家庭评估	对准备收养的家庭进行实地走访和多渠道的信息收集,评估家庭环境、成员互动、家庭育儿知识等方面情况,确定家庭是否适合收养儿童
收养家庭培训	对准备收养的家庭讲解收养意义、收养程序和收养经验等,并确以收养意愿
送养儿童与收养家庭匹配	创造双方接触机会,观察分析双方互动,为儿童选择最适合家庭
办理收养手续	协助收养家庭在相关部门完成领养程序,确定法律上的收养和被收养关系
送养儿童进入收养家庭	协助儿童进入新的家庭环境,重建人际关系
收养后跟踪回访	通过回访收养后的家庭,了解儿童的生活状况,确保儿童适应收养家庭。如发现儿童保护问题,需要立刻终止收养
评估结案	经过一段时间的定期回访,如评估结果良好,则可以结案(收养后 6 个月至 1 年)

(二)家庭寄养服务

家庭寄养服务是指在法律法规程序下将永久或临时缺失家庭监护的儿童委托其他家庭照料养育的照料模式。与收养情况不一样,寄养儿童的监护权在机构,户籍在原来的福利机构,寄养家庭仅提供家庭环境。基本程序如下:

(1)寄养家庭招募。
(2)筛选合格家庭。
(3)评估合格家庭。
(4)寄养家庭培训。
(5)儿童与寄养家庭匹配。
(6)寄养监督与支持。
(7)儿童家庭寄养服务结案。

（三）机构养育服务

除了家庭收养和家庭寄养以外，对于家庭监护缺失的儿童还可以选择机构养育服务，也称为集体养育或者院舍养育。机构养育是社会工作者在专业价值观指导下运用专业方法为在院舍内集体抚养的儿童提供集体养育的服务。目前，我国机构养育的儿童大多是病残弃婴或者孤儿。

第三节　儿童社会工作的主要方法

一、儿童社会工作评估（表2-3-11）

表2-3-11　儿童社会工作评估

要　点	内　　容
儿童社会工作评估的定义	社会工作者为明确儿童需求而开展的服务需求评估。这是一个持续的、不断进行的工作
评估的方法	①家庭走访 ②实地观察 ③会谈 ④查询文档
评估工具	（1）界定评估工具 （2）评估工具的特点 根据儿童的情况和需求确定评估内容和资料 （3）评估工具的作用 ①为专业实务工作提供统一的指导 ②提供科学可靠的服务对象信息 ③提供儿童社会工作的最低统一标准，托底专业服务品质 （4）评估工具 ①服务对象信息收集的结果呈现工具 ②信息分析结果呈现工具

二、儿童社会工作个案辅导

（一）儿童社会工作个案辅导的定义
（二）个案辅导的模式

儿童社会工作个案辅导的模式包括传统模式和新的实务模式。
传统模式：心理社会治疗、认知行为治疗、理性情绪治疗。
新的实务模式：任务中心模式、危机介入模式、人本治疗模式和家庭治疗模式。

（三）游戏辅导（表 2-3-12）

为了应对传统模式在儿童个案辅导中面临的挑战，游戏被引入了针对儿童群体的个案辅导、实务工作中，形成独特的游戏辅导模式。

表 2-3-12　游戏辅导

要点	内容	
理论依据	游戏辅导的重要理论依据包括心理分析理论（原始理论）、人本主义理论和行为理论	
常见的游戏辅导形式	①沙盘游戏 ②看图讲故事 ③戏剧表演 ④体育游戏等	
类型	按照游戏功能分	主要包括：感觉运动性游戏、功能性游戏、建筑性游戏、戏剧性游戏和规则游戏
	按照游戏的进行过程分	包括无导向游戏辅导和导向型游戏辅导
特点	①儿童参与游戏是受本能驱使的 ②辅导游戏是由儿童自由选择的 ③游戏过程是充满想象力的 ④儿童是主动参与到游戏中的 ⑤儿童在游戏过程中是快乐的	
适用的范围	不仅适用于儿童，还适用于成人。可应对几乎所有儿童的情绪和行为问题	
游戏辅导原则	①建立融洽的治疗关系原则 ②接纳的原则 ③反馈的原则 ④儿童中心的原则 ⑤循序渐进的原则	

三、儿童社会工作的团体辅导（表 2-3-13）

表 2-3-13　儿童社会工作的团体辅导

要点	内容	
定义	小组工作在儿童领域的实务应用	
团体辅导的类型	①发展性团体辅导 ②治疗性团体辅导	
学校辅导课程	学校辅导课程的理论依据	阿德勒的社会兴趣理论
	学校辅导课程的目标	①预防儿童和青少年出现情绪问题 ②促进和增强儿童和青少年的社会技能发展 ③改善儿童和青少年的学习状态，促进学业发展

(续表2-3-13)

要点		内容
学校辅导课程	学校辅导的阶段	一般划分为五个阶段，每个阶段的主题分别为： ①了解自己和他人 ②发展同理心 ③沟通技巧 ④合作技巧 ⑤承担责任的技巧
离异家庭儿童团体辅导	团体辅导的原因	①形成团体认同，缓解个体压力 ②协助儿童处理情绪问题 ③帮助儿童增强对生活的控制感
	团体辅导效果良好的条件	①目标群体的界定和评估 ②招募和遴选团体成员 ③选定合适的团体辅导活动场地

四、儿童友好社区建设倡导的方法（表2-3-14）

社区倡导是社会工作实务模式之一，常用于在社区中传播新的理念和引导新的行为方式。

表2-3-14 儿童友好社区建设的倡导方法

要点	内容
儿童友好社区的标志	联合国儿童基金会定义的儿童友好社区具体标志包括：社区能够保障儿童的基本需要得到满足；社区有条件让儿童与同伴见面和玩耍；社区能够保护儿童免受伤害；儿童在社区里有干净的饮用水和卫生的环境；社区能够为儿童提供所需要的教育、医疗和紧急庇护服务；儿童能够参与家庭、社区和社会生活；社区能够在其发展过程中发挥儿童的作用，尤其是在与儿童自身相关的社区事务中
倡导的内容	①完善社区基本设施建设 ②配备安全和益智的儿童游戏场所和设施 ③加强社区儿童和家庭服务体系的建设 ④创新社区儿童参与工作机制
倡导的办法	网络媒体倡导，名人和社区领袖倡导，海报宣传倡导，讲座论坛等

第四章 青少年社会工作

本章知识体系

青少年社会工作 ｛ 青少年社会工作概述
青少年社会工作的主要内容
青少年社会工作的主要方法

第一节 青少年社会工作概述

一、青少年的需要和问题（表2-4-1）

表2-4-1 青少年的需要和问题

要点		内容
青少年的特点	生理	体型迅速变化、性成熟
	心理	心理断乳，追求自我、独立
	文化	正直青年、问题青年、文化叛逆青年、政治偏激青年
青少年的需求		①悦纳自我（接纳自己的身体容貌，表现出符合规范的性别角色需求） ②发展人际关系（个体与同伴） ③追求独立（少依附父母及他人，经济独立） ④建立价值体系，符合现实世界的需求 ⑤追求理想和抱负 ⑥为未来的生涯做准备 ⑦发展符合社会期望的认知技能和概念 ⑧为未来的婚姻和家庭做准备
如何看待青少年的问题		①社会工作通用价值观是怎么告诉我们的 ②避免贴标签和排斥，以及不自觉地参与青少年问题的主观建构 ③更多地从社会环境和青少年个体成长的互动状态中去理解 ④"80后"、"90后"、"00后"孩子的不同，该如何看待

二、青少年社会工作的特点及原则（表2-4-2）

表2-4-2 青少年社会工作的特点及原则

要点	内容
特点	①在价值理念上更突出对青少年群体的多元化和主体性的尊重与接纳

(续表 2-4-2)

要点	内容
特点	②在社会工作专业方法方面更强调在促进青少年自我认同和发挥群体示范性效应方面的整合性应用 ③更加注重在优化社会环境方面的政策倡导
原则	①尊重青少年的价值与尊严 ②接纳与关爱青少年 ③注重青少年的个别需求 ④协助青少年具备适应社会变化、不断成长的能力

三、青少年社会工作发展（表 2-4-3）

表 2-4-3　青少年社会工作发展

要点	内容
国外青少年社会工作发展	国外青少年社会工作发展分为教育为主的前社会工作阶段、以救济为主的混合青少年社会工作阶段和以全面服务为特征的青少年社会工作阶段
香港、台湾地区青少年社会工作发展	经历20世纪60年代的社会动乱后，香港政府意识到青少年群体的需要和问题，现已建立起领域广泛、工作方式多样的青少年社会工作服务体系 台湾地区在1950年成立基督教儿童福利基金会，开启了以慈善救济为主的青少年社会工作服务，目前已具备制度化、专业化、体系化的特征
国内青少年社会工作发展	我国全面的青少年社会工作服务实践主要包括： ①民政系统开展的专业服务 ②一些机构在社区内举办专项服务 ③社区内开展的各类青少年服务活动

第二节　青少年社会工作的主要内容

青少年社会工作的理论基础（表 2-4-4）

表 2-4-4　青少年社会工作的理论基础

要点		内容
青少年发展理论	生物进化理论	青少年期的重点就是人类"再繁衍的历程"，青少年也要遵循"适者生存"的原则
	精神分析理论	注重"认同作用"对青少年成长和发展的影响
	社会学习理论	青少年通过观察楷模的行为进行学习，并加以模仿，化成行为模式

(续表 2-4-4)

要　点		内　　容
青少年发展理论	社会学习理论	①观察学习，四步骤：注意—保持—再生—增强 ②"自我规划"三阶段：诱发改变、类化、维持 ③实例楷模法：引导青少年观看实例，如电影、电视等 ④认知楷模法：让青少年相信有改变的可能 ⑤激发自制力：消除青少年的恐惧与不良行为，增强能力 ⑥"自我效能"四方面的来源
	认知发展理论	（1）皮亚杰认知发展阶段论 （2）郭尔保道德发展论 （3）西尔曼的社会认知论：人际了解和友谊发展五阶段理论，重点是青少年如何区别自身与别人的不同 ①人际了解五阶段：自我中心未分化（3～6岁）、主观观点阶段（5～9岁）、自我深思熟虑阶段（7～12岁）、相互观点取替阶段（10～15岁）、深层与社会观点取替阶段（青少年至成人） ②友谊发展五阶段：暂时性玩伴（3～7岁）、单方协助阶段（5～9岁）、公平气氛下的合作阶段（6～12岁）、亲密与相互分享阶段（9～15岁）、自主相互依赖阶段（12岁以上）
	社会文化论	本尼迪克特的社会文化论强调社会文化决定了青少年的人格发展，青少年的发展是社会期望产物
青少年偏差理论	社会次文化理论	以同性恋亚文化为例讲解
	社会互动理论	年轻人变成犯罪者是因为他被认定为坏人，也因为人们不相信他是好人。这就从社会互动论引申出"标签理论"
	社会联结理论	青少年由于遇到强力的犯罪动机将社会联结打断才选择犯罪。社会联系的四个构成成分： ①依附感 ②承担感 ③参与感 ④信念
	整合理论	社会结构论、社会学习理论和紧张理论整合，形成如下观点： ①生活在无组织环境中的个人社会化不足，紧张和被隔离感及社会制约关系的弱化，导致个人拒绝传统社会价值，参与犯罪亚文化群 ②紧张、被隔离感驱使人们寻找同心态的伙伴，逐渐依赖犯罪团伙 ③个人、朋友、学校等因素相互影响，进一步加强了青少年犯罪的不利因素，最终形成职业惯犯
青少年服务的基本内容	服务青少年成长发展	①思想引导 从现如今我国青少年社会工作服务的现状来看，思想引导服务主要有法制教育、公益服务、感恩教育、生命教育等 ②习惯养成 ③职业指导 ④婚恋指导 ⑤社交指导

(续表 2-4-4)

要　点		内　容
青少年服务的基本内容	维护青少年合法权益	①困难帮助 ②权益保护 ③法律服务 ④心理疏导
	预防青少年违法犯罪	①正面联系 ②临界预防 ③行为矫正 ④社会观护

第三节　青少年社会工作的主要方法

青少年社会工作的主要方法（表 2-4-5）

表 2-4-5　青少年社会工作的主要方法

要　点		内　容
青少年社会工作直接方法的主要特点	个案工作过程特点	①接案和建立关系阶段具有主动型、外展性和虚拟性等特点 ②预估的焦点既包括青少年的需求评估，也包括开展专业服务所需要的资源评估 ③服务计划的制订必须充分尊重青少年的意愿 ④专业理论作为开展青少年社会工作的科学基础
	小组工作的功能特点	同伴增强，帮助学习，规范行为，重建习惯，正向支持
	社区工作的内容的特点	①将社区居民组织起来，整合社区内的有效资源，更好地为社区青少年提供服务 ②将社区内青少年组织起来，动员他们参加社区发展，在社区参与过程中提升青少年服务社会的意识和能力
	社会工作方法运用的整合性特征	①青少年需求的多元化决定了社会工作方法的整合性 ②社会资源的综合性决定了社会工作方法的整合性 ③社会工作专业的通才要求决定了社会工作方法的整合性
青少年社会工作服务项目成效评估		①资源投入 ②活动/服务 ③服务成效 ④处境分析 ⑤假设/理论基础 ⑥外在环境 ⑦逻辑联系

(续表 2-4-5)

要点	内容		
青少年自我探索服务	理论基础	辨识认定	马西亚根据"危机"和"承诺"两个变量将个体划分为四个类型：辨识有成、辨识预定、辨识迟滞、辨识混淆
		"自我探索"历程	韦恩斯坦认为青少年对自我的了解程度对未来发展有重大影响
	实务运用		社会工作者根据"辨识认定"理论可以协助服务对象完成对自己的辨识
			社会工作者可以根据"自我探索历程"理论开展自我概念测试、"生命环"活动、"自画像"、"生命线"等活动帮助青少年了解自己和探索自我
青少年就业辅导服务	理论基础：生涯规划是开展青少年就业辅导服务的理论基础之一。Wood 的"生涯选择配合论"是生涯规划的重要理论基础		
青少年历奇辅导服务	理论基础		四个训练模式： ①"历奇破浪"。主要是活动讲解、过程和解说 ②"野外挑战"。着重个人与大自然的挑战 ③"情感反思"。指学员内在反思 ④"多元创意"。包括利用音乐、戏剧、手工艺等多种方法带出重点
	实务运用		历奇辅导服务活动安排可参考如下： ①热身游戏 ②凝聚结连 ③建立信任 ④促进沟通 ⑤解决难题 ⑥个人挑战 ⑦领袖训练 ⑧社会责任
青少年空间	理论基础	社会参与	赫胥认为，人若能够参与传统活动，就能够减少越轨活动的时间和精力
		增能理论	所罗门认为，青少年在生活中获得应有权能，发挥权能，能够改变困境，增加其社会参与的权能与机会
	实务运用		青少年空间服务项目的实施给青少年提供了参与社会和社区活动的机会和平台，在参与的过程中扩大了青少年的社会交往，使其获得了参与社会事务、实践社会活动的知识、能力和权力的提升，青少年的权能感得到提升，主体性得到发展
青少年社会工作实务研究	与"行动研究"一致，参考"研究方法"中"行动研究"一节		

第五章 老年社会工作

本章知识体系

老年社会工作 { 老年社会工作概述 / 老年社会工作的主要内容 / 老年社会工作的主要方法

第一节 老年社会工作概述

一、老年人及老年期（对老年的认识）（表2-5-1）

表2-5-1 老年人及老年期（对老年的认识）

要点	内容
概述	日历年龄只是一个判断标准，认识老年人还要综合生理、心理和社会方面的标准来考虑
老年期的划分	① 60～69岁为低龄老人，大部分人能够完全自理 ② 70～79岁为中龄老人，大部分人基本能够自理 ③ 80岁以上为高龄老人，大部分才开始需要人的照顾

二、老年期的特点

（一）生理变化

两个根本特征：老化、迟缓。老化是指生理方面的器官退化；迟缓指记忆衰退，行动缓慢。

（二）心理变化

（1）智力：认知和智力功能减退，但仍可以在智力上保持活跃状态。
（2）人格：容易陷入绝望。
（3）记忆力：知觉速度下降。

(三) 对老年社会生活变化的理论解释 (表 2-5-2)

表 2-5-2　对老年社会生活变化的理论解释

理论	内容	应用	例子
角色理论	个体老化过程意味着中年已有角色的丧失，成功的老年人应能积极面对	注意角色转变的重大生活事件	退休干部离开原有岗位后，要有一段时间的调整，才能适应新角色
活动理论	角色理论的延伸。继续参与社会活动，保持活力，会更好地适应老年生活	社会隔离可能对老年人造成致命影响。参与社交活动有助社会融合	打麻将预防老年痴呆
撤离理论	老年个体逐渐退出社会生活，对社会是有价值的		老年人退休后不应该再去找工作，抢年轻人的饭碗
延续理论	老年是中年生活的延续，老年人不是自然而然地，而是有选择性地退出工作和生活，继续获得有满足感的生活方式，终止没有满足感的方式		老师退休后多继续从事教育事业，这是延续，也是主动选择
社会建构论	人们对社会的建构，决定了他们会怎么样行动。老年是一个独特的个人过程，取决于个人的社会认识	了解老人自己建构的世界是什么样的，帮助他们参与与自己世界观一致的活动	丧偶对老年人来说可能是自我发展的新机会，也可能是等待死亡的开始
现代化理论	由于日益现代化，老年人的地位不断下降，越来越脱离社区生活。有四个因素降低了老人的社会地位：健康技术、经济技术、都市化和教育	健康技术使老年人口增加；都市化使老人被迫退休，年轻人向上流动导致老人地位相对下降；经济技术使老人缺乏再培训而提前退休，地位下降；教育使得资源向年轻人倾斜，加剧地位老年人下降	

三、老年人的需求及问题 (表 2-5-3)

表 2-5-3　老年人的需求及问题

要点		内容
需求	生存需求	健康维护、经济保障、一条龙照顾
	安全需求	居家安全
	归属与爱	社会参与、婚姻家庭
	尊重需求	后事安排
	自我实现	就业休闲
问题	个人系统	疾病与医疗问题
	家庭系统	家庭照顾问题、代际隔阂问题
	社会系统	宜居环境问题、社会隔离问题

(续表 2-5-3)

要　点	内　容
老年社会工作的特点	①社会价值观可能影响社会工作者的态度和能力 ②要避免反移情：对案主给予了过多的情感，厌恶或怜悯 ③社会工作者要善于反思并运用督导机制 ④需要多学科合作

第二节　老年社会工作的主要内容

一、身体健康方面的服务

（1）与身体健康有关的治疗、康复、预防等方面的服务。

（2）与健康照顾有关的服务：送餐、紧急呼叫等。

二、认知与情绪问题

常见的认知与情绪问题：抑郁症、痴呆症、谵妄、焦虑症。

（1）注意接纳与尊重。

（2）注意克服移情。

三、精神生活问题：如何在精神上关怀老人

（1）珍惜当下。

（2）建构意义。

（3）直面缺憾。

（4）接受一切。

（5）拓展圈子。

四、建立社会支持网络（表 2-5-4）

表 2-5-4　建立社会支持网络

要　点	内　容
社会支持网络	①老年伴侣 ②家庭体系 ③照顾人支持体系 ④社会融合
家庭体系	①帮助解除羁绊，代表老年人动员家庭 ②拓展新技能

(续表2-5-4)

要点	内容
家庭体系	③协助老人把需求排序 ④制订行动方案，处理问题
社会融合	①动员老人接触社会 ②注意老人群体的差异性
照顾人支持体系	开办照顾人支持小组维系照顾人

五、处理老年特殊问题（表2-5-5）

表2-5-5 处理老年特殊问题

要点		内容
虐待和疏于照顾		①维护合法权益，保护老人免受经济剥夺 ②提供救助性服务 ③构建非正式和正式的社会支持网络 ④政策呼吁倡导
临终关怀		主要包括： ①用音乐治疗等方法控制疼痛和症状 ②协助老人及家人解决医疗费用问题 ③提供丧亲后续服务，如哀伤辅导
丧亲问题		（1）库布勒-罗斯"死亡五阶段"： 否认期—愤怒期—讨价还价期—抑郁期—接受期 （2）社会工作介入 ①情感支持 ②代表老人及家人争取合法权益 ③提供相关资讯 ④丧亲辅导
自杀	自杀评估	①直接线索 ②间接线索 ③行为线索
	自杀干预	①设定一个短时间能够实现的目标 ②清除眼前的危险 ③陪伴老人 ④安全约定 ⑤缅怀往事 ⑥动员老人外部资源（亲戚朋友都参与）

第三节　老年社会工作的主要方法

老人个人与家庭工作方法（表2-5-6）

表2-5-6　老人个人与家庭工作方法

要　点	内　容	
老年人评估	通过评估老年人和相关资源的情况，高效辨认老人情况，获得可使用资源，规避风险，增加个案工作、小组工作和社区工作的效果和效率	
缅怀往事疗法	①回顾成就，强化自尊；弥补缺憾，完成未了心愿。尽管有未解决的或者不满意的事情浮现，但重点是让老人强化：自己是值得尊重的，是有价值的人 ②六种类型的缅怀往事 ③对抑郁症、轻微痴呆症有积极作用，不适用于严重精神疾病、行为错乱及失禁老人	
小　组	现实辨识小组	组员一般为轻、中度认知困难老人，如痴呆症早期，社会工作者主要帮助他们强化时间感、方位感和辨识人的能力
	动机激发小组	组员为对眼前或未来不再感兴趣的人。目的在于帮助老年人重建与他人的联系。活动聚焦于快乐的事情
老年社区照顾	①重点是独居、高龄、伤残、失独家庭老人和其他困难老人 ②长期照护：考虑"四A原则" ③社区照顾：巴利将社区照顾分为"由社区照顾"与"社区内照顾"两种模式	
老年机构照顾	①机构的类型：托老所、老年公寓、护老院、敬老院、老年福利院、养老院或老人院、老年护理院 ②养老机构中的社会工作者的角色 ③养老机构中的社会工作者的工作	

第六章　妇女社会工作

本章知识体系

妇女社会工作 { 妇女社会工作概述
妇女社会工作的主要内容
妇女社会工作的主要方法

第一节　妇女社会工作概述

妇女社会工作概述（表2-6-1）

表2-6-1　妇女社会工作概述

要点		内容
妇女的需要	生命保障	性别观念问题直接关系到女性生命保障权利
	生殖健康	妇女生殖健康直接影响到子孙后代以及整个家庭和社会的总体健康水平
	权益与发展的保障	维护妇女的特殊权益，促进妇女在就业、教育、参政等方面的平等机会和发展权利
	制度的保障	建立性别公正的政策、制度和社会环境，消除对妇女一切形式的歧视
妇女的问题		婚姻与家庭问题、针对妇女的暴力问题、生殖健康问题、留守妇女和流动妇女问题、就业问题、贫困化问题、参政问题、失独家庭问题
妇女社会工作的特点		①关注妇女的多样性（与妇女的追求、个体特质有关） ②关注妇女的声音和经验 ③了解、理解和接纳妇女的现实处境 ④"个人的即政治的" ⑤注重本土妇女工作经验的总结和提炼
妇女社会工作的目标	直接目标	①缓解压力和宣泄情绪 ②重塑自我，提升对自我的认识 ③解决妇女的实际困难和需要
	中间目标	①协助妇女重新界定妇女问题，认识到"个人的即政治的" ②提升性别平等意识，促进自省、自信和自我认同 ③建立妇女支持小组，减少孤独感

(续表2-6-1)

要点	内容	
妇女社会工作的目标	最终目标	①重建权利关系 ②建立妇女网络与网络之间的链接 ③倡导和建立性别公正和公平的意识和制度
妇女社会工作的原则	①承认妇女的多样性及与其一起工作的视角的多样性 ②尊重妇女作为独立的个体,而不是家庭角色的扮演者 ③理解和接纳妇女的现实处境和生存选择 ④妇女本身也是个资源,具备处理问题的能力 ⑤妇女是发展的主体而不是客体 ⑥增加妇女的资源和选择的多样性 ⑦将个体与群体联结起来,促进妇女间的互助 ⑧社会工作者与服务对象的关系是平等的	

第二节 妇女社会工作的主要内容

一、针对妇女具体需要和发展的工作(表2-6-2)

表2-6-2 针对妇女具体需要和发展的工作

类别	内容	备注
婚姻和家庭关系调适	①夫妻关系调适 ②婆媳关系调适 ③亲子关系调适	"家庭为本":强调人格平等为原则的家庭关系。家庭功能是夫妻子女都发挥作用,牺牲任何一方面都不行 "妇女为本":尊重妇女的需要和情感,不能为所谓的家庭利益牺牲妇女的利益
对单亲母亲家庭的介入	心理辅导、亲子关系、就业,增强信心等	单亲家庭是正常的家庭形式(正常化),单亲母亲本身不是问题,是社会歧视才产生问题 认识到单亲母亲应对问题时的能力和智慧,不要将她们看作弱者(优势视角)
针对失独家庭	①社会层面:倡导政策完善 ②社区层面:社区教育,解决实际困难,动员参与社区活动,重塑生活意义,同类群体互助 ③家庭层面:心理辅导	

(续表2-6-2)

类别	内容	备注
针对伤害妇女行为的干预	①政策倡导 ②直接提供服务：心理咨询、个案辅导等 ③受暴妇女支持小组 ④综合干预行动：公检法联合	不责怪，尊重人格独立，关注生命安全，建立信任、真诚的专业关系
流动妇女和留守妇女	从四个方面开展工作： ①精神释压 ②技能培训 ③资源链接 ④迫害维权	
针对妇女的生殖健康	①倡导健全具有社会性别敏感性的妇女生殖健康的策略 ②建立"以社区为基础，以妇女为中心"的服务策略 ③建立妇女定期生殖健康检查的制度	①妇女是生育的主体而不是客体 ②妇女主动参与健康计划的制订和实施，而不是被动的承受者
推动妇女参政	①建立推动妇女参政的指导思想和理论体系 ②贯彻执行保障妇女参政的政策 ③微观层面推动基层妇女民主参与和权利参与	
改善妇女贫困状况	①政策支持 ②用小额贷款和农村综合发展等形式缓解妇女的贫困状况	扶贫是妇女能力建设的过程

二、维护妇女权益的工作

（1）宣传妇女权益法律知识。
（2）调研妇女权益状况。
（3）督查妇女权益落实。
（4）倡导、督促完善维护妇女权益的机制。

三、推行性别平等的工作

（1）宣传和贯彻马克思主义妇女观。
（2）宣传男女平等的基本国策。
（3）推动社会性别主流化的工作。

第三节 妇女社会工作的主要方法

一、妇女社会工作主要基础理论

（一）女权主义理论（表 2-6-3）

表 2-6-3　女权主义理论

要　点	内　容
自由女权主义	自由女权主义的主旨是争取性属间的机会平等，将男性已享有的自由平等原则扩大到女性身上。该理论一方面鼓励妇女与男性独占领域竞争，同工同酬；另一方面仍认为家庭是妇女生活的重心，强调母职的重要性
激进女权主义	激进女权主义认为，社会的男性家长制不平等造成了性别阶级和性别阶级间的不平等。激进女权主义希望通过对社会造成的性属差异和对立的超越，及对父权制和由此产生的对女性的压迫和分离的权力进行各种揭露、斗争和抗争，实现"性别的对话"
社会主义女权主义	社会主义女权主义认为私有制的出现，使得女性被排除于社会生产之外，仅完成家庭私人劳动，失去了完整的社会属性，成为家庭的奴仆。改变妇女情况需要： ①给妇女再生产自由 ②去除男女性别工作区分 ③建立妇女组织和文化
后结构主义女权主义	后结构主义女权主义注重语言、主体性、社会组织和权利之间的关系。她们认为生物学性别是一种社会建构，性别是社会地位和功能的必然性，基于性别可以根据优势对工作进行正常化和自然化分工

（二）社会性别理论（表 2-6-4）

表 2-6-4　社会性别理论

要　点	内　容
社会性别定义	社会性别是指特定的社会文化中，由社会形成的不同性别的群体特征、角色、活动和责任的总和。社会性别在个体社会化过程中形成，成长为符合社会文化下定型的男性女性形象
社会性别的主要观点	①制度因素和文化因素是造成性别差异的原因，两性差异不等于妇女不如男性 ②社会性别观念是社会化必然结果 ③对妇女角色和行为的预期是生物学性别的延伸 ④社会性别是后天学习而成，而非生物性别决定 ⑤社会结构有利于男性，而不利于女性 ⑥性别存在于私人生活和公共生活的不同领域中 ⑦社会性别概念是对传统社会性别关系不平等的不认可和挑战 ⑧社会性别是一种社会身份，和其他社会身份互相交织 ⑨个人的问题也是政治的问题

二、妇女社会工作的主要方法（表2-6-5）

表2-6-5 妇女社会工作的主要方法

方 法		内 容	备 注
性别分析法	性别角色分工分析	妇女承担生育、生产和社区管理的角色，活动和发展空间受到很大限制	应用角色冲突的视角来思考一些问题
	性别需求分析	摩塞把妇女需求分为实用性社会性别需求（不具有对社会性别的挑战）和战略性社会性别需求（涉及分工模式、权利，如妇女参政）	在满足实用性社会性别需求的同时，也要考虑到战略性社会性别需求
	其他性别分析法	①大树图（寻找问题成因和结果） ②性别分类资料收集法	
妇女增能的方法		①透明化 过程透明化，破除神秘色彩 ②鼓励和肯定 通过鼓励和肯定来增进妇女的自信和能力 ③权利分析 讨论两性之间、家庭以及日常生活的相关权利关系 ④意识醒觉 ⑤倡导改变政策	"一人一故事"剧场是赋权的好方法 每个人都有自己的生命故事，都值得被聆听。故事重演可帮助观众重拾宝贵或失落的回忆，印证个人存在与身份的价值。同时个人也可以借此表达和释放。可以运用到个人、团体、社区等不同的方式中去
性别视角的妇女社会工作		①建立信任关系 ②协助妇女重新界定问题 ③挖掘自身潜能，联络资源 ④协助建立支持小组 ⑤社区层面	

第七章 残疾人社会工作

本章知识体系

残疾人社会工作 { 残疾人社会工作概述
残疾人社会工作的主要内容
残疾人社会工作的主要方法

第一节 残疾人社会工作概述

残疾人社会工作概述（表2-7-1）

表2-7-1 残疾人社会工作概述

要　点	内　容
定　义	残疾主要是指功能障碍，而不是有病
分　类	视力残疾、听力残疾、语言残疾、肢体残疾、智力残疾、精神残疾、多重残疾
残疾人的权利	康复权、教育权、劳动权、文化生活权、社会福利权、环境友好权
面临的问题	①物质层面的困难（经济困难、住房困难、医疗困难） ②精神层面的困难（去"污名化"） ③社会交往的困难（社会参与少、社会偏见、封闭的生活方式、婚恋困难）
残疾人社会工作的特点	①理论视角的特殊性 ②功能发挥的特殊性 ③实务前提的特殊性

第二节 残疾人社会工作的主要内容

一、残疾人社会工作发展（表2-7-2）

残疾人社会工作发展正在经历从医学治疗模式向社会康复模式的转变。

表 2-7-2 残疾人社会工作发展

要　点	内　容
残疾人社会工作理论的转变	①对致残原因的分析，从个人责任理论转向社会责任理论 ②对残疾现象的分析，从社会标签理论转向社会照顾理论
残疾人社会工作方法的转变	①工作理念上，从供养理论转向回归社会理论 ②介入模式上，从单一个案模式转向综合服务模式

二、残疾人社会工作的主要内容

（一）构建保障残疾人合法权益的政策体系

（1）残疾人社会保护政策体系建设。
（2）残疾人的民生权利和人身权利得到法律的维护和保障。
（3）实施发展残疾人事业的国家规划，把残疾人事业纳入经济社会发展格局。

（二）为残疾人提供康复服务（表 2-7-3）

表 2-7-3 为残疾人提供康复服务

要　点	内　容
教育康复	教育康复在国内指狭义上残疾人特殊教育，其重点是从出生到学龄前的残疾婴儿和少年儿童的早期干预，以及义务教育阶段后的与职业康复和就业安置等相关的教育工作 ①对残疾人群体的教育康复 首先，开展人和环境互动的教育，认识残疾、生活环境与自己的心理状态 其次，对不同残疾提供补偿性训练，使其拥有一定文化知识和就业能力 ②针对残疾人家属的工作 首先，给予残疾人家属心理支持，缓解精神压力 其次，向残疾人家属普及残疾人康复和社区融入的相关知识 最后，构建社会支持和社区服务网络 ③针对社会组织、残疾人服务组织和各类爱心人士的工作 提升残疾人服务技巧和残疾人服务的相关知识，提升服务的专业能力
职业康复	（1）职业康复包括六个方面： ①掌握残疾人的身体、心理和职业能力状况 ②对残疾人职业培训和就业的可能性进行引导 ③必要的适应性培训、心理调整和职业培训，等等 ④引导从事适当的职业 ⑤提供需要特殊安置的就业机会 ⑥残疾人就业后的跟踪服务 （2）职业康复流程：职业咨询→评估→培训→就业指导

(续表 2-7-3)

要点	内　容
社区康复	社区康复是指残疾人在社区利用各种资源进行康复和融入社会的社会工作实务方式。主要内容包括： ①开展残疾预防工作 ②开展康复评定和建档工作 ③开展具体的残疾人康复服务

第三节　残疾人社会工作的主要方法

残疾人社会工作的主要方法（表2-7-4）

表2-7-4　残疾人社会工作的主要方法

要点		内　容
社区康复模式	指导原则	①社会化原则 ②成本低、覆盖广的原则 ③"三因原则"：因地制宜、因势利导、因陋就简 ④康复对象及其家庭积极参与的原则
	三方面的服务内容	①残疾预防 ②康复评定 ③康复治疗
社会康复模式	与社区康复的关系	社区康复依托社区开展服务，包含着社会康复的措施；社会康复以在机构中服务为主。两者有区别又有交叉
	五方面的服务内容	①协助康复医师正确地诊断、有效地医治 ②考虑康复后的基本医疗设施 ③家庭照顾方案的实施 ④开展社会服务项目，有效利用资源 ⑤提供社会工作的专业服务
	措　施	①协助政府机构制定法律、法规和各种政策来保护残疾人的合法权益 ②保障残疾人生存权利 ③为残疾人自身的发展提供帮助 ④消除家庭中、社区里和社会上的物理性障碍 ⑤大力提倡和实现人道主义精神 ⑥组织残疾人和健全人一起参加社会文化、体育和娱乐活动 ⑦帮助残疾人实现经济自立 ⑧鼓励和促进残疾人参与社会的政治生活

(续表 2-7-4)

要　点	内　容
职业 康复模式	①通过帮助残疾人就业来促进康复和发展 ②流程：咨询、评估、培训、就业指导
教育 康复模式	配合特殊学校共同开展服务 ①对残疾人：配合特殊教育工作者对残疾人进行训练 ②对残疾儿童父母、家属：传授知识，树立正确的理念和态度 ③对社会组织、服务机构和其他康复工作者：促使其提高技能 ④对社会：倡导，改善残疾人生存环境

第八章 矫正社会工作

本章知识体系

矫正社会工作 { 矫正社会工作概述
矫正社会工作的主要内容
矫正社会工作的主要方法

第一节 矫正社会工作概述

矫正社会工作概述（表2-8-1）

表2-8-1 矫正社会工作概述

要点		内容
概念及其特点	概念	矫正社会工作是指将社会工作实施于矫正体系中，是专业人员和志愿人士在社会工作专业价值观的指导下，运用社会工作的理论、知识、方法和技术，为罪犯（或具有犯罪风险性的人员）及其家人，在审判、监禁、社区矫正或刑释期间，提供思想教育、心理辅导、行为纠正、信息咨询、就业培训、生活照顾，以及社会环境改善等方面的服务，使罪犯消除犯罪心理结构，修正行为模式，适应社会生活的一种福利服务活动
	特点 复杂性	强制监管与人性化服务结合
	特殊性	对象特殊：罪犯或是具有犯罪危险的违法者
	长期性	服务期限与刑罚执行期限基本一致
	专业性	法律专业与社会工作专业相结合
功能与作用	针对罪犯	①监管功能 ②矫正功能 ③服务功能
	针对社会	①营造有利于罪犯更新和改造的家庭和社会环境 ②促进刑罚制度向人性化、科学化方向发展
矫正对象的需要及问题	需要	①基本生存条件的保障需要：维持基本生活所需的经济收入或最低生活保障救助、住房条件和维持身体健康的卫生医疗待遇等 ②教育、就业权益的保障需要 ③再社会化的服务需要 ④正常家庭生活的需要

(续表 2-8-1)

要　点	内　容	
矫正对象的需要及问题	问题	①加害社会与加害他人的行为使其较难取得社会公众的同情 ②社会功能缺失的严重程度增加其功能恢复与重建的难度 ③受刑者的身份使其处于社会资源网络的边缘地位
矫正工作的起源与发展	①"感化工作之父"奥古斯特斯 ②矫正工作在英美日及港台地区的确立和发展 ③社区矫正在中国	

第二节　矫正社会工作的主要内容

一、司法判决前的社会工作（表2-8-2）

表2-8-2　司法判决前的社会工作

要　点	内　容	
针对犯罪嫌疑人的社会工作介入	对象	被拘押或保释、尚未被定罪的犯罪嫌疑人
	职责	接触了解，撰写犯罪嫌疑人调查报告
犯罪嫌疑人调查报告性质和作用	性质	在嫌疑人承认犯罪事实的基础上为法庭判决提供参考意见
	作用	报告提供的嫌疑人的社会背景和性格特征等资料有助于法庭做出适用何种刑罚处置的判定
犯罪嫌疑人调查报告撰写	①犯罪事实的记录 ②前科 ③本人生活史	
针对犯罪嫌疑人亲友的社会工作介入	①家庭关系协调及家庭成员心理、情绪辅导 ②社区资源连接以应对生活困难 ③为失去依靠的家庭成员提供生活照料	

二、监禁场所中的社会工作

1. 协助服刑人员适应监禁场所生活
（1）帮助服刑人员熟悉监狱环境。
（2）协助服刑人员戒除不健康的生活习惯。
（3）帮助服刑人员解决生活困难。
（4）预防服刑人员间犯罪观念和行为的交叉感染。
2. 为在监服刑人员提供专业咨询服务
公民教育、心理情绪辅导、职业技能训练、人际交往意识与能力提升。
3. 帮助在监服刑人员加强与社会的联系
帮助服刑人员了解外面社会的变化，加强与家庭的联系，建立支持性社会网络。

三、社区矫正中的社会工作（表 2-8-3）

表 2-8-3 社区矫正中的社会工作

要点	内容		
缓刑、假释、监外执行人员的观护	定义	缓刑	短期自由刑或罪行轻微者免予监禁而设立的社区型刑罚
		假释	未达到刑期届满前的释放处分，设施内处置向设施外处置的转变
		监外执行	因特殊原因暂予监外执行
	社会工作者任务	观察保护（观护）	
	对矫正人员的要求	保持品行、服从命令、接受辅导、汇报情况	
院舍训练的组织管理	主要内容	向受助者提供住宿、进行训练、掌握技能，从而使其回归社会	
	主要形式	中途家庭	无家可归、不便回家者
		寄养家庭	青少年，避免沾染恶习，感受家庭氛围
		教养院	不良行为或可能发展不良行为的青少年；生活指导、职业训练、学校教育，提高适应能力
		感化院	犯罪青少年，入院矫正，改善思想、心理和行为
社会服务计划的执行	社会服务（社区服务）界定	替代短期自由刑的非监禁化社会处遇措施，要求罪犯在规定时间内从事无偿劳动，以此赎罪悔过	
	优点	①在公益劳动中，培养劳动习惯和社会责任感 ②在社会服务中，学会生产、生活技能，增强就业能力 ③在社会交往中，学会处理人际关系，增强社会适应能力 ④在非监禁化中，避免隔绝和恶习交叉感染	
为社区服刑人员提供社会服务	①促进就业 ②帮助其接受教育 ③做好基本生活救助 ④落实社会保险		

四、刑满释放后的社会工作（表 2-8-4）

表 2-8-4 刑满释放后的社会工作

要点	内容
界定	又称更生保护，需要更生保护的原因：罪犯刑满释放后往往缺乏社会适应能力，加之社会歧视、家庭拒绝、同伴疏远、就业困难等，造成再社会化的困难与压力
主要内容	①提供住宿场所 ②提供就业、就学辅导 ③提供生活辅导、医疗保健转介服务 ④提供物质帮助

五、针对涉毒人员的社会工作介入（表2-8-5）

表2-8-5 针对涉毒人员的社会工作介入

要点	内容
为戒毒人员提供戒毒治疗及康复服务	①了解戒毒人员的个人背景资料，建立档案 ②对戒毒人员进行家访和个案辅导，帮助其脱离毒品控制，降低复吸率 ③与相关单位合作为涉毒人员回归社会创造良好环境和氛围 ④对戒毒人员提供职业培训，使其重拾信心融入社会
为社会大众提供预防性禁毒教育和宣传服务	①通过小组或班会活动向学生宣传禁毒知识 ②为滥用药品或者毒品的青少年提供个案和家庭服务 ③在社区开展禁毒宣传，增强社区居民的禁毒意识 ④发动社区志愿者参与禁毒工作，支持戒毒人员回归社区

第三节 矫正社会工作的主要方法

矫正社会工作的主要方法（表2-8-6）

表2-8-6 矫正社会工作的主要方法

要点		内容
理论基础和价值理念	理论基础	①行为主义理论 ②认知理论 ③标签理论 ④优势视角 ⑤"社会—心理"视角
	基本价值理念	接纳、可塑性、个别化
主要方法	致力于改善、矫正对象偏差心理和行为的社会工作方法	行为治疗方法	①评估方案 在治疗前对问题行为的表现进行记录，以便与治疗后的情况进行比较 ②规则和技巧 反应性技巧（反制约、系统脱敏法、厌恶疗法），操作性技巧（正增强、负增强、削减、塑形、连扣、惩罚），综合性技巧（由规则管理行为、模仿、自我表演、松弛训练） ③增强物的使用 增强物分别有初级奖励品和次级增强物 ④强化程序

(续表2-8-6)

要点	内　　容		
主要方法	致力于改善、矫正对象偏差心理和行为的社会工作方法	理性情绪治疗方法	① ABC理论 A 代表引发事件，指服务对象遇到的当前发生的事件 B 代表服务对象的信念系统，指服务对象对当前所遭遇事件的认识和评价 C 代表引发事件之后出现的各种认知、情绪和行为 ②治疗技巧 非理性信念的检查技巧（反映感受、角色扮演、冒险） 辩论技巧（辩论、理性功课、放弃自我评价、自我表露、示范、去灾难化、想象）
		同伴教育在矫正服务中的运用	（1）同伴教育的功效 ①改变了自我认同，提升了自信，获得了价值感 ②明确了自身定位，获得了使命感和责任感 ③增强了帮助同伴的动力，提升了生活意义 ④增强了抵御毒品诱惑的能力 ⑤为其他同伴树立了弃恶从善、改过自新的榜样 （2）同伴教育的方法 ①同伴教育辅导员提升小组 ②同伴教育主题活动 ③"同伴信箱" ④"星火计划" ⑤"同伴之音" ⑥"同伴演讲"
	致力于改善环境的社会工作方法		①社区工作方法在矫正社会工作中的运用 综合治理、社区教育、挖掘社区志愿力量 ②社会工作行政、社会工作研究在矫正社会工作中的应用
	个案管理		（1）个案管理的缘起：服务需求的综合性 （2）运作和实施中需要注意的问题： ①和矫正对象建立良好的专业关系 ②制订矫正工作计划（有重点、分步骤） ③协调多部门、多机构提供整合性服务 ④着眼于服务对象的潜能发掘和自己解决问题

第九章　优抚安置社会工作

本章知识体系

优抚安置社会工作 { 优抚安置社会工作概述
优抚安置社会工作的主要内容
优抚安置社会工作的主要方法

第一节　优抚安置社会工作概述

一、优抚安置社会工作的含义（表2-9-1）

表2-9-1　优抚安置社会工作的含义

要点		内容
优抚安置社会工作的含义	界定	优抚安置社会工作是军队社会工作的重要组成部分，它是在优抚安置领域，综合运用社会工作的专业知识、技能和方法，以优抚安置社会工作的服务对象及相关人员和系统为工作对象，协助有需要的服务对象整合社会资源、协调社会关系、预防和解决问题、恢复和改善社会功能，使优抚安置社会工作服务对象有更好的社会适应和福祉的活动
	特点	①政治性 直接服务于国防和军队，关系军地稳定，促进社会公平 ②特殊性 服务对象身份特殊，需求多样，服务保障环节复杂 ③协调性 多部门协调，协调任务重 ④有限性 政治任务市场化，社会工作的辅助性
	分类	优抚医院社会工作、光荣院社会工作、烈士褒扬社会工作、军供社会工作、复员退伍军人安置社会工作、军休社会工作

二、优抚安置社会工作服务对象的特点

（1）覆盖范围广。
（2）军队情结深。
（3）需要层次多。
（4）问题压力重。

三、优抚安置社会工作服务对象的需要和问题（表2-9-2）

表2-9-2 优抚安置社会工作服务对象的需要和问题

类别	需要	问题
优抚医院服务对象	治疗康复、基本生存、家庭生活、社会交往、社会尊重	生活适应困难、心理障碍严重、生活保障问题、家庭婚姻保障、社会隔离
光荣院服务对象	健康维护、婚姻家庭、社会参与、社会尊重	老化问题、老年慢性病增加与生活质量受损、心理失衡、社会地位下降、社会隔离
复员退伍军人安置情况	就业权益保障、社会再适应的心理调适	就业难、隐性失业、延迟上岗
军休服务对象	军队情结、社会尊重、健康维护、居家养老、社会参与	角色失调、行为失范、心理失衡

第二节 优抚安置社会工作的主要内容

一、优抚医院社会工作的内容（表2-9-3）

表2-9-3 优抚医院社会工作的内容

要点	内容
总体内容	①协助处理服务对象及家庭的问题 ②协助增强服务对象对医院环境的适应 ③协助处理服务对象与医疗系统的关系 ④出院及跟进服务 ⑤其他方面
特别内容	①复员军人慢性病医院社会工作的内容 ②荣誉军人康复医院社会工作的内容 ③复员退伍军人精神病社会工作的内容

二、光荣院社会工作的内容（表2-9-4）

表2-9-4 光荣院社会工作的内容

要点	内容
主要内容	①做好服务对象入住前的评估和准备工作 ②协助服务对象适应光荣院的新生活，发展积极的人际关系 ③为服务对象提供个案心理辅导，帮助对象重塑自我，找回生命的意义 ④通过策划、组织一些简单易学的活动，增进服务对象群体之间的交流，以至互帮互助

(续表2-9-4)

要 点	内 容
主要内容	⑤协助服务对象提高自我管理和自我服务的能力，充分发挥个人的潜能 ⑥鼓励服务对象参与力所能及的院舍活动 ⑦引导服务对象正确看待死亡而不会焦虑和恐惧 ⑧利用社区或社会资源为服务对象服务 ⑨推动志愿服务并对志愿服务进行督导 ⑩促进光荣院专业服务的发展和专业质量的提高 ⑪影响社会及环境的决策 ⑫其他
特别内容	①疏于照顾问题 ②药物滥用与药物依赖问题的解决和预防 ③性与亲密关系

三、复员退伍军人安置工作的内容

（1）协助服务对象适应新工作和新生活，顺利度过军地转化的过渡期。
（2）协助服务对象充分利用和发掘自身与外部的正式、非正式社会支持网络。
（3）加强协调沟通，推进政府主导、部门协作、社会参与的安置格局形成。
（4）做好信访接待工作，倾听心声、舒缓情绪、提供慰藉。
（5）协助搭建信息咨询平台。
（6）积极推进社会政策的良性改变。

四、军休社会工作的内容（表2-9-5）

表2-9-5 军休社会工作的内容

要 点	内 容
接收安置前	①对列入交接计划的军休干部的相关资料进行收集分析，做好待移交军休干部需求的预评估和问题的预诊断 ②协助待移交军休干部了解移交地方后的相关政策
接收安置中	①协助移交部队解决遗留问题，在交接过程中做好军休干部的思想工作 ②及时发现军休干部档案可能存在的问题，并做好评估和诊断 ③借助上门"家访"机会开展针对性个案工作 ④利用移交部队、军休服务管理机构及军休干部三方见面的机会，做好群体性的政策解答和心理疏导 ⑤协助有关部门为军休干部办理医疗、落户、组织关系、档案移交等方面的手续
接收安置后	①协助军休干部实现角色转换，做好心理关怀和精神服务 ②协助军休干部适应军休服务管理机构里的新生活，发展新的人际关系，树立积极健康的休养观 ③协助军休干部认识老龄化的过程，适应晚年生活 ④协助军休干部发挥自身政治、经验与智力优势，力所能及地服务社会 ⑤协助整合社会资源，拓深服务内容，拓宽服务领域，提高工作水平，提升生活质量

(续表2-9-5)

要点	内容
接收安置后	⑥协助依法维护军休干部的合法权益 ⑦协助推动相关政策的制定和完善，在政策规定范围内实现军休干部利益最大化 ⑧协助做好工作人员的情绪疏导和压力释放工作 ⑨培训工作人员，促进专业服务的发展和服务质量的提高 ⑩推动志愿服务并对志愿服务进行督导

五、烈士褒扬社会工作的内容（表2-9-6）

表2-9-6 烈士褒扬社会工作的内容

要点	内容
主要内容	①引导讲解员和参观群众，加强阵地宣传，开展群体性的心理辅导 ②策划有针对性的宣传纪念活动 ③协助烈士遗物、史料的收集 ④协调烈士家属与陵园的纠纷 ⑤协助做好前来扫墓的烈士家属及亲朋的精神抚慰工作，帮助其走出心理阴影 ⑥协助完善解说词，针对不同人群凸显宣传教育重点 ⑦推动志愿服务并对志愿服务进行督导 ⑧推动相关政策完善，协助做好宣传解释
主要功能	①协助家庭处理情绪，提供悲伤辅导和心理辅导 ②倡导政策完善、执行，处理纠纷 ③策划社会宣传

六、军供社会工作的内容

（1）及时发现过往部队存在的问题，并做好预防、解决和转介。

（2）动员社会力量，整合社会资源，完成军供保障任务。

（3）协助组建工作人员支援网络，加强心理辅导和沟通技巧，并协助工作人员解决问题、进行压力释放及情绪疏导。

（4）开展研究工作，提供军供站管理和发展方面的政策建议。

第三节 优抚安置社会工作的主要方法

一、处理认知和情绪问题（表2-9-7）

表2-9-7 处理认知和情绪问题

要点		内容
相关理论	社会角色理论	每个人都在社会中完成某特定位置的角色期待和行为

(续表2-9-7)

要点		内容
相关理论	认知行为理论	解决问题在于改变个体的内在认知及与外部环境的互动
	社会融合理论	社会融合的心理结构来源于个体的认同
介入重点		①根据认知行为治疗模式进行角色分析 ②根据社会融合模式多层面分析

二、临终关怀与哀伤辅导（表2-9-8）

表2-9-8 临终关怀与哀伤辅导

要点		内容
相关理论	人生回顾	以个人为中心完整地回顾人生经历，强调积极回忆和人生意义
	临终关怀	向临终服务对象及家属提供全面、积极的照料
介入重点		①精神问题的解决：关于生命的意义 ②临终关怀和哀伤辅导

三、危机干预方法（表2-9-9）

表2-9-9 危机干预方法

要点		内容
相关理论		①人本主义理论和存在主义理论 ②危机干预和任务中心模式
介入重点	危机干预模式	①开展危机评估 ②建立专业关系 ③聚焦危机问题 ④稳定案主情绪 ⑤制定干预方案 ⑥实施介入计划 ⑦后续跟进情况
	任务中心模式	①准备或进入服务 ②探索危机问题 ③确定目标和时间的限制 ④规划和制定任务 ⑤结束任务

四、支持网络建构（表2-9-10）

表2-9-10 支持网络建构

要点		内容
理论基础	社会再适应理论	复员退伍军人的生活改变和适应任务重点在于再社会化
	社会支持理论	人的生存需要和他人合作，通过他人的支持和资源适应克服困难

(续表2-9-10)

要点	内容	
介入重点	正式网络的建构	①联动相关部门 ②政策倡导 ③资源连接
	非正式网络建构	①开展小组辅导 ②开展个案辅导

五、社会工作督导（表2-9-11）

表2-9-11 社会工作督导

要点	内容	
理论基础	增强权能理论	个人的问题处理在于挖掘他的内在潜能对抗社会压力
	社会工作督导	社会工作督导是社会工作间接服务方式，在督导者指导下社会工作者尽可能为服务对象提供最好的服务
介入重点	增能视角下的督导过程 ①辨识社会工作者的无力感 ②协助社会工作者增强权能 ③评估社会工作者的服务效果	

第十章 社会救助社会工作

本章知识体系

社会救助社会工作 { 社会救助社会工作概述
社会救助社会工作的主要内容
社会救助社会工作的主要方法

第一节 社会救助社会工作概述

一、社会救助的概念和体系（表2-10-1）

表2-10-1 社会救助的概念和体系

要点			内容
社会救助的概念			社会救助是社会保障体系中不可或缺的组成部分，是指当社会成员因为个人、自然或社会因素，导致基本生活难以维持时，由政府和社会对其提供基本物质保障的救助制度。社会救助是国家以法律形式来保障公民的基本权利之一
社会救助的内容	教育救助	救助对象	符合条件的在校学生
		救助形式	减免学费，发放助学金等；实物救助，如提供学习用品、校服等
	医疗救助	救助形式	资助参加新型农村合作医疗和城镇居民基本医疗保险；针对困难个人病患实施医疗费用补助或减免
	住房救助	救助对象	有住房困难的最低生活保障家庭、分散供养的特困人员
		救助形式	租金减免、补贴，实物配租，危房改造等
	灾难救助		对遭受自然灾害造成生活困难者，提供必要的物质帮助，以维持其最低的生活水平
	临时救助		国家对遭遇突发事件、意外伤害、重大疾病或由其他特殊原因导致基本生活陷入困境或其他救助制度无法覆盖的严重困难家庭或个人给予的应急性和过渡性的救助。形式包括发放救助金、实物或者转介服务。对流浪乞讨人员的救助属于此类
	最低生活保障		对家庭人均收入低于当地居民最低生活标准的家庭提供补助

(续表 2-10-1)

要 点		内 容
社会救助的内容	特困人员供养	国家对无劳动能力、无生活来源且无法定赡养、抚养、扶养义务人或其法定赡养、抚养、扶养义务人无赡养、抚养、扶养能力的老年人、残疾人及未满16周岁的未成年人，给予特困人员供养，主要内容包括：提供基本生活条件，对生活不能自理的给予生活照料，提供疾病治疗，办理丧葬事宜等
	就业救助	对于低保家庭且有工作能力却处于失业状态的成员提供贷款贴息、社会保险补贴、岗位补贴、培训补贴、费用减免、公益岗位安置等方法，帮助其实现就业

二、社会救助的工作原则

（1）救急难。
（2）托底线。
（3）可持续。

三、社会救助社会工作服务对象的主要需求

（1）满足基本生活条件的生理需求。
（2）满足人身安全、健康保障和财产安全的安全需求。
（3）与亲人、邻里和社会进行交往的需求。
（4）自我尊重和外界尊重的尊重需求。
（5）通过潜能发挥实现自我的需求。

四、社会救助社会工作的定义和特点（表2-10-2）

表 2-10-2 社会救助社会工作的定义和特点

要 点	内 容
社会救助社会工作的定义	在社会救助领域中，社会工作者以社会工作价值理念、理论、知识为指引，采用社会工作的专业方法和技巧，使得社会救助对象获得物质救助，得到精神提升，恢复社会功能的专业服务过程
社会救助社会工作的主要特点	①工作对象及救助类型的多样性、复杂性：社会的低收入群体和因突发事件陷入困境的家庭或个人 ②工作过程的持续性：不是一次性的救助行为，而是持续至服务对象摆脱困境 ③工作方法的融合性：不同的对象有着不同的问题与需求，需要社会工作者融合处理 ④工作方法的政策性：社会救助是法律赋予公民的权利，工作时应依据相应政策提供服务

五、社会救助社会工作的主要作用

（1）协助服务对象申请合适的救助项目：社会救助项目涉及的领域多，政策类型多，需要社会工作者提供专业的协助。
（2）协助服务对象制订最有利的反贫困策略。

（3）促进服务对象的社会融合：减少社会对服务对象的歧视与排斥，使其得到社会公平对待。

（4）发现和解决服务对象的心理困扰：提高服务对象的自信，帮助其面对和摆脱困境。

第二节　社会救助社会工作的主要内容

社会救助社会工作的主要内容（表2-10-3）

表2-10-3　社会救助社会工作的主要内容

要点		内容
教育救助	提供教育机会	社会工作者了解清楚救助对象的家庭情况，根据政策帮助其申请教育救助
	提供教育补助	帮助救助对象在校申请政府的"奖、贷、助、补、减"教育资助措施
	心理能力建设	社会工作者在提供服务过程中，给予其正向支持，鼓励其参与社区和学校活动，引导其从优势视角看待自己生活，获得成长
医疗救助		①协助服务对象申请合适的医疗救助 ②改善救治环境 ③通过社会保险、民政和医疗机构等相关单位协调医疗资源 ④加强社会和家庭关系网络，强化服务对象社会支持
住房救助	帮助贫困群体申请住房救助	熟悉了解住房救助的政策和程序，更有效地帮助服务对象
	宣传讲解政策	社会工作者协助服务对象了解和理解相关政策和救助条件，协助其正确对待和接受申请结果
就业救助中的服务内容	转变就业观念	社会工作者帮助服务对象建立正确就业观，积极参加培训，了解就业信息
	自我认知调整	社会工作者协助服务对象分析就业形势和自己的优点与不足，调整心态，积极就业
	职业技能培训	社会工作者了解政府提供的就业相关服务，协助服务对象进行申请
	连接就业资源	综合了解救助对象就业情况和相关政策，开发就业岗位和处理就业相关问题
最低生活保障中的服务内容	服务对象识别	社会工作者深入了解低保家庭实际生活状况，确保困难群众纳入低保，督促低保金发放

(续表2-10-3)

要点	内容		
最低生活保障中的服务内容	帮助申请救助	帮助困难家庭按照相关政策申请对应的救助项目	
	提供心理支持	给予精神压力大、心理焦虑的服务对象心理支持	
	调节家庭关系	了解服务对象家庭环境，调节家庭关系，改善家庭生态环境	
	开展能力建设	通过培训和技能提升，帮助有就业能力的救助对象实现就业	
	促进社会融入	通过发动社会参与，使得低保家庭和社区居民互帮互助	
特困人员供养的服务内容	①提供基本生活条件，保障衣食住行 ②提供自理困难人员日常生活照料 ③提供疾病治疗 ④办理丧葬事宜		
临时救助中的服务内容	①危机干预，确保服务对象生命安全 ②外展服务 ③机构救助		
灾害救助社会工作的主要内容	社会工作者介入灾害救助的不同阶段	第一阶段（灾后紧急救援到一个月内）：重点在于生命安全维护，社会工作者组织灾民救和重建家园，安抚灾民生活	
		第二阶段（灾后一个月到半年）：重点在于建设临时住所，社会工作者协助灾民迁入新居和了解政府救助内容与动向	
		第三阶段（灾后半年到三年）：重点在于恢复重建，社会工作者协助灾民重建家庭、社区和社会	
	社会工作者功能	支持受灾个人及其家庭 协助受灾个人与资源的连接 预防受灾个人出现身心健康问题 防止个人、家庭、团体和社区瓦解	
	社会工作者介入灾害救助的服务内容	协助安置受灾人员	保护其生命，减少财产损失
		及时开展危机干预	安抚灾民情绪，处理危机事件
		修复社会支持网络	通过团体工作和社区发展方式，让受灾人员重建社会支持网络
		灾后社区重建与发展	整合社区资源，引导多方参与

第三节　社会救助社会工作的主要方法

一、社会支持网络理论基础及其应用

（一）社会支持网络的理论基础（表 2-10-4）

表 2-10-4　社会支持网络的理论基础

要　点	内　容
基本定义	社会支持网络是个体在社会人际交往中形成的关系网络
基本假设	①人类的生存需要和他人合作，并且依赖他人以获得协助 ②人的一生都会遇到可预计和不可预计的事件发生 ③人需要自身资源和外部资源的支持面对困难 ④社会支持网络能够帮助人处理困境之下的压力 ⑤一个人所拥有的社会支持网络越强大，越能处理好外部挑战 ⑥增强困难群众的社会支持网络有利于帮助他们克服困难
社会支持网络中个人与支持者的关系类型	①工作伙伴 ②生活协助 ③关系连接 ④心理抚慰

（二）社会支持网络的建构途径

（1）丰富网络成员。
（2）整合资源。
（3）发挥功能：物质援助、情感慰藉、心理疏导和关系支持。

（三）社会支持网络的应用策略

（1）参与政府层面的政策倡导。
（2）发挥社会层面的组织影响。
（3）提供社区层面的专业服务。
（4）强化个人层面的网络效益。

二、个案管理及其应用策略（表 2-10-5）

表 2-10-5　个案管理及其应用策略

要　点	内　容
个案管理特点	①个案管理是一个过程 ②强调人在情境中 ③提供多重服务综合满足服务对象需要 ④通过临床干预处理疾病和失能的情绪问题 ⑤注意运用转介和倡导技巧 ⑥所面对的人群需要各种社区服务或长期照顾服务

(续表 2-10-5)

要 点	内 容	
个案管理特点	⑦需要评估服务对象的功能性能力和支持网络 ⑧尊重案主自决、个人价值和尊严	
个案管理程序	进入机构	个案管理员安排与服务对象见面
	接 案	建立专业关系
	评 估	了解服务对象的基本情况和真实需求
	设定目标	和服务共同设定长期和短期目标
	介 入	按照计划使用专业方法、利用资源，促使服务对象完成目标
	连接资源	将服务对象与社会资源连接起来，使得服务对象获得资源
	检查和评估	随时检查评估，确保服务对象参与过程，提升服务质量
个案管理应用在社会救助的具体办法	①评估服务对象综合需求 ②确定提供服务方式 ③撰写服务报告 ④制订服务计划 ⑤实施服务计划	

第十一章 家庭社会工作

本章知识体系

家庭社会工作 { 家庭社会工作概述
家庭社会工作的主要内容
家庭社会工作的主要方法

第一节 家庭社会工作概述

一、家庭社会工作的定义（表 2-11-1）

表 2-11-1 家庭社会工作的定义

要点		内容
家庭社会工作基本内涵	通用的定义	一种以家庭作为帮助对象的各种服务活动的总称，主要包括三个部分：以家庭作为背景的专业服务活动、以家庭作为对象的专业服务活动以及以家庭作为活动单位的专业服务活动
	共同特征	①针对家庭的日常生活和沟通交流方式进行干预 ②协助家庭成员改善家庭困扰产生的环境因素 ③为家庭成员提供直接、具体的支持和帮助
	三个基本功能	①增强家庭能力，帮助家庭成员做好改变的准备 ②结合家庭治疗和支持，保证家庭维持有效功能 ③促进家庭功能改善，维护家庭成员满意的生活方式
家庭社会工作与家庭治疗的关系	区别	起源、关注焦点、解决方式、工作理念、专业关系等方面存有差异
	联系	服务领域的相互影响、服务模式的相互影响、工作人员的相互影响
家庭与家庭社会工作	家庭	家庭的基本要素：通过血缘、婚姻或者法律联结起来的一群人；拥有共同历史和未来；深厚感情联系
	家庭结构类型（七种类型）	①核心家庭：一对夫妻 + 未婚子女 ②主干家庭：一对夫妻 + 一对已婚子女 ③联合家庭：父母 + 多对已婚子女 ④重组家庭 ⑤领养家庭 ⑥寄养家庭 ⑦单亲家庭

(续表 2-11-1)

要　点		内　容
家庭与家庭社会工作	家庭社会工作	对家庭知识的运用： ①社会工作者需要将家庭结构的改变与家庭成员互动关系的转变以及家庭成员需要的变化联结起来，并且将这些变化放在家庭的自然生活场景中考察 ②社会工作者在开展家庭服务时，要对自己的家庭生活经验保持警觉，这样才有可能避免自身的误解，了解受助家庭成员的真实需要

二、家庭社会工作的基本假设

（1）家庭支持是家庭成员社会生活的基础。
（2）家庭中心视角是把握家庭成员需求的关键。
坚持以家庭为中心的理念：将受助者放到家庭的自然环境中考察，了解成员互动和需求。
（3）家庭危机是促使家庭成员改变的重要契机。
（4）生态视角是理解家庭内外部环境的重要依据。
运用生态视角：把家庭放在更大的社会环境中去理解。

第二节　家庭社会工作的主要内容

一、家庭社会工作的重要理论和概念（表 2-11-2）

表 2-11-2　家庭社会工作的重要理论和概念

要　点			内　容
家庭系统理论			家庭系统理论的三个核心观点 ①问题来自于家庭不良的沟通交流方式 ②家庭危机，既是机会，也是挑战 ③因"问题"而导致的家庭功能失调能够有效解决
家庭生命周期			家庭生命周期八个阶段见表 2-11-3
家庭抗逆力	基本假设		家庭成员在逆境中并不一定必然成为问题，任何家庭在问题面前都拥有应对困难的能力，并且通过克服逆境的过程寻求新的发展
	要　求		社会工作者从不利的危机因素和有利的保护因素两个方面考察家庭应对逆境的过程
	内　涵		包括三个方面九个因素。其中家庭信仰系统是家庭抗逆力的关键
生态系统理论	微　观		个体直接面对面接触和交往而成的系统，如家庭
	中　观		个体积极参与的两个或多个微观系统间的互动关系，如家庭和学校关系
	外　部		对个体有影响但个人并不直接参与的系统，如社区
	宏　观		社会文化价值系统

表 2-11-3　家庭生命周期八个阶段

家庭阶段	名　　称	任务和要求
一	家庭组成阶段	脱离原生家庭，组成新的家庭，形成夫妻的角色分工和规则
二	学前子女家庭阶段	学习父亲和母亲的角色，调整夫妻的角色
三	学龄子女家庭阶段	培养子女的独立性，对学校等新的机构和社会成员保持更大的开放性，接纳家庭角色的变化
四	青少年家庭阶段	调整家庭界限，满足青少年的独立要求，适应家庭成员对个人自主性的新的要求
五	子女独立家庭阶段	为子女独立生活做准备，接纳和促进子女的自立要求
六	家庭调整阶段	重新调整夫妻关系，学习把子女作为成人对待
七	中年夫妇家庭阶段	适应新的、不以子女为中心的角色要求
八	老年家庭阶段	学习与成人子女以及孙子女的沟通交流，应对衰老带来的困难，维持生活的尊严、意义和独立

二、家庭社会工作的基本内容（表 2-11-4）

表 2-11-4　家庭社会工作的基本内容

要　点			内　　容
改善亲子关系的服务	概　述		以父母亲和子女关系的改善为服务焦点，并且以增进亲子之间的沟通交流和家庭社会功能为目标而开展的各项社会工作专业服务活动。常见的有家庭行为学习、家庭照顾技巧训练、行为问题和亲子冲突的消除以及家庭心理健康教育等
	家庭行为学习（针对年轻子女）	原　理	行为学习理论
		要　求	社会工作者先与父母建立良好的合作关系
	家庭照顾技巧（针对父母）	原　理	行为学习理论
		要　求	①把问题具体化 ②设计新行为，测试效果 ③根据效果调整行为
	家庭心理健康教育		综合性的家庭服务，为受助家庭提供必要的知识，增强沟通交流能力、解决问题的能力和社会支持
改善夫妻关系的服务	婚姻辅导		①学习理论：夫妻角色学习 ②家庭系统理论：改善夫妻沟通交流方式 ③性别视角：夫妻平等
	家庭暴力干预（妇女社会工作中）		①关注人身安全 ②关注权益维护，可提供法律支持 ③对施暴者的心理辅导

(续表2-11-4)

要　点		内　　容
我国现阶段家庭社会工作的服务内容	家庭的救助和帮扶	以整个家庭为帮助对象，保障整个家庭的基本生活水平
	改善家庭亲子关系的服务	①家庭生活教育 ②与家庭有关的主题活动 ③家长学校
	改善夫妻关系的服务	①婚姻调解 ②婚姻学校

第三节　家庭社会工作的主要方法

家庭社会工作的主要方法（表2-11-5）

表2-11-5　家庭社会工作的主要方法

要　点		内　　容	
基本原则	①家庭处境化原则 ②帮助家庭成员增能原则 ③家庭个别化原则 ④满足家庭成员需要原则		
实施步骤	接触阶段	评估需求，建立关系，准备第一次会谈	
	开始阶段	建立稳定关系，全面评估成员问题，确定目标和需求	
	介入阶段	运用专业身份和技巧影响家庭，协助解决问题	
	结束阶段	协商服务结束，总结和巩固成果	
常用方法	家庭评估的常用方法	①家庭结构图 ②家庭生态图	
	家庭干预的常用技巧	观察技巧	家庭日记
		聚焦技巧	关注问题
		例子引用	旁征博引
		再标签	化负为正

第十二章 学校社会工作

本章知识体系

学校社会工作 { 学校社会工作概述
学校社会工作的主要内容
学校社会工作的基本方法

第一节 学校社会工作概述

学校社会工作概述（表 2-12-1）

表 2-12-1 学校社会工作概述

要点		内容
特点	专业性	各种社会科学结合
	科学性	科学理论作指导
	艺术性	塑造学生的艺术
	实践性	以实践为基础
定位	与德育的关系	学校社会工作以学生为本，德育工作以道德教育为本
	与心理健康教育的关系	学校社会工作强调学生与环境互动，心理健康教育强调学生自身作用
	与班级管理的关系	学校社会工作注重个人层面，班级管理强调班级秩序
	与生活管理的关系	学校社会工作与生活管理有共同目标，发挥学生兴趣爱好、特长，提高生活质量，使生活完善、美满
要素与功能	要素	①学校社会工作的对象：以全体学生为主要工作对象 ②学校社会工作者 ③学校社会工作的目的：实现学校育人使命，协助学生面对生活和问题
	功能	①帮助处境不利的学生，促进教育机会均等 ②推进学生知识学习，为丰富人生奠定基础 ③协助学生能力提升，适应社会发展需要 ④促进学生人格完善，实现人生积极成长 ⑤协调各方教育资源，形成优质教育合力

第二节 学校社会工作的主要内容

一、针对学生一般需要的学校社会工作（表2-12-2）

美国学者对学校的社会工作做系统分析，发现其中25个项目较为成功，归纳为学生15个方面的需要：与健康成人和益友的关系、社交能力、情绪控制和表达能力、认知能力、采取行动能力、辨别是非能力、自我效能感、亲社会规范、抗逆能力、自决能力、心理素质、明确及正面的身份、建立目标和抉择的能力、参与公益活动、对正面行为的肯定。

其中核心能力是：社交能力、认知能力、提升情绪表达和情绪控制的能力、理性采取行动的能力、明辨是非的能力。

表2-12-2 针对学生一般需要的学校社会工作

要点	内容
促进学生与健康成人和益友的联系能力	①关注学生与老师之间的关系建立，协助学生融入学校 ②提升学生对自己性格的认识，觉察性格对人际交往的影响 ③引导学生辨别益友和损友，学会拒绝 ④巩固学生与父母关系，使家庭和谐 ⑤协助学生良好处理异性交往
增强学生明确自我身份和有效处理冲突的社交能力	①增强学生公民意识，了解国家时事 ②协助学生认识所在的城市或乡村，培养乡土情怀和主人翁意识 ③协助学生认识外地人士，减少歧视 ④协助学生建立建设家乡的愿景 ⑤引导学生思考奉献祖国和家乡 ⑥探讨与父母之间的冲突，提供参考办法
满足学生情绪控制和表达能力的需求	①指导学生有关情绪的基本概念 ②培养学生辨别情绪能力 ③提高学生识辨到别人的感受和情绪的能力 ④引导学生思考负面情绪 ⑤鼓励父母、子女之间交流不快经历 ⑥鼓励学生向朋友倾述不快 ⑦引导学生认识情绪问题的形成和影响 ⑧引导学生用正面想法去面对负面想法
认知能力培养和促进学生学业发展	①引导学生理性思考、创意思考和批判思考，并掌握反思技巧 ②引导学生在不同思考技巧的基础上掌握思维性格特点 ③引导学生用不同思考性格处理日常问题 ④引导学生认识事实和意见区别
促进学生采取行动的能力	①注意学生社交行为的改变 ②让学生理解道歉的重要性 ③指导学生赞赏别人和回应别人的赞赏 ④指导学生讨论宽恕的意义

(续表2-11-2)

要点	内容
提升学生辨别是非的能力	①教导学生理解公平的意义和重要性 ②引导学生分别公德和缺德行为 ③引导学生追求公平时考虑他人感受和需要 ④引导学生反思自私行为 ⑤引导学生讨论和朋友发生矛盾时候应有的态度 ⑥讨论诚信问题
增强学生自我效能感的需要	①引导学生建立"天生我才必有用"的观念 ②引导学生体验成功后的自我效能感 ③引导学生理解父母期望 ④协助学生制订符合SMART策略的目标 ⑤协助学生提升学习上的效能感 ⑥引导学生减少扭曲思想的负面影响 ⑦协助学生理解理想
促进学生培养亲社会规范的能力	①教导学生界定社会规范 ②引导学生识别不同的风俗习惯 ③让学生理解每个人有既定的社会责任 ④让学生分辨社会对从众行为的不同期待 ⑤引导学生了解遵守及违反社会规范时的正面和负面制约 ⑥教导学生衡量正面和负面制约 ⑦培养学生在作出决定的时候加入道德思考 ⑧培养学生批判性地面对社会接纳行为

二、针对学生特殊需要的学校社会工作（表2-12-3）

表2-12-3 针对学生特殊需要的学校社会工作

要点		内容
针对学业困境	原因	学生、家庭、学校、社区
	方法	①以个案工作方法处理一般原因学业困境问题 ②以小组工作方法处理学习障碍问题 ③以个别化方法处理学习障碍学生问题 ④协调利用社会资源（与家庭合作），营造良好学习环境
针对人际关系困境	困境类型	沉默寡言、遭人排挤、行为偏激、专横霸道
	方法	①以辅导和咨询了解人际困境学生情况 ②通过自我肯定训练建立自信，处理社交问题 ③教导学生人际互动方法，以人性化的规范法则指导学生 ④协调利用社会资源（与家庭、同学协作等）

（续表 2-11-3）

要　点	内　容	
针对生活困境学生	类　型	包括家庭贫困的学生和特殊家庭的学生
	方　法	①情感支持：倾情助其宣泄 ②发展支持系统：支持小组 ③挖掘资源：利用资源对家庭提供帮助 ④开发潜能：培养个体优势
针对心理困境		①个案工作：缓解压力，舒缓情绪 ②小组工作：用小组交流方式让成员共同面对处理 ③学校宣传，创造宽松环境 ④与学校和教师沟通合作，减少学生压力，转介给心理老师
针对特殊行为群体（暴力、网瘾、违纪等）		①深入访谈，了解原因 ②建立团体，正向影响 ③关注家庭，凝聚力量 ④开发资源，社会支持

第三节　学校社会工作的基本方法

学校社会工作的基本方法（表 2-12-4）

表 2-12-4　学校社会工作的基本方法

要　点		内　容
学校社会工作的服务模式	学校内部的社会工作服务模式	社会工作者作为学校一员，不易受到排挤，容易得到网络支持，但受制于学校体制，与学生有距离
	学校外部的社会工作服务模式	节省人事经费，不受制于学校体制，容易为学生维权，但易与校方有隔阂，配合不足
抗逆力的理论与方法	抗逆力的理论来源	①抗逆力是赋权模式与优势视角理论的运用 ②个人面对生活逆境时，能够理性地做出正向的、建设性的选择方法和应对策略的能力 基本思想：个人或家庭虽然面临比正常情况严重的问题和危险，但能很好地适应所面临的危机状态并达到比预期积极的状态

(续表 2-12-4)

要点	内容			
抗逆力的理论与方法	抗逆力的表现形式	常规形式		通常表现出亲社会取向的行为方式，遵从社会规范与道德，认同主流社会文化，同时也得到社会的认可和接纳
		非常规形式		表现出反传统、反社会、反主流的行为倾向，具有挑战常规、对抗成人、批判现实的特征，往往会受到成人的指导、朋辈群体的排斥、公众舆论的压力
	抗逆力方法的基本原则	抗逆力的构成要素	外部支持因素（I have）	①良好的人际关系 ②坚定清晰的规范 ③关怀支持的环境 ④积极合理的期望 ⑤有意义的参与机会
			内在优势因素（I am）	①完美的个人形象感：接纳自我，高自尊 ②积极乐观感：对未来充满希望
			效能因素（I can）	①人际技巧 ②解决问题的能力 ③情绪管理 ④目标订立
	抗逆力方法的基本步骤	①促进亲社会联结（社交网络） ②建立清晰稳定的边界（有规矩） ③教授生活技能 ④提供关怀与支持 ⑤建立和表达高期望（激发目的） ⑥提供机会，促进参与（案主自决）		
	培养学生抗逆力的策略	依据基本步骤和面临障碍而制订策略		
个案管理的理论和方法	（1）个案管理的适用对象：特殊需要，处境不利的学生 （2）个案管理的过程 ①识别对象 ②对案主生态系统进行评估，确定所需资源 ③评定案主的社会支持网络 ④完成资源—支持网络—案主的对接 ⑤监管服务的运输 ⑥评估 （3）个案管理者的角色：服务经纪人、使能者			

(续表 2-12-4)

要　点		内　　容
团体辅导方法的组织和运用	基本程序	选题、招募、甄选、实施、评估、跟踪
	实际运作	①考察与预评估阶段 ②制订计划阶段 ③实施计划阶段 ④评估与调整计划阶段 ⑤实施调整后计划阶段 ⑥再评估阶段
	小组项目评估	（1）客观成效评估 （2）主观成效评估 （3）过程评估 （4）中期评估 （5）质性评估 ①学生聚焦小组 ②导师聚焦小组 ③社会工作者深入访谈 ④个案研究 ⑤学生记录 ⑥学生作品

第十三章 社区社会工作

本章知识体系

社区社会工作 { 社区社会工作概述 / 社区社会工作的主要内容 / 社区社会工作的主要方法

第一节 社区社会工作概述

社区社会工作概述（表2-13-1）

表2-13-1 社区社会工作概述

要点		内容
社区的含义	含义	聚居在一定地域范围内的人们所组织的社会生活共同体
	要素	居民、地区、共同关系、社区组织、社区意识
社区社会工作的定义		①社区社会工作的一个实务领域 社会工作者针对某一个具体社区，运用各种专业方法，如个案工作、小组工作、社区工作、社会工作行政、社会工作研究等提供多元化服务，提高居民社会意识，协助居民运用社区资源，解决社区问题。同时社会工作者还协助社区居民建立友善邻里关系，鼓励互相照顾和关怀，满足社区需求，实现社区和谐 ②社会工作的一个专业方法，主要强调综合运用实践模式（如地区发展、社会策划、社区照顾），通过科学的工作过程，采用系列专业技巧，处理社区问题和推进社区发展
目标		①促进居民参与，解决社区问题 ②改善社区经济，提升社区意识 ③挖掘社区资源，满足社区需求
特点		①以社区为对象 ②重点解决社区居民所面临的集体性问题 ③采用宏观结构的视角分析和介入问题 ④强调社区参与，关注人的发展 ⑤重视社区资源的挖掘和运用

第二节 社区社会工作的主要内容

一、城市社区社会工作的主要内容（表2-13-2）

表2-13-2 城市社区社会工作的主要内容

要点		内容
社区公共服务	面向各类弱势人群的福利服务	①为老年人提供的福利服务 ②为残疾人提供的福利服务 ③为优抚对象提供的福利服务 ④为青少年提供的福利服务 ⑤为贫困者提供的福利服务
	面向小区普通居民群众的便民利民服务	①居民生活服务 ②家务劳动服务 ③文化生活服务
社区就业		①开发社区就业岗位，鼓励多种形式就业 ②宣传和执行落实再就业优惠政策 ③开展社区就业服务和就业培训 ④解决社区下岗和失业人员的社会保险接续等实际困难
社区治安	组织体系	社区治安职能部门包括与治安工作密切相关的城市街道办事处、社区居民委员会，以及社区内企业事业单位的保卫部门。"治保会"属群众自治的治安保卫组织
	主要内容	①宣传教育工作 ②协助公安机关开展工作 ③协助有关部门加强对外来人口的管理 ④向政府及公安机关反映社区治安动态，以及对社区治安管理工作的意见、要求和建议
流动人口服务		①流动人口城市融入相关服务：通过举办活动和小组等方式促使流动人口了解城市，融入其中 ②流动人口劳动就业服务 ③流动儿童服务：帮助流动儿童了解城市，促使其家庭融入城市生活，促进儿童健康成长 ④流动人口计划生育服务
社区教育	概述	更多从社区发展的角度出发，以社区工作为本位。强调的是社区居民通过集体行动改善生活质量，增强自信心，提升关心社会的意识
	内容	从社区教育的基本目标看：补偿式教育、控制式教育、发展式教育

(续表 2-13-2)

要点	内容		
社区教育	内容	从社区教育的服务功能看	家庭生活教育、公民教育、成人教育、健康教育
社区志愿服务	①策划社区志愿服务项目，带领志愿者开展服务 ②挖掘培训社区志愿者骨干，培育扶持社区志愿服务组织 ③组织开展志愿者培训，提高社区服务水平 ④管理志愿者队伍，推动社区志愿者发展		

二、农村社会工作主要内容

（一）农村社区建设

加快农村社会从封闭到开放的改变，完善农村社区资源整合，具体工作包括：
（1）开展农村社区服务试点，尝试将公共服务引进农村社区。
（2）提升农民综合素质和能力，了解知识文化，以推进实现助人自助目的。
（3）培养发展农村社区社会组织。
（4）培训外出务工人员，推动就业和创业。

（二）农村扶贫开发

社会工作者对于农村扶贫开发工作主要包括两个方面：
（1）执行国家扶贫开发相关政策服务贫困人口。
（2）设计和开展促进农村发展的社会工作服务项目。

（三）农村特殊群体社会工作服务（表 2-13-3）

针对由于城市化问题而在农村留守的三类特殊群体提供服务。

表 2-13-3　农村特殊群体社会工作服务

要点		内容
留守儿童社会服务	留守儿童成长服务	针对儿童身心发展特点和学习、生活需要，开展学业辅导、心理咨询等方面服务
	留守儿童家庭服务	为留守儿童照顾者提供培训，指导其教育儿童促进儿童成长
	预防犯罪和矫治服务	预防留守儿童犯罪，矫正偏差行为，建立良好生活、学习习惯
	留守儿童社区托管服务	动员农村社区发展正式和非正式组织拓展儿童托管服务
农村留守老人社会服务	①机构养老服务 ②居家养老服务 ③社区养老服务	

（续表 2-13-3）

要点	内容
农村留守老人社会服务	④老人合法权益保障服务：加强《老年人权益保障法》宣传，建立农村老年人维权服务中心 ⑤老人文化娱乐活动：利用现有农村场地组织老人参与社会活动；倡导成立农村老年人娱乐文体组织；开展农村老年人社区教育，丰富精神文化生活
农村留守妇女社会服务	协助开展保健服务：宣传妇女健康知识，提高妇女保健意识 心理健康服务：缓解农村妇女压力，疏导情绪，维护心理健康 技能训练和创业支持：通过教育培训提高农村妇女文化素质，帮助其就业创业 文化娱乐活动：开展活动促进妇女之间的交流和互动

第三节 社区社会工作的主要方法

社区社会工作的主要方法（表 2-13-4）

表 2-13-4 社区社会工作的主要方法

要点		内容
过程	社区分析	①社区类型分析：商品住宅区、单位型社区、经济适用房、老旧小区 ②社区基本情况分析：名称、历史、地理位置、环境、人口数量、性别比例、年龄比例、教育程度、职业分布、社区和单位资源 ③社区问题分析：共同性问题与群体性问题 ④社区需求分析：感觉性需求、表达性需求、规范性需求、比较性需求
	政策分析	①分析社会政策的层次 不同层级政府制定政策，福利有层次的差别。高层政府制定社会政策涵盖广，较笼统和概括；基层政府和事业单位福利政策较具体和可操作 ②分析政策内容和政策过程 政策内容分析的重点是政策目标、服务方案设计、服务获取的资格条件、组织结构及财务安排等，而政策过程的分析主要包括政策制定和执行过程，侧重于描述性的分析

(续表2-13-4)

要点			内容
过程	社区服务（活动）方案的策划	策划前的分析工作	服务对象分析、问题分析、服务（活动）的逻辑推进步骤分析
		策划过程	确认社区需求—了解社区居民或者服务对象的特征—订立工作目标—评估自身的能力—制订工作进度表—程序编排
	社区服务（活动）方案的执行	筹备阶段	人力、物力、财力的准备和宣传推广工作
		服务或活动阶段	预算管理、时间进度管理、服务品质管理、士气激励和提升
		结束阶段	报销、资料归档、表彰优秀工作者、服务成效评估
	社区服务（活动）方案的评估	评估方法	定量评估和定性评估
		评估内容	成效评估和过程评估
主要方法	资源连接		社区资源是指可以被社区运用来为社区居民服务的一切人力、物力、财力、文化和组织资源 社区资源的连接方式：资源整合、资源共享、资源流通
	推动居民参与	社区参与的层次和形式	告知、咨询、协商、共同行动、社区自治
		影响社区居民参与的因素分析	对参与价值的肯定、在参与意愿方面、在参与能力方面
		推动社区居民参与的策略	促进社区居民对参与价值的肯定，提升社区居民的参与意愿，提高社区居民的参与能力
	居民能力建设		（1）认知和思维能力的培养 ①可掌握社区生活和共同问题的知识和资料 ②可理解资料的相互关系 ③可以引申和推理 ④可进行分析和评价，并提出创新建议 （2）行为和技巧能力的培养 肯定模仿学习的重要性，采取个别训练和督导的方式，采用示范、协商、游说等复杂技巧 （3）情感和价值观的培养提升
	建立社区支持网络		个人网络、志愿者联系网络、互助网络、邻居协助网络

第十四章 医务社会工作

本章知识体系

医务社会工作 ｛ 医务社会工作概述
医务社会工作的主要内容
医务社会工作的主要方法

第一节 医务社会工作概述

一、医务社会工作的概念（表 2-14-1）

表 2-14-1 医务社会工作的概念

要点	内容
医务社会工作的定义	社会工作者运用社会工作专业知识和技术于医疗卫生机构，从社会心理层面来评估并处理服务对象的问题，作为医疗团队一分子共同协助病患及家属排除医疗过程中的障碍，促使患者早日痊愈，并达到身心平衡，提高治疗效果
医务社会工作的功能	诊断与评估：通过社会工作的专业技巧，评估病人及其家属的心理状况
	咨询与辅导：为病人提供咨询，针对其出现的情绪问题进行辅导
	寻求与整合资源：寻找、整合社会资源，帮助病人获得更好的治疗
	倡导工作：宣传和推广医务社会工作，令更多的病人受惠
	咨询与协调：通过深入了解，调解医院与患者之间的问题
医务社会工作的意义	①全面介入医疗过程，提高医疗效果 ②扩展专业性服务，积极倡导人性化医疗服务 ③拓展、整合、运用和协调各种社会资源 ④承担了某些行政工作 ⑤积极引导医疗服务向社区延伸，发展医疗机构的社区关系 ⑥处理病患与医疗体系之间的关系 ⑦完善医疗机构的社会功能

二、医务社会工作的特点

（1）服务领域广泛。
（2）社会需求宏大。
（3）遵从证据为本。

三、医务社会工作需要具备相关知识（表2-14-2）

表2-14-2 医务社会工作需要具备相关知识

要　点	内　容
社会工作的理论基础与方法	包括社会工作基本工作模式、技巧运用
人类行为发育理论	包括人类行为发育特点、发展规律等
基本医学知识	包括医疗保险制度、基础医学理论、康复规律等
疾病的社会心理反应	心理因素对疾病的影响、疾病对心理产生的影响

四、医务社会工作者特殊伦理议题和价值观（表2-14-3）

表2-14-3 医务社会工作者特殊伦理议题和价值观

要　点	内　容
隐私保护	对病人的病历、资料等进行保密
有限资源的有效利用	尊重病人对治疗方案的选择
安乐死	我国对安乐死并没有明确法律规定
药物或临床研究	对研究类的药物和临床技术需要签署知情同意书，也需要相关伦理委员通过

第二节　医务社会工作的主要内容

一、医院社会工作的主要内容（表2-14-3）

表2-14-3 医院社会工作的主要内容

要　点		内　容
医院社会工作主要内容		社会工作者运用社会工作专业知识、方法和技巧在综合医院、儿童医院、慢性病医院以及某些专科医院中实施社会服务。其主要目的是为病人及其家属解决经济、社会和情绪方面的困难
现代整体医疗模式	定　义	现代整体医疗模式指从医学的综合整体的观点出发，以美国医学家恩格尔提出的"生物—心理—社会医学模式"为指导，坚持以人为本、以病人为中心，更新医疗观念，把人视为一个有机整体，规范医疗服务流程，建立协调一致的医疗服务团队，注重病人的参与，实现医疗工作从"疾病"到"病人"、从"病人"到"全体社会人群"的转变，为病人、亚健康人群和健康人群提供生理、心理、社会、生活、文化等全方位、全过程、多层次、高质量、高效率、低消耗的整体服务，以实现防病治病、维护健康、提高生命质量、延长寿命、减少死亡等目标

(续表 2-14-3)

要点		内容
现代整体医疗模式	服务理念	①服务范围扩展 ②服务对象增加 ③服务形式综合 ④服务手段多样 ⑤服务层次多样
医院社会工作的主要内容	从医院的角度	医院社会工作包括以下几个方面： ①协助处理病人情绪以配合医院治疗工作 ②以社会工作者方法改善医患关系，减少非必要的医疗纠纷 ③协助医院了解病人信息，协助医生诊治 ④协助医院处理患者安排转院或者出院事宜 ⑤外展宣传医院社会工作 ⑥社区内协助医院对患者进行医疗照顾 ⑦对医护相关人员进行社会工作对接的培训和辅导 ⑧为医疗教学和研究提供基础性的、支持性的资料和便利条件 ⑨协助医院树立良好的形象，营造良好的公共关系
	从患者的角度	①对患者进行心理社会评估和干预，即筛查和寻找服务对象，并对其进行干预 ②提供危机介入：在有限时间内迅速为服务对象排解面临的危机 ③疏导患者和家属的情绪：主要服务对象为诊断为癌症、艾滋病和意外伤害后有严重后遗症的病人及其家属 ④帮助患者申请公共援助：申请医疗保险、发动社会捐助，争取医疗赔偿 ⑤为绝症患者提供临终关怀：帮助服务对象接纳死亡，减轻病人的痛苦等 ⑥哀伤辅导：建立支持性小组，进行个案辅导等
	从医患关系的角度	①以调解者的身份处理医患关系：医务社会工作者的介入调解，有利于促进医患关系的良性互动 ②保证医患沟通渠道畅通：促进医患信息的交流 ③创造医患沟通良好环境：使医生与患者之间的身份平等 ④形成文明友好的医患沟通交流方式：减少医闹的出现

二、公共卫生社会工作的主要内容（表2-14-4）

表 2-14-4 公共卫生社会工作的主要内容

要点	内容
公共卫生社会工作的定义	指社会工作在公共卫生领域的实施，其目的是实现卫生、教育和福利三者合为一体的理想

(续表2-14-4)

要点		内容
公共卫生社会工作的体系	公共卫生社会工作的主要内容	①卫生保健宣传 ②各种卫生法规的制定或修订 ③各项公共卫生教育训练计划的制定与实施 ④社区卫生保健工作的开展 ⑤个人与家庭健康问题的咨询 ⑥预防传染病流行
	公共卫生社会工作者角色	直接服务提供者、研究者、咨询者、管理者、项目计划者、评估者和政策制定者

三、精神健康社会工作的主要内容（表2-14-5）

表2-14-5 精神健康社会工作的主要内容

要点		内容
精神健康社会工作的定义		指社会工作者在精神疾病防治方面和心理健康方面所开展的专业服务
我国精神卫生领域的现状和特点		①精神疾病占我国疾病负担的首位 ②我国精神障碍总体高发，治疗率低 ③精神卫生服务资源总量不足，资源配置不平衡
精神健康社会工作的主要内容	针对住院患者	①住院适应 ②心理支持 ③整合各类治疗方法
	针对患者家属	①减轻照顾者压力 ②获得精神疾病知识辅导和支持
	针对社区康复患者	①普及精神卫生知识 ②开展精神卫生患者康复训练 ③社区资源连接 ④提供咨询 ⑤开展转介工作
心身疾病的致病原因和防治方法	心身疾病成因	①生物学因素 ②生活方式和行为习惯 ③心理应激和情绪因素 ④认知因素 ⑤个性特征 ⑥人际关系和社会因素

(续表2-14-5)

要点		内容
心身疾病的致病原因和防治方法	心身疾病的综合防治方法	①提高自尊,转化不良情绪 ②鼓励心身疾病患者学习新的健康行为和生活方式 ③鼓励患者重新适应社会 ④对心身疾病患者加强教育,改变传统不良观念
社会工作者在精神卫生领域的角色	微观层面	诊断者、咨询者、辅导者、教育者、倡导者、转介者和协调者
	宏观层面	政策服务方面的行政者、推动者和研究者

四、疾病治疗领域社会工作

(一)慢性病和长期照顾的社会工作(表2-14-6)

表2-14-6 慢性病和长期照顾的社会工作

要点		内容
糖尿病	糖尿病概述	糖尿病是一组以常见的血糖水平高为特征的内分泌疾病。基本病理是胰岛素分泌不足导致代谢紊乱,患者通常表现为多饮、多食、多尿、减重。控制饮食和运动是治疗的基础,另外可以通过口服降糖药和注射胰岛素进行辅助治疗
	需求分析	糖尿病患者的主要需求是认识和适应疾病及进行治疗,同时有心理支持、家庭社会网络支持以及出院照顾的需求
	服务内容	①医疗适应方面:协助患者了解病情和治疗方案,鼓励患者接受病情和治疗,鼓励患者主动了解病情和治疗方案,向医护人员反应患者需求 ②疾病认识方面:向患者讲解疾病知识,提供康复指导;矫正患者对疾病的偏差认识 ③心理情绪支持 ④家庭社会网络支持:向家庭提供资源解决困扰,为家庭提供社会心理支持 ⑤出院照顾方面:协助患者自我照料;协助家属学习照料患者;为患者连接社会资源,制订出院计划
心脏病	心脏病概述	心脏病是所有关于心脏方面的疾病的统称,本质是一种心血管疾病,通常伴随高血压和脑卒中。主要类型包括冠状动脉疾病、急性心肌梗死、充血性心脏病、先天性心脏病、心肌病和心绞痛等
	需求分析	心脏病患者主要需求是对疾病的认识和适应疾病及进行治疗,同时有心理支持和家庭社会网络支持以及出院照顾的需求
	服务内容	社会工作者主要在医疗适应、疾病认识、心理支持、家庭社会支持网络及出院照顾几个方面提供服务,提高患者对治疗的支持和配合,缓解家庭压力

(续表2-14-6)

要点		内容
终末期肾病	终末期肾病概述	终末期肾病是肾病的晚期，成因主要是糖尿病和高血压。终末期肾病需要终身使用替代性的治疗方法，包括血液透析、腹膜透析或者肾移植手术等
	服务需求	认识疾病，适应疾病和治疗，情绪支援需求，家庭社会支持网络的需求，处理经济损失的需求，对独立、自由和隐私的需求，姑息治疗和临终关怀的需求
	服务内容	①评估患者心理社会状态，确认患者优势和需求 ②为患者提供疾病咨询和知识教育，鼓励患者依从治疗方案 ③危机干预：处理患者因疾病冲击产生的危机 ④临终关怀：对临终患者提供服务，支持其积极面对人生 ⑤个案管理：患者和家属对疾病和治疗信息需求多样化，通过个案管理满足需求 ⑥连接社会资源，协助患者康复 ⑦团队合作：社会工作者通过和医疗团队合作提供服务，并向其他合作团队介绍心理社会知识和服务 ⑧倡导满足患者需求的工作和制度
获得性免疫缺陷综合征（艾滋病）	艾滋病概述	艾滋病是特定的人体免疫系统受到严重抑制的疾病征候群，传播方式包括性接触、血液传播和母婴传播三种方式
	需求分析	艾滋病患者的需求主要是对疾病和治疗的认识两个方面，由于强烈的社会标签作用，患者对心理支持的需求强烈，另外也存在着家庭社会支持的需求

（二）急诊室的社会工作（表2-14-7）

表2-14-7 急诊室的社会工作

要点		内容
急诊室开展社会工作的必要性	病患和家属开展心理危机干预的需要	①患者罹患疾病情况突然，患者和家属容易产生心理危机 ②医护人员全力投入急诊工作，无法顾及患者和家属心理需要 ③严重事故致残致死的情况，需要马上处理家属的心理危机
	医疗团队及成员的需要	①急诊室环境压力大，容易出现混乱情境 ②急诊室工作节奏快，需要工作人员精力集中 ③医护人员难以照顾患者及家属的心理反应
	急诊管理的需要	①急诊室医疗资源有限，需要社会工作者协助转介其他部门或医院 ②对于一些特殊的病人，需要社会工作者提供基本生活支持和相应的社会资源

(续表 2-14-7)

要点		内容
急诊社会工作服务内容	支持急诊病人及其家庭	①急诊资源有限，社会工作者可以了解病人的情况，整合社会资源协助病人 ②社会工作者需要给无法在急诊室就诊的病人家属提供情绪处理工作，协助病人理性就诊 ③帮助病人及其家属获得综合的社会资源
急诊社会工作服务内容	配合医护人员	①社会工作者可以通过与病人接触，详细了解病人情况，给予医疗人员病人综合资料方面的支持 ②社会工作者可以给予医护人员心理支持，克服工作困境和情绪低落
急诊社会工作服务内容	协调急诊管理	①社会工作者可以从社会工作的角度提出意见，提升急诊的服务质量，促进病人与医院的沟通和协调 ②社会工作者通过工作构建良好医患关系，获得患者支持和理解，预防急诊医疗纠纷

（三）妇女儿童医务社会工作（表2-14-8）

表2-14-8　妇女儿童医务社会工作

要点			内容
妇产科医务社会工作的内容	常见问题		①疾病适应问题 ②心理调试问题 ③经济问题 ④情绪问题 ⑤家庭问题
妇产科医务社会工作的内容	主要服务内容		①协助患者和家人了解病情和治疗计划，鼓励配合治疗 ②协助患者和家人处理情绪问题 ③转接病友和志愿者，协助患者适应病情 ④通过病友团体提供支持 ⑤协助患者申请医疗费用减免和社会资源支持
儿童医院医务社会工作	患者群体特点和需求		患者均为儿童，较难承受疾病带来的不适和病痛，尤其是长期住院脱离原有群体及活动受限患者，可能出现心理问题和行为问题
儿童医院医务社会工作	照顾者群体特点和需求		受文化影响，儿童常处于家庭核心地位，儿童患病对家庭来说是危机和灾难。家庭照料者会出现剧烈的情绪问题，父母双方容易出现夫妻关系问题，家庭也容易陷入经济困境等
儿童医院医务社会工作	社会工作服务的主要服务内容	对患儿的工作	帮助其适应环境，降低对医院和治疗的恐惧感，通过游戏等方式建立良好的专业关系
儿童医院医务社会工作	社会工作服务的主要服务内容	对于照料者的工作	协助处理照料者的情绪问题，提升处理问题的能力，将家庭功能调整到正常状态，整合社会和社区资源为家庭提供服务

(四)肿瘤治疗的康复和纾缓疗护社会工作(表2-14-9)

表2-14-9 肿瘤治疗的康复和纾缓疗护社会工作

要点	内容
肿瘤疾病概述	肿瘤是机体在特定情况下致癌因子起作用,产生的局部组织增生变异的疾病。目前常用治疗方法包括切除治疗、放射治疗、化学治疗等
需求分析	病人和家属的需求包括:心理援助和支持,良好和稳定的沟通,经济和资源的整合协助,整合生命意义,心愿达成,哀伤辅导等
服务内容	①经济资源协助 ②情绪心理辅导 ③协调医患沟通 ④社会福利咨询 ⑤家属哀伤辅导
纾缓疗护	不同于临终关怀,纾缓疗护是通过对疾病的识别和积极评估、对痛楚的控制和其他症状处理,改善患者和家属的生活质量的一门临床学科。纾缓疗护需要跨学科团队合作,包括医生、护士、社会工作者、灵性工作者、志愿者、药剂师、心理咨询师和心理医生、精神病学家、物理治疗师、营养师等各方面专业人士的合作

五、人口与计划生育社会工作(表2-14-10)

表2-14-10 人口与计划生育社会工作

要点		要点
人口与计划生育概述		计划生育是我国为控制人口数量,提升人口总体素质,提高社会福利水平,对家庭成员生育意愿、计划、行为实施社会干预和提供技术服务措施的综合工作
人口与计划生育社会工作的主要内容	相关问题	包括生育、避孕、怀孕、不孕不育和相关情绪问题等
	工作主要内容	婚前咨询、妊娠咨询、避孕知识宣传和咨询、性病知识的询问、艾滋病教育、流产询问、不孕不育询问、家庭和睦教育、优生优育倡导、社区计划生育服务等

第三节 医务社会工作的主要方法

一、医院社会工作的主要方法(表2-14-11)

医院社会工作的主要方法可以根据服务活动开展的场所和内容分为医院门诊、住院病房、出院跟进、家庭医疗以及临终关怀等不同的社会工作方法。

表 2-14-11 医院社会工作的主要方法

要点	内容		
医院门诊部	接诊病人	对病人的社会经历进行记录	
	评估与诊断	根据对病人的基本了解,进行评估和诊断	
	简短辅导	解答病人对治疗的疑问	
	住院安排	协助病人及其家属办理相关手续,并予以援助	
	转介服务	病人如需住院治疗,则转至住院社会工作者继续服务	
住院部病房	住院患者社会及心理状况的评估	对病人的资料进行整理和分析,进行评估工作	
	参与病房巡诊	协助医疗人员完成医疗计划	
	协调各科医疗人员	当病人身体还有其他疾病时,需要多个科室联合治疗	
	复杂病例的个案处理	开案登记	进行登记册记录,以便往后跟进
		收集资料和初步评估	与病人及其家属进行面谈
		社会个案记录	对病人的个人资料,如问题、病情、社会生活史进行记录,并制订初步计划
		介入工作记录	对介入工作进行记录,根据实际情况调整工作方案
		评估结案	对工作的成果进行评估,并不定期巩固
	住院患者的小组工作	病人小组	将有相同疾病的病人组织起来,组成互动小组
		病人家属小组	分享照顾经验,互相鼓励,排解情绪困扰
		医生与病人小组	搭建医生与患者之间的沟通桥梁,更有利治疗的开展
	社会生活的复原	促进康复者回归社会	
出院跟进	①制订出院计划:帮助病人进一步治疗与康复 ②辅导家属照顾患者:协助家属掌握护理照顾技巧 ③协助家属与患者一起设计跟进服务方案		
家庭医疗	①对长期慢性病人的家庭医疗:制订长期跟进治疗计划,并整合社会资源,减轻患者的负担,同时给予支持 ②连接家庭和社区卫生服务:保障患者及其家属可以及时获得合适的社区医疗资源 ③寻求社会资源,减轻家属压力:寻求政府福利机构的帮助,帮助患者家庭维持正常生活秩序		

(续表2-14-11)

要点	内容
临终关怀	①满足临终病人的需求：包括生理需求和心理需求 ②对临终病人进行死亡教育：包括对患者进行死亡教育和对社会进行临终关怀教育 ③陪伴临终病人直至最后一刻：运用社会工作技巧，缓解病人对死亡的恐惧和疾病带来的痛苦 ④对临终病人家属进行辅导：包括家属的临终关怀辅导、家属的哀伤辅导

二、公共卫生社会工作的主要方法（表2-14-12）

表2-14-12　公共卫生社会工作的主要方法

要点	内容
个案工作	提供社区紧急事件干预工作，包括危机干预咨询辅导，对疾病康复中的个人和家庭提供临时性的救济，帮助新市民家庭安家和重聚，协助家庭获取基本生活和医疗物资，对特殊问题患者提供特殊协助等。通过个案工作差别化管理
小组工作	通过小组工作倡导，协助服务对象学习健康知识，培养良好的生活习惯
社区工作	开展常发、高发、流行疾病的健康知识教育和宣传活动，通过社区工作方式在社区倡导健康理念
项目管理	通过收集和研究公共健康状况和问题，宣传健康观念，和公共卫生工作人员一起促进公共卫生领域问题的工作，与研究、开发公共卫生和社会制度的服务机构建立良好伙伴关系

三、精神卫生领域社会工作的主要方法

（一）需求评估与干预流程（表2-14-13）

表2-14-13　需求评估与干预流程

要点			内容
精神病患者及其家属的需求评估	生理信息评估		了解患者的身体状况、生活习惯和药物使用情况
	社会信息评估	家庭	了解家庭成员之间的关系、互动情况和家庭敏感问题
		社会支持	患者能够获得的社会支持关系、友谊、帮助和具体服务等
		社会环境	患者是否在压力当中，是否有来自社会和他人的冲突
	心理信息评估		患者的症状和患者的心理力量、态度、积极反应模式等
精神病患家庭的干预流程	新入院		社会工作者了解患者情况，对其进行社会心理评估；观察和了解患者家庭环境

(续表2-14-13)

要点		内容
精神病患家庭的干预流程	住院中	社会工作者向患者提供个案、小组工作和沙龙活动服务；向家属提供小组工作、个案会谈和心理教育工作
	出院前	为患者制订出院计划，进行出院评估；向家属提供出院后照顾方式指导
	出院后	社会工作者对患者进行跟踪回访服务，转介社区康复服务

（二）社会工作干预方法（表2-14-14）

表2-14-14 社会工作干预方法

要点	内容
认知行为疗法	认知行为疗法能够有效处理精神卫生个案的社会功能问题，主要步骤如下： ①详细讲述问题行为：问题行为的改变是核心 ②收集数据：患者学会自己评估和监督自己的行为，为自己的改变设置目标 ③设定目标：社会工作者和患者共同设置改变的目标 ④行为介入：明确帮助患者达致目标所需的技能 ⑤家庭作业：让患者巩固在治疗中学习到的技能 ⑥行为改变的强化：促使患者成为自己改变行为方式的强化者 ⑦行为改变的认同：患者在行为改变后赞许自己，将行为改变归功于自己 ⑧防止故态复萌
小组工作	将患者和家属组成小组，通过社会工作者的引导和教育，使得小组成员之间能够互相分享、获得支持和回馈，使得患者加深对疾病和治疗的了解，能够配合医生进行治疗，恢复对生活的信心

四、医疗机构与疾病治疗领域社会工作常用方法

（一）针对慢性疾病患者与长期照料者常用的社会工作方法（表2-14-15）

表2-14-15 针对慢性疾病患者与长期照料者常用的社会工作方法

要点			内容
个案管理	通过个案管理方法综合了解患者需求，统筹整合各方面的资源令患者得到综合性的服务，各种需要得到满足。个案管理主要针对三个方面的工作		
	社会心理评估		了解患者的全面情况，挖掘患者的需求和优势，提供相应的服务
	治疗依从性管理	评估和界定问题	了解患者的问题，进行评估
		制订治疗方案	根据评估结果，鼓励患者参与制订治疗方案，协助患者与医生沟通
		促使行为改变	①促进行为改变 ②激活社会支持 ③促进家庭成员共同承担责任

(续表2-14-15)

要点			内容
个案管理	治疗依从性管理	维持患者的依从	教授患者如何应对失误，跟进患者提供支持
	压力管理		①通过咨询了解压力来源 ②根据压力程度采用综合干预办法 ③患者和照料者互相评估干预 ④结合心理健康教育提供支持 ⑤通过冥想、心理疗法、锻炼和放松提供放松方法
小组工作	沟通技巧训练		①通过训练提高工作人员和患者的沟通技巧 ②协助、鼓励患者和家属通过沟通技巧了解病情和治疗方案
	健康教育		通过小组方法向患者提供疾病知识、治疗方法和行为改变方面的知识，促进疾病康复
	放松训练		冥想、深呼吸、肌肉放松、催眠等

（二）急诊室常用的社会工作方法（表2-14-16）

表2-14-16 急诊室常用的社会工作方法

要点		内容
常见问题	应激障碍症	人在遭遇难以接受的情境之下出现的剧烈情绪反应，包括迷茫、慌张、恐惧等
	社会—心理反应	急诊室的环境容易使得患者和家属出现不安和焦虑的情绪反应
	哀伤	由于损失和丧失引起的情绪反应
急诊室社会工作的主要方法	危机干预	缓解最急迫的问题
	出院准备服务	急诊是短暂性的医疗服务，社会工作者在工作中尽早为患者进行出院准备，使得患者获得连续性照护
	社会心理评估	了解患者及其家庭全面情况，配合医生做具体治疗
	咨询服务	给予患者和家属一般的咨询服务，促使患者了解急诊和医疗情况

（三）肿瘤患者社会工作方法

肿瘤患者社会工作主要采用人本主义方法，助人者作为服务对象的同行者角色，强调"当时当地"，营造良好环境支持服务对象挖掘自身潜能，建立积极的自我概念。

（四）针对妇幼开展医务社会工作的常用方法

（1）个案工作方法。
（2）小组工作方法。

（五）纾缓疗护社会工作方法

纾缓疗护以改善肿瘤或者慢性病等疾病患者及其家庭心理、生理和社会功能适应不良为目的。具体做法包括：

（1）协助病人和家属参与到服务计划中，提出问题、作出抉择、澄清需求，确定问题处理和需求满足的先后顺序等。

（2）获得信息和资源。

（3）协调家庭问题，支持表达，满足需求和提供支持。

（4）协调组织病患会议，让家庭成员表达需求、愿望和关注点。

（5）提供转介服务，让患者和家属得到社会支持和帮助。

五、人口与计划生育社会工作的常用方法

（1）使用优势视角进行评估，促使社会工作者和其他专业人士进行合作交流。

（2）社会工作者是服务的传递者、资源的动员者、政策倡导者、服务对象的权益维护者。

（3）社会工作者依托社区各方面资源参与其中，综合运用不同方法满足服务对象不同需求。

第十五章 企业社会工作

本章知识体系

企业社会工作 { 企业社会工作概述 / 企业社会工作的主要内容 / 企业社会工作的主要方法 }

第一节 企业社会工作概述

企业社会工作概述（表 2-15-1）

表 2-15-1 企业社会工作概述

要点	内容
企业社会工作概念	企业社会工作是在企业内外主要面向员工，运用社会工作的专业理念与方法，提供生产适应、环境协调、福利保障、职业生涯发展的专业工作，达到保障员工职业、福利发展和提升企业效率的目的
企业社会工作的特点	①企业社会工作的核心是争取职工的职业福利 ②根据国家法律法规，监督企业落实涉及职工权益的法律、法规 ③企业社会工作的主要任务是因地制宜设计和开展服务项目 ④企业社会工作的主要策略是兼顾公共性、公益性和多方共赢的统一
企业社会工作的功能	①向困难职工提供物质帮助 ②为需要支持的职工提供心理疏导和支持 ③协调企业内外关系，增强企业组织的凝聚力 ④以社会公平正义维护职工合法权益 ⑤保障社会和谐稳定，预防劳资问题产生 ⑥为实现社会持续创新促进企业员工能力发展
目前我国对企业社会工作的需求	①由于职工人数增多，企业社会工作需求强烈 ②企业中资本因素权力强、劳动力权力弱的情况导致维护社会公平和公正任务艰巨 ③职工的职业压力大，催生企业社会工作 ④下岗和失业者群体的持续出现，需要社会工作处理帮贫解困问题 ⑤年轻的新型劳动者群体需要人性化的服务

（续表 2-15-1）

要　点	内　容
企业社会工作的基本领域	包括基于企业内部的企业社会工作和基于企业外部的企业社会工作。前者源于企业内部，旨在预防和解决内部问题，提升员工和企业内在素质；后者源于企业外部，旨在预防和解决外部问题，提升企业外部形象

第二节　企业社会工作的主要内容

一、企业社会工作的对象

（1）以企业内的职工个体及职工家属为工作对象。
（2）以企业内的职工群体为工作对象。
（3）以一个企业整体或企业内的管理部门为对象。
（4）以一个行业或一个社区为对象。

二、企业社会工作服务的提供者

（一）企业社会工作者的类型（表 2-15-2）

表 2-15-2　企业社会工作者的类型

要　点	内　容
企业内的社会工作者	企业内的社会工作有三种不同的组织形式：独立设置的社会工作部门、工会内的社会工作部门、人力资源部门工作的社会工作者
	企业内的社会工作者属于企业内部员工，由企业支付工资和福利，接受企业管理者领导。最大优点在于工作关系的内部性，容易了解企业生态，开展工作容易得到企业各方面的支持。但也容易受到领导压力而完成与专业价值观不相一致的工作指令
社会组织中的企业社会工作者	社会组织内的企业社会工作者可能由专业的社会工作服务机构或基金会提供
	社会组织中的企业社会工作者开展工作形式大致有两种：一是在企业外围为员工提供服务，此类情况下大多企业对社会工作者有所戒备；二是服务提供方和企业达成共识，进驻企业为职工及其家属提供服务
政府部门的企业社会工作者	政府部门聘请社会工作者从事企业社会工作服务，同时利用自身优势倡导和监督企业落实社会责任
工会等人民团体的企业社会工作者	工会、共青团、残联等人民团体以维护职工权益为目标为企业职工提供社会工作服务

(续表2-15-2)

要点	内容
社区服务中心和社会工作站中的企业社会工作者	社区服务中心和社会工作站是我国目前比较常见的社会工作服务网络，社区服务中心利用资源优势为服务范围内的企业、开发区、写字楼等单位提供社会工作服务

（二）企业社会工作角色（表2-15-3）

表2-15-3　企业社会工作角色

要点	内容
职业咨询辅导者	向职工提供职业辅导和防止职业病等工作
问题解决促进者	协助职工处理问题，解决困难，使得其应对职业和生活的能力提高
资源连接者	调动起职工身边所有资源和社会资源，使职工问题得到解决
冲突调解者	在职工和企业或企业相关部门人员发生冲突时，企业社会工作者应该以公平正义的立场化解双方矛盾
职业知识教育者	向职工提供职业相关的培训和教育，使得职工增强工作能力
协调者	处理职工在工作中遇到的危机和冲突，与企业进行沟通协调
倡导者	倡导企业承担应有的社会责任，倡导职工积极主动维护自身权益

三、企业社会工作服务内容（表2-15-4）

表2-15-4　企业社会工作服务内容

要点	内容
职工福利服务	企业社会工作者介入职工福利，目的在于增加职工福利，弥补职工工资不足，改善职工生活环境和保障，提升员工满足度，加强企业竞争力
职工职业生涯规划	协助职工规划职业生涯，协助职工实现自我价值，促进职工能力发展
职工情绪管理	企业社会工作者通过识别职工的不良情绪，对职工进行疏导和安抚，促进劳动关系和谐
职工素质提升	通过职工职业教育培训、职业咨询辅导和支持职工发展等工作提高职工素质
职业安全与健康	减少职场影响健康和安全的因素；对因公受伤职工提供援助，协助因公受伤职工争取补偿，对因公受伤或患病职工提供社区康复服务
职工休闲生活服务	为职工提供休闲和娱乐的服务，促进职工身心健康，有利于企业生产力发展和劳动关系和谐

(续表 2-15-4)

要点	内容
职工工作与生活平衡服务	为职工创造条件和环境，令职工在满足工作要求的同时能够享受生活
协调劳动关系	促使企业和职工建立良好沟通机制，处理劳资关系问题，实现企业和职工双赢
企业文化和职工文化建设	宣传公平和谐的文化理念、尊重合作的工作态度和团结互助的组织氛围，促使企业和员工团结一致创造更大的经济和社会效益
困难团体关怀	向企业中的弱势群体提供社会支持和社会保护服务，体现公平正义
企业履行社会责任	保护职工合法权益，保障职工工作环境安全健康，避免歧视等

第三节　企业社会工作的主要方法

一、个案工作在企业社会工作中的应用

运用个案方法处理特殊职工问题，协助职工处理问题、满足需求。

（一）企业社会工作中的个案分类（表 2-15-5）

表 2-15-5　企业社会工作中的个案分类

要点	内容
一般信息性问题	职工对工作流程、相关资源、劳动保障等信息缺乏了解
人际交往和感情问题	朋友圈窄，难以融入企业环境，交友和恋爱方面问题
家庭问题	婚姻关系失调、代际冲突等
适应问题	对新环境适应不良，与新同事建立关系较难等
情绪问题	因为工作和生活引起紧张，工作失误导致沮丧忧郁等
资源提供和心理支持	下岗或失业职工需要心理支持和相关政策的帮扶，工伤事故等引发的补偿和心理危机干预等
法律援助和权益保护问题	工伤事故赔付，劳动保护和劳动保险问题，工资克扣和拖欠问题

（二）企业社会工作中的个案工作来源

企业医务人员的转介，管理部门人员发现问题职工转介，职工家属或亲友介绍，社会工作者主动发现和职工自动寻找帮助。

二、小组工作在企业社会工作中的应用（表2-15-6）

表2-15-6　小组工作在企业社会工作中的应用

要点		内容
企业社会工作中小组的工作对象和内容	对于职工	协助职工改善工作环境，增加生活乐趣，解决心理困扰，增加交友机会，提升社交技巧，等等
	对于管理人员	提高管理和领导能力，讨论和了解员工动力，处理劳资关系等
企业社会工作中小组的类型	兴趣、娱乐小组	通过小组活动来增加职工休闲生活乐趣，促使职工融入企业生活，建立职工和社会工作者关系基础
	成长小组	通过小组体验，使职工察觉自己的问题和潜能，发挥自身优势
	支持小组	协助成员应对充满压力的生活事件以恢复原有的应对能力
	教育小组	组织成员学习新的知识和技巧，处理问题和提升能力
	治疗小组	协助成员改变问题行为，治疗心理和生理创伤

三、社区工作方法在企业社会工作中的应用

企业是一个特殊的社区，是一个有共同利益和目标的生活圈子共同体。社区社会工作可以通过整合企业内的资源，协调企业内部关系，组织职工举办社区活动，协助企业建立有实际意义的规章制度和工作守则，提升职工凝聚力，为职工和其家属提供支持。

第三编

社会工作法规与政策

第一章 社会工作法规与政策概述

本章知识体系

社会工作法规与政策概述 { 社会工作法规与政策体系; 社会工作法规与政策的主要内容; 社会工作法规与政策和社会工作实践的关系

第一节 社会工作法规与政策体系

一、社会工作法规体系（表 3-1-1）

表 3-1-1 社会工作法规体系

要　点	内　容
法规的含义	国家立法机构和政府行政机关为规范个人和组织的行为、维持社会各方面的运行秩序和对社会各个方面实施有效的社会管理而制定的各种规范文件的总称
法规的主要种类	根据《中华人民共和国立法法》，我国的法规体系主要包括国家法律、行政法规、国务院部门规章和地方性法规、地方政府规章等
法规的制定过程	法规的权威性和强制性决定了法规制定的严肃性 ①法律制定的责任主体及程序 全国人民代表大会及其常务委员会具有立法权，是法律制定的责任主体 法律制定的程序包括提出、审议、表决通过、发布等环节 ②法规制定主体及程序 国务院于 2001 年制定了《行政法规制定程序条例》，该条例对行政法规制定程序的总则、立项、起草、审查、决定与公布以及行政法规解释等方面都做了较为详细的规定

二、社会政策体系

（一）政策和公共政策（表 3-1-2）

表 3-1-2 公共政策的含义、特点与主要领域

要　点	内　容
政策的含义	是指政府和政党为实现目标而制定的总体方针、行动准则和具体行动的总和

(续表3-1-2)

要点	内容
公共政策的含义	是指政府或政党为了维护经济与社会正常的运行与发展、处理公共事务和解决社会问题而制定的行动方案和行为准则的总和
公共政策的特点	公共性、权威性、价值性
公共政策的类别	经济、社会、文化、环境、国防和外交等政策

（二）社会政策（表3-1-3）

表3-1-3 社会政策

要点	内容
社会政策的含义	是公共政策体系中重要的方面之一，是政府为了满足民生需求、维护社会公平、解决各种社会问题而通过各种方式调动公共资源、促进各项社会事业发展、为民众提供福利性社会服务的政策体系
社会政策主要领域	包括社会保障政策（含社会保障、社会福利和社会救助）、医疗卫生政策、劳动就业政策、公共教育政策、住房保险政策，以及针对老年人、残疾人、儿童、流动人口等专门对象的权利保护和社会服务政策，促进公益慈善事业发展、激发社会组织活力的相关政策

（三）社会政策主体和对象（表3-1-4）

表3-1-4 社会政策主体和对象

要点	内容
社会政策主体	是指公共政策制定和实施过程中的主动行动者，也就是公共政策的制定者和实施者
社会政策的对象	是指各项社会政策所针对的民众，即社会政策范围中各类社会福利项目的受益人和各项社会服务的接受者

（四）社会政策的资源调动方式（表3-1-5）

社会政策的资源投入最主要方式是资金投入，此外还有人力投入和实物投入。社会政策的资源一般是多渠道投入，其中政府公共财政的投入是主渠道。

表3-1-5 社会政策的资源调动方式

要点	内容
政府公共财政对各项社会事业的投入	在当今社会中，政府公共财政在经济、政治、社会等各个方面的活动中具有举足轻重的影响，对财富的分配也有重要的影响，同时也是各项公共政策得以实施的重要资源支撑体系
各类社会力量对社会服务和公益事业的投入	各类社会力量一般以各种方式向各种社会服务及公益行为投入各种资源，一般包括资金投入和人力投入。在资金方面，主要包括个人、企业和社会组织等在内的各种社会力量以慈善捐赠的方式,向社会公益行动投入资金。在人力方面，主要是指"志愿者"或"志愿服务者"

(续表 3-1-5)

要 点	内 容
政府与社会力量合作的社会政策模式和运行方式	在我国,政府与社会力量合作的资源供应包括以下几种基本模式: ①动员各种社会力量参与社会福利事业,并在其中分担一定的资源供应责任 ②政府通过减免税收和其他各种优惠政策鼓励各类社会力量参与社会福利事业 ③通过政府购买服务等方式向参与社会福利事业和其他各类公益活动的社会力量投入资金,形成公共财政提供的资金与社会力量组织的人力相结合的资源供应模式

第二节　社会工作法规与政策的主要内容

一、我国有关社会建设的一般性法规与政策(表 3-1-6)

表 3-1-6　我国有关社会建设的一般性法规与政策

要 点	内 容
十六届六中全会对和谐社会建设的论述	十六届六中全会对于构建社会主义和谐社会建设的目标、要求和措施作了全面的阐述: ①构建社会主义和谐社会的重要性和紧迫性 ②构建社会主义和谐社会的总要求、目标任务和原则
党的十七大报告和十八大报告对社会建设的论述	①党的十七大报告对社会建设的论述 ②党的十八大报告对社会建设各个方面的原则要求
党的十八届三中全会对社会建设的论述	①社会建设的总体思路 ②社会建设的具体要求
党的十八届四中全会对民生事业和社会治理法制化建设的论述	①关于保障公民权利的论述 ②关于保障和改善民生法制建设的论述 ③加强社会治理法制建设

二、我国促进和规范社会工作发展的法规与政策

我国近年来发布的促进和规范社会工作发展的政策文件,主要包括《中共中央关于构建社会主义和谐社会若干重大问题的决定》《国家中长期人才发展规划纲要（2010—2020年）》《关于加强社会工作专业人才队伍建设的意见》等。民政部单独或联合有关部门出台的法规与政策,主要包括《社会工作者职业水平证书登记办法》《社会工作者继续教育办法》《关于进一步加快推进民办社会工作服务机构发展的意见》《社会工作者职业水平评价暂行规定》等。

三、我国社会工作主要业务领域中相关的法规和政策

（1）社会救助领域的法规和政策。
（2）针对特定人群权益保护和社会服务的法规和政策。
（3）婚姻家庭法规和政策。
（4）人民调解、信访工作和突发事件应对法规与政策。
（5）社区矫正、禁毒和治安管理法规与政策。
（6）烈士褒扬和优抚安置法规和政策。
（7）城乡基层群众自治和社区建设法规和政策。
（8）公益慈善事业与志愿服务法规与政策。
（9）社会组织法规和政策。
（10）劳动就业和劳动关系法规和政策。
（11）健康与计划生育法规和政策。
（12）社会保险领域法规与政策。

第三节　社会工作法规与政策和社会工作实践的关系

一、社会工作法规与政策对社会工作实践的作用

1. 社会工作法规与政策对社会工作实践的作用

社会工作法规与政策在环境营造和具体制度的构建两个层面上对社会工作制度建构发挥着重要的作用。

2. 社会工作法规与政策在社会工作专业人才服务中的作用

3. 社会工作法规与政策对社会工作人才队伍建设的作用

这个作用主要体现在制度规范建设和能力建设两个方面

二、社会工作实践对社会工作法规和政策的作用

社会工作实践对相关领域法规和社会政策发展的积极促进作用,体现在法规与政策的制定、实施以及评估和改革等各个环节。

第二章　社会工作专业人才队伍建设法规与政策

本章知识体系

社会工作专业人才队伍建设法规与政策
- 加强社会工作专业人才队伍建设的法规与政策
- 社会工作专业人才队伍建设中长期计划
- 政府购买社会工作服务的法规和政策
- 推进民办社会工作服务机构发展的法规与政策

第一节　加强社会工作专业人才队伍建设的法规与政策

2011年11月，中央组织部、中央政法委、民政部等18部门和组织联合发布《关于加强社会工作专业人才队伍建设的意见》，指出对社会工作专业人才建设的各方面要求。

加强社会工作专业人才队伍建设的法规与政策（表3-2-1）

表3-2-1　加强社会工作专业人才队伍建设的法规与政策

要　点	内　　容
加强社会工作专业教育培训的要求	①统筹规划教育培训 ②切实加强职业道德建设 ③大力开展专业培训 ④大力发展专业教育
推动社会工作专业岗位开发和专业人才使用的要求	①研究制定政策措施满足社会工作专业岗位开发设置的需要 ②在基层重点配备社会工作专业人才 ③明确相关事业单位社会工作专业岗位 ④引导社会组织按照相关规定吸纳社会工作专业人才 ⑤相关行政部门和群团组织对社会工作专业人才要加大使用力度 ⑥建立人才流动机制，鼓励社会工作专业人才开展服务 ⑦建立社会工作者和志愿者的联动服务机制
推进社会工作专业人才评价和激励工作的要求	①健全评价制度 ②做好薪酬保障工作 ③建立人才表彰奖励制度

第二节 社会工作专业人才队伍建设中长期计划

一、社会工作专业人才队伍建设的战略目标

（1）队伍规模不断壮大。
（2）队伍结构不断优化。
（3）人才能力素质不断提高。
（4）人才效能不断增强。
（5）发展环境不断改善。

二、社会工作专业人才队伍建设的主要任务（表3-2-2）

表3-2-2 社会工作专业人才队伍建设的主要任务

要点	内容
大规模开发人才	①制订高层次人才培养计划 ②将社会工作专业技术人才纳入国家专业人才培养方案 ③实施社会工作信息系统建设工程 ④实施社会工作服务标准化建设示范工程 ⑤制定农村社会工作人才发展政策
大力培养社会工作管理人才	①依托高校、公益组织、服务机构和其他社会工作培训机构加大管理人才培养力度 ②公共服务和社会管理有关部门要培养、引进和选拔行政管理人才
加快培养社会工作教育与研究人才	①将社会工作专业人才纳入青年英才开发计划 ②协调各部门培养适合部门需要的各类社会工作专业人才

三、社会工作专业人才队伍建设的体制机制与政策目标

（1）建立健全社会工作专业人才管理体制机制。
（2）建立健全社会工作专业人才培养政策。
（3）建立健全社会工作专业人才评价政策。
（4）建立健全社会工作专业人才使用政策。
（5）建立健全社会工作专业人才激励保障政策。

四、社会工作专业人才队伍建设的重点工程

（1）社会工作专业人才职业能力建设工程。
（2）社会工作专业人才综合素质提升工程。
（3）社会工作教育与研究人才培养引进工程。
（4）社会工作专业人才社会工作知识普及工程。
（5）社会工作专业人才服务社会主义新农村建设计划。

（6）社会工作专业服务边远贫困地区、边疆民族地区和革命老区计划。
（7）社会工作专业人才培训基地和教材建设工程。
（8）社会工作专业民办机构孵化基地建设工程。
（9）社会工作专业服务标准化建设示范工程。
（10）社会工作专业信息系统建设工程。

第三节　政府购买社会工作服务的法规和政策

一、政府购买社会工作服务的主体、对象及范围（表3-2-3）

表3-2-3　政府购买社会工作服务的主体、对象及范围

要点	内容
政府购买社会工作服务的主体	各级政府和赋予相应职责的部门和群团组织
政府购买社会工作服务的对象	具有独立法人资格的社会团体、民办非企业单位和基金会
政府购买社会工作服务的范围	①城市流动人口社会融入计划 ②农村留守人员社会保护计划 ③老年人、残疾人社会照顾计划 ④特殊群体社会关爱计划 ⑤受灾群众生活重建计划

二、政府购买社会工作服务的程序与监督管理（表3-2-4）

表3-2-4　政府购买社会工作服务的程序与监督管理

要点	内容
政府购买社会工作服务的程序	①编制预算 ②组织购买 ③签订合同 ④指导实施
政府购买社会工作服务的监督管理	①建立健全服务监督管理制度 ②切实加强过程管理 ③建立综合性审评机制 ④坚持各种评估类别相结合的方式确保评估全面客观有效 ⑤将评估结果与后续政府购买服务挂钩 ⑥建立征信管理机制

第四节　推进民办社会工作服务机构发展的法规与政策

推进民办社会工作服务机构发展的法规与政策（表3-2-5）

表3-2-5　推进民办社会工作服务机构发展的法规与政策

要点		内容
加快推进民办社会工作服务机构发展的主要目标	具体目标	①建立健全推进民办机构发展的政策制度 ②完善登记服务和监督管理措施 ③加强民办机构的能力建设 ④推进政府购买社会工作服务，建立支持保障体系
	总目标	到2020年，在全国发展8万家管理规范、服务专业、作用明显、公信力强的民办社会工作服务机构，有效承接政府社会服务职能，满足人民群众专业化、个性化的社会工作服务需求
完善民办社会工作服务机构管理制度		①改进社会工作机构登记方式 ②强化社会工作机构监督管理 ③推进社会工作机构信息公开
加强民办社会工作服务机构能力建设		①加强民办社会工作机构内部治理能力建设 ②提升民办社会工作机构服务水平 ③健全民办社会工作机构联系志愿者制度 ④加强民办社会工作机构党群组织建设
发挥社会工作行业组织的功能与作用		①支持行业组织发展 ②推进行业自律 ③积极做好行业服务
建立健全民办社会工作服务机构支持保障系统		①加快推进政府购买社会工作服务 ②加大对社会工作服务机构扶持力度 ③鼓励社会力量支持和参与机构发展

第三章　我国社会救助法规与政策

本章知识体系

我国社会救助法规与政策 ┤
- 社会救助法规与政策的一般规定
- 最低生活保障及特困救助法规与政策
- 受灾人员救助与医疗救助法规与政策
- 教育救助与住房救助法规与政策
- 就业救助、临时救助与法律援助法规与政策

第一节　社会救助法规与政策的一般规定

政策依据：2014年2月21日国务院公布的《社会救助暂行办法》。

一、社会救助总体要求

（1）社会救助制度建立原则。

社会救助制度应坚持托底线、救急难、可持续，其水平与经济社会发展水平相适应。社会救助工作应当遵守公开、公平、公正、及时的原则。

（2）国务院民政部门统筹全国社会救助体系建设。

（3）社会救助协调机制。

（4）社会救助资金。

社会救助资金实行专项管理、分账核算、专款专用，任何单位或者个人不得挤占挪用。

（5）社会救助信息管理。

应当建立社会救助管理信息系统，实现社会救助信息互联互通、资源共享。

二、社会救助类型和社会力量参与社会救助的规定（表3-3-1）

表3-3-1　社会救助类型和社会力量参与社会救助的规定

要　点	内　容
社会救助的主要类型	主要包括最低生活保障、特困人员供养、受灾人员救助、教育救助、住房救助、就业救助和临时救助

（续表 3-3-1）

要　点	内　容
社会力量参与社会救助	《社会救助暂行办法》对社会力量参与社会救助作出了以下规定： ①社会力量参与社会救助的形式 ②社会力量参与社会救助的优惠政策 ③政府购买服务 ④社会救助中的社会工作服务 ⑤对社会力量参与社会救助的支持

三、社会救助监督管理（表 3-3-2）

表 3-3-2　社会救助监督管理

要　点	内　容
社会救助监督管理机构与责任	县级以上人民政府及其社会救助管理部门应当加强对社会救助工作的监督检查，完善相关监管制度；县级以上人民政府民政部门应当建立申请和已获得社会救助家庭信息核对平台，为审核认定社会救助对象提供依据
申请救助的途径与相关监督	申请社会救助，应当按照《社会救助暂行办法》的规定提出。履行社会救助职责的工作人员对社会救助工作中知悉的公民个人信息，除按照规定应当公示的信息外，应当给予保密
社会救助的媒体宣传与监督	县级以上人民政府及其社会救助管理部门应当通过报刊、广播、电视、互联网等媒体宣传社会救助法律和政策
社会救助中的法律责任	

第二节　最低生活保障及特困救助法规与政策

一、最低生活保障制度法规与政策（表 3-3-3）

表 3-3-3　最低生活保障制度法规与政策

要　点	内　容	
低保对象资格	2012年民政部印发的《最低生活保障审核审批办法（试行）》规定户籍状况、家庭收入和家庭财产是认定低保对象低保资格的三个基本条件。持有当地常住户口的居民，凡共同生活的家庭成员人均收入低于当地低保标准，且家庭财产状况符合当地人民政府规定条件的，均可申请低保	
低保申请和审核	可单独提出申请的情况	①困难家庭中丧失劳动能力且单独立户的成年重度残疾人 ②脱离家庭、在宗教场所居住三年以上（含三年）的生活困难的宗教教职人员

(续表 3-3-3)

要　点		内　容
低保申请和审核	申请人应履行的义务	①按规定提交相关材料，书面声明家庭收入和财产状况，并签字确认 ②履行授权核查家庭经济状况的相关手续 ③承诺所提供的信息真实、完整
	审　核	乡镇人民政府（街道办事处）应当对申请人或者其代理人提交的材料进行审查，材料齐备的，予以受理，材料不齐备的，应当一次性告知申请人或者其代理人补齐所有规定材料
低保申请者的家庭经济状况	家庭可支配收入	主要包括： ①工资性收入 ②家庭经营净（纯）收入 ③财产性收入 ④转移性收入 ⑤其他应当计入家庭收入的项目
	家庭财产	①银行存款和有价证券 ②机动车辆（残疾人功能性补偿代步机动车辆除外）、船舶 ③房屋 ④债权 ⑤其他财产
	调查方式	①信息核对 ②入户调查 ③邻里访问 ④信函索证 ⑤其他调查方式
低保申请的民主评议		低保申请的民主评议应当遵循以下程序： ①宣讲政策 ②介绍情况 ③现场评议 ④形成结论 ⑤签字确认
低保申请的审核审批以及低保金发放		①县级人民政府部门应当自收到乡镇人民政府（街道办事处）审核意见和相关材料 5 个工作日内提出审批意见。拟批准给予低保的，应当同时确定拟保障金额。不符合条件、不予批准的，应当在作审批决定 3 日内，通过乡镇人民政府（街道办事处）书面告知申请人或者代理人并说明理由 ②低保金应当按月发放，每月 10 日前发放到户。金融服务不发达的农村地区，每季度初 10 日前发放到户
低保动态管理		县级人民政府民政部门应当根据低保对象的年龄、健康状况、劳动能力以及家庭收入来源等情况对低保家庭实行分类管理

二、特困人员供养法规和政策

1. 特困人员的定义

国家对无劳动能力、无生活来源且无法定赡养、抚养、扶养义务人，或者其法定赡养、抚养、扶养义务人无赡养、抚养、扶养能力的老年人、残疾人以及未满16周岁的未成年人，定义为特困人员，由国家供养。

2. 特困人员供养的内容与方式

（1）提供基本生活条件；
（2）对生活不能自理的给予照料；
（3）提供疾病治疗；
（4）办理丧葬事宜。

3. 特困人员供养申请

4. 特困人员供养的终止

三、农村五保供养法规与政策

政策依据：2006年修订的《农村五保供养工作条例》。

（一）农村五保供养的对象与内容（表3-3-4）

表3-3-4　农村五保供养的对象与内容

要点	内容
对象	老年、残疾、未满16周岁的农村居民，无劳动能力又无生活来源、无法定赡养、抚养、扶养义务人，或者赡养、抚养、扶养义务人丧失相应能力
内容	①吃：供给粮油、副食品和生活用燃料 ②穿：供给服装、被褥等生活用品和零用钱 ③住：提供符合基本居住条件的住房 ④医：提供疾病治疗，对生活不能自理的给予照料 ⑤葬：办理丧葬事宜 未满16周岁或已满16周岁仍在接受义务教育的，应当保障他们依法接受义务教育所需的费用

（二）农村五保供养的标准与形式

1. 农村五保供养的标准（表3-3-5）

表3-3-5　农村五保供养的标准

要点	内容
一般原则	不得低于当地村民的平均生活水平
增长机制	根据当地村民平均生活水平的提高适时调整
标准的制定	①由省、自治区、直辖市人民政府制定，在本行政区域内公布执行 ②由设区的市级或者县级人民政府制定，报所在的省、自治区、直辖市人民政府备案后公布执行

2. 农村五保供养的形式（表3-3-6）

表3-3-6　农村五保供养的形式

要点	内容
集中供养	由政府开办的养老院供养，即由农村五保供养服务机构（敬老院）提供服务
分散供养（居家供养）	①由村民委员会提供照料 ②农村五保供养服务机构提供供养服务 ③由村民委员会委托村民提供照料

3. 农村五保供养的资金（表3-3-7）

表3-3-7　农村五保供养的资金

要点	内容
列入政府预算	供养资金在地方人民政府预算中安排
中央财政补助	中央财政对财政困难地区的农村五保供养给予补助
农村集体经营收入补助和改善五保对象生活	在有农村集体经营等收入的地方，可以从农村集体经营等收入中安排资金，用于补助和改善农村五保供养对象的生活
代耕收益归个人	农村五保供养对象将承包土地委托他人代耕的，其收益归该农村五保供养对象所有

（三）农村五保供养的申请、审批与核销（表3-3-8）

表3-3-8　农村五保供养的申请、审批与核销

要点	内容
农村五保供养的办理机构	①民政部：负责全国的管理、监督 ②县级以上地方各级人民政府民政部门：负责本行政区域内的管理、监督 ③乡、民族乡、镇人民政府：负责具体管理实施 ④村民委员会：协助实施
农村五保供养的申请与审批程序	本人提出申请→村民委员会民主评议→乡、民族乡、镇人民政府审核（20日内）→县级民政部门审批
农村五保供养的核销	五保对象已不符合供养条件或五保供养对象死亡，将"农村五保供养证"注销

第三节 受灾人员救助与医疗救助法规与政策

一、受灾人员救助法规和政策（表3-3-9）

（1）国务院于2006年颁布《国家自然灾害救助应急预案》。
（2）民政部于2009年发布《民政部救灾应急工作规程》。
（3）国务院于2010年公布《自然灾害救助条例》。

表3-3-9 受灾人员救助法规和政策

要 点	内 容
自然灾害救助总则	自然灾害救助工作遵循以人为本、政府指导、分级管理、社会互助、灾民自救的原则
自然灾害救助准备工作	《自然灾害救助条例》规定县级以上地方人民政府及其有关部门应当根据有关法律、法规、规章，上级人民政府及其有关部门的应急预案以及本行政区域的自然灾害风险调查情况，制定相应的自然灾害救助应急预案 自然灾害应急预案应当包括： ①自然灾害救助应急组织指挥体系及其职责 ②自然灾害救助应急队伍 ③自然灾害救助应急资金、物资、设备 ④自然灾害的预警预报和灾情信息的报告、处理 ⑤自然灾害救助应急响应的等级和相应措施 ⑥灾后应急救助和居民住房恢复重建措施
自然灾害的应急救助工作	《自然灾害救助条例》规定，县级以上人民政府或者人民政府的自然灾害救助应急综合协调机构应当根据自然灾害预警预报启动预警响应，采取下列一项或多项措施： ①向社会发布规避自然灾害风险的警告，宣传避险常识和技能，提示公众做好自救互救的准备 ②开放应急避难场所，疏散、转移易受自然灾害危害的人员和财产，情况紧急时实行有组织的避险转移 ③加强对易受自然灾害危害的乡村、社区以及公共场所的安全保障 ④责成民政等部门做好基本生活救助的准备
自然灾害的灾后救助工作	《自然灾害救助条例》规定：受灾地区人民政府应当在确保安全的前提下，采取就地安置与异地安置、政府安置与自行安置相结合方式，对受灾人员进行过渡性安置 灾后重建，即灾区民房恢复重建，是指因自然灾害造成灾区群众住房倒塌或严重损坏需要重新建设和修缮的过程 住房重建计划和优惠政策制定：自然灾害危险消除后，受灾地区人民政府应当统筹研究制定居民住房恢复重建规划和优惠政策，组织重建或者修缮因灾损毁的居民住房，对恢复重建确有困难的家庭予以重点帮扶。居民住房恢复重建应当因地制宜、经济实用，确保房屋建设质量符合防灾减灾要求

(续表 3-3-9)

要　点	内　容
自然灾害的灾后救助工作	自然灾害发生后的当年冬季、次年春季，受灾地区人民政府应当为生活困难的受灾人员提供基本生活救助。受灾地区县级人民政府民政部门应当在每年10月底前统计、评估本行政区域受灾人员当年冬季、次年春季的基本生活困难和需求，核实救助对象
自然灾害的救助款物管理	县级以上人民政府财政部门、民政部门负责自然灾害救助资金分配、管理并监督使用情况。县级以上人民政府民政部门负责调拨、分配、管理自然灾害救助物资 自然灾害救助款物应当用于受灾人员的紧急转移安置，基本生活救助，医疗救助，教育、医疗等公共服务设施和住房的恢复重建，自然灾害救助物资的采购、储存和运输，以及因灾遇难人员亲属的抚慰等项支出
自然灾害救助中的法律责任	行政机关工作人员有下列行为之一的，由任免机关或监察机关依照法律法规给予处分；构成犯罪的，依法追究刑事责任： ①迟报、谎报、瞒报自然灾害损失情况，造成后果的 ②未及时组织受灾人员转移安置，或者在提供基本生活救助、组织恢复重建过程中工作不力，造成后果的 ③截留、挪用、私分自然灾害救助款物或捐赠物资的 ④不及时归还征用的财产，或者不按照规定给予补偿的 ⑤有滥用职权、玩忽职守、徇私舞弊等行为的

二、医疗救助法规和政策

政策依据：

（1）2003年民政部、财政部、卫生部联合发布《关于实施农村医疗救助的意见》。

（2）2005年民政部等部委发布《关于建立城市医疗救助制度试点工作的意见》。

（3）2009年民政部等部委发布《关于进一步完善城乡医疗救助制度的意见》。

（一）城乡医疗救助的对象（表 3-3-10）

表 3-3-10　城乡医疗救助的对象

要　点	内　容
城市医疗救助的对象	①未参加职工基本医疗保险的低保对象 ②已参加职工基本医疗保险但负担仍较重的人员及其他特殊困难群众
农村医疗救助的对象	①五保户、贫困户家庭成员 ②地方政府规定的其他符合条件的贫困农民
城乡医疗救助对象范围的最新扩展	2009年《关于进一步完善城乡医疗救助制度的意见》提出逐步将其他经济困难家庭人员纳入，主要包括低收入家庭重病患者及其他特殊困难人员

（二）城乡医疗救助的形式

1. 城市医疗救助的形式
（1）社会力量资助。
（2）城市医疗救助基金补助。
（3）医疗机构减免有关费用。
2. 农村医疗救助的形式（表3-3-11）

表3-3-11　农村医疗救助的形式

要　点	内　容
开展新型农村合作医疗的地区	①资助医疗救助对象缴纳个人负担的全部或部分资金 ②因患大病经合作医疗补助后个人负担医疗费用过高，影响家庭基本生活的，再给予适当的医疗救助
尚未开展新型农村合作医疗的地区	因患大病个人负担费用难以承担，影响家庭基本生活的，给予适当的医疗救助
国家规定的特种传染病救治费用	按有关规定给予补助

（三）城乡医疗救助的申请与审批程序

1. 城市医疗救助的申请与审批程序（表3-3-12）

表3-3-12　城市医疗救助的申请与审批程序

要　点	内　容
申　请	向户籍所在地的社区居委会提出书面申请
核　查	街道办事处或乡镇人民政府医疗救助部门对申请进行核查
审　批	区（县）民政局签署审批意见

2. 农村医疗救助的申请与审批程序（表3-3-13）

表3-3-13　农村医疗救助的申请与审批程序

要　点	内　容
申　请	申请人（户主）向村民委员会提交申请
审　核	乡镇人民政府逐项审核
审　批	县级民政部门复审核实，签署审批意见

（四）城乡医疗救助基金的筹集和管理（表3-3-14）

表3-3-14　城乡医疗救助基金的筹集和管理

要　点	内　容
政策依据	财政部和民政部共同制定的《城乡医疗救助基金管理办法》

(续表 3-3-14)

要　点	内　容
定　义	城乡医疗救助基金指通过公共财政预算、彩票公益金和社会各界捐助等渠道筹集，按规定用于城乡贫困家庭医疗救助的专项基金
原　则	应当按照公开、公平、公正、专款专用、收支平衡的原则进行使用和管理
实行方式	城乡医疗救助基金纳入社会保障基金财政专户，实行分账核算、专项管理、专款专用
	县级政府合并了原来在社保基金专户中分设的"城市医疗救助基金专账"和"农村医疗救助基金专账"，建立"城乡医疗救助基金专账"，用于办理基金的筹集、核拨、支付等业务
城乡医疗救助基金的筹集	城乡医疗救助基金来源主要包括以下几种： ①地方各级财政部门每年根据本地区开展城乡医疗救助工作的实际需要，按照预算管理的相关规定，在年初公共政府预算和彩票金中安排的城乡医疗救助资金 ②社会各界自愿捐赠的资金 ③城乡医疗救助基金形成的利息收入 ④按规定可用于城乡医疗救助的其他资金
城乡医疗救助基金的使用	城乡医疗救助基金应分别结合城镇居民基本医疗保险和新型农村合作医疗制度的相关政策规定，统筹考虑城乡困难群众的救助需求，首先确保资助对象全部参加基本医疗保险，其次对经基本医疗保险、大病保险和商业保险等补偿后，救助对象仍难以负担的符合规定的医疗费用给予补助，帮助困难群众获得基本医疗服务
城乡医疗救助基金的支出	城乡医疗救助基金原则上实行财政直接支付
城乡医疗救助基金的管理	城乡医疗救助基金年终结余资金可以结转下年度继续使用。基金累计结余一般应不超过当年筹集基金的15%

第四节　教育救助与住房救助法规与政策

一、教育救助法规与政策

（一）教育救助的形式与标准（表 3-3-15）

表 3-3-15　教育救助的形式与标准

要　点	内　容
形　式	采取减免相关费用、发放助学金、给予生活补助、安排勤工助学等方式
标　准	由省、自治区、直辖市人民政府根据经济社会发展水平和教育对象的基本学习、生活需求确定并公布

（二）未成年人教育救助对象和救助目标（表 3-3-16）

表 3-3-16　未成年人教育救助对象和救助目标

要　点	内　容
救助对象 （未成年人）	①农村五保户中的未成年人 ②城市"三无"对象中的未成年人 ③持有城乡低保证的未成年人 ④农村特困家庭未成年子女 ⑤其他
教育救助 的目标	①农村五保户、城市"三无"未成年人，基本实现普通中小学免费教育 ②城乡低保及特困家庭子女义务教育阶段"两免一补"

（三）未成年人教育救助程序

（本人、监护人）申请—（村委会、居委会）调查核实—（乡镇政府、城市街道办事处）审核—（县级民政部门）复核、审批。

二、住房救助法规与政策

政策依据：

（1）2003 年建设部等部委颁布《城镇最低收入家庭廉租住房管理办法》。

（2）2007 年民政部等九部委发布《廉租住房保障办法》。

（3）2013 年国家发展改革委等颁布《关于公共租赁住房和廉租住房并轨运行的通知》。

（一）住房救助含义、标准、申请与保障（表 3-3-17）

表 3-3-17　住房救助含义、标准、申请与保障

要　点	内　容
含　义	国家对符合规定的住房困难的最低生活保障家庭、分散供养的特困人员，给予住房救助
标　准	由县级以上地方人民政府根据本行政区域经济社会发展水平、住房价格水平等因素确定并公布
申　请	申请救助的家庭经由乡镇人民政府、街道办事处或直接向县级人民政府住房保障部门提出，经县级人民政府民政部门审核家庭收入、财产状况和县级人民政府住房保障部门审核家庭住房状况并公示
保　障	通过财政收入、用地供应等措施为实施住房救助提供保障

（二）公共租赁住房和廉租住房并轨政策

（1）调整公共租赁住房年度建设计划。

（2）整合公共租赁住房政府资金渠道。

（3）进一步完善公共租赁住房租金定价机制。

（4）健全公共租赁住房分配管理制度。

第五节　就业救助、临时救助与法律援助法规与政策

一、就业救助法规与政策（表 3-3-18）

相关政策：2010 年人力资源和社会保障部发布《关于加强就业援助工作的指导意见》。

表 3-3-18　就业救助法规与政策

要　点	内　容
就业救助的含义	国家对低保家庭中处于失业状态但是有劳动能力的成员提供的关于就业工作的救助服务。低保家庭中有劳动力的成员均处于失业状态的，县级以上人民政府应当采取措施保障家庭中至少一人就业
就业救助服务内容	贷款贴息、社会保险补贴、岗位补贴、培训补贴、费用减免和公益性岗位安置
就业救助的申请与批准	向所在街道、社区公共就业服务机构提出申请，公共就业服务机构核实后予以登记并免费提供就业信息、职业介绍和职业指导等服务。低保家庭中有劳动能力但未就业成员应当接受有关部门推荐的工作。无正当理由，连续三次拒绝适合自身情况的工作，县级人民政府应当减发或停发低保金。吸纳就业救助对象的用人单位享受社保补贴、税收优惠、小额担保贷款等政策

二、临时救助法规与政策

（一）临时救助含义、申请与标准（表 3-3-19）

2014 年国务院发布《关于全面建立临时救助制度的通知》。

表 3-3-19　临时救助含义、申请与标准

要　点	内　容
临时救助的含义	临时救助是国家对遭遇突发事件、意外伤害、重大伤害、重大疾病或其他特殊原因导致基本生活陷入困境，其他社会救助制度暂时无法覆盖或救助之后基本生活暂时仍有严重困难的家庭或个人给予的应急性、过渡性的救助
临时救助的总体要求	①坚持应救尽救，确保有困难的群众都能求助有门 ②坚持适度救助，着眼于解决基本生活困难、摆脱临时困境 ③坚持公开公正，做到政策公开、过程透明、结果公正 ④坚持制度衔接，加强各项救助、保障制度的衔接配合，形成整体合力 ⑤坚持资源统筹，政府救助、社会帮扶、家庭救助有机结合
临时救助的对象	①家庭对象 ②个人对象
临时救助的申请、受理和审核审批	由于临时救助对象和困难情形具有复杂性，《国务院关于全面建立临时救助制度的通知》对临时救助申请受理规定了较为多样化的方式。凡认为符合救助条件的城乡居民家庭或个人均可以向所在地乡镇人民政府（街道办事处）提出临时救助申请，同时也可以委托其他人代为申请

(续表 3-3-19)

要点	内容	
临时救助的申请、受理和审核审批	申请临时救助，应按规定提交相关证明材料，无正当理由，乡镇人民政府（街道办事处）不得拒绝受理；因情况紧急无法在申请时提供相关证明材料的，乡镇政府（街道办事处）可先行受理	
	临时救助的审核审批，在《国务院关于全面建立临时救助制度的通知》中规定了一般程序，也规定了紧急程序	
临时救助的救助方式与救助标准	方式	发放临时救助金、发放实物、提供转介服务
	标准	要与当地经济社会发展水平相适应
临时救助的工作机制和配套措施	工作机制	①建立"一门受理、协同办理"机制 ②加快建立社会救助信息共享机制 ③建立健全社会力量参与机制 ④不断完善临时救助资金筹集机制
	保障措施	①加强组织领导 ②加强能力建设 ③加强监督管理 ④加强政策宣传

（二）流浪乞讨人员救助的对象、形式与内容

政策依据：

2003年国务院颁布《城市生活无着的流浪乞讨人员救助管理办法》。2003年民政部颁布《城市生活无着的流浪乞讨人员救助管理办法实施细则》。

1. 救助对象

城市流浪乞讨人员，且须同时具备下列条件：第一，自身无力解决食宿；第二，无亲友投靠；第三，不享受城市最低生活保障或农村五保供养。

2. 救助的形式（表3-3-20）

表3-3-20 救助的形式

要点	内容	
主要形式	设立救助站	县级以上城市人民政府应当根据需要设立流浪乞讨人员救助站
	告知其向救助站求助	公安机关和其他有关行政机关的工作人员在执行职务时发现流浪乞讨人员的，应当告知其向救助站求助
	护送到救助站	对残疾人、未成年人、老年人和行动不便的其他人员，还应当引导、护送到救助站
性质	救助站对流浪乞讨人员的救助是一项临时性社会救助措施	
救助期限	一般不超过10天，因特殊情况需要延长的，报上级民政主管部门备案	

3. 救助的内容

（1）提供符合食品卫生要求的食物。

（2）提供符合基本条件的住处。

（3）受助人员在站内突发急病的，及时送医疗机构治疗。

（4）帮助与其亲属或所在单位联系。
（5）对于没有交通费返回常住户口所在地、住所地或者所在单位的，发给乘车（船）凭证。

（三）流浪乞讨人员救助的程序

（1）提出救助需求：自愿原则。
（2）核实基本情况。
（3）决定是否救助。
（4）终止救助。

三、法律援助法规与政策

法律依据：2003年《法律援助条例》。

（一）法律援助的对象与范围（表3-3-21）

法律援助是指为了保障经济困难公民获得必要的法律服务，政府提供给他们的法律咨询、代理、刑事辩护等无偿法律服务。

表3-3-21 法律援助的对象与范围

要点		内容
援助对象		主要是经济困难的公民
援助范围	代理	①依法请求国家赔偿的 ②请求给予社会保险待遇或者最低生活保障待遇的 ③请求发给抚恤金、救济金的 ④请求给付赡养费、抚养费、扶养费的 ⑤请求支付劳动报酬的 ⑥主张因见义勇为行为产生的民事权益的
	刑事辩护	①犯罪嫌疑人因经济困难未聘请律师 ②被害人及其法定代理人或近亲属没有委托诉讼代理人的 ③自诉人及其法定代理人没有委托诉讼代理人的
	公诉	①被告人有意愿委托辩护但无经济能力负担代理费 ②被告人是视力、听力、语言残疾者而没有委托辩护人的 ③被告人是未成年人而没有委托辩护人的 ④被告人可能被判处死刑而没有委托辩护人的

（二）法律援助的申请和审查程序（表3-3-22）

表3-3-22 法律援助的申请和审查程序

要点		内容
申请程序	代理	向被请求的义务机关所在地的法律援助机构提出申请 ①请求国家赔偿的，向赔偿义务机关所在地的法律援助机构提出申请 ②请求给付赡养费、抚养费、扶养费的，向给付赡养费、抚养费、扶养费的义务人住所地的法律援助机构提出申请

(续表 3-3-22)

要　点	内　容	
申请程序	代　理	③请求支付劳动报酬的，向支付劳动报酬的义务人住所地的法律援助机构提出申请
	刑事辩护	①一般情况 应当向审理案件的人民法院所在地的法律援助机构提出申请 ②被羁押的犯罪嫌疑人的申请 由看守所在24小时内转交法律援助机构。申请法律援助所需提交的有关证件、证明材料由看守所通知申请人的法定代理人或者近亲属协助提供
所需材料		公民申请民事代理、刑事辩护的法律援助应当提交下列证件、证明材料： ①身份证或者其他有效的身份证明，代理申请人还应当提交有代理权的证明 ②经济困难的证明 ③与所申请法律援助事项有关的案件材料 申请应当采用书面形式，填写申请表；以书面形式提出申请确有困难的，可以口头申请，由法律援助机构工作人员或者代为转交申请的有关机构工作人员作书面记录
审查程序	审　查	法律援助机构收到法律援助申请后，应当进行审查
	补充或说明	认为申请人提交的证件、证明材料不齐全的，可以要求申请人作出必要的补充或者说明
	视为撤销	申请人未按要求作出补充或者说明的，视为撤销申请
	查　证	认为申请人提交的证件、证明材料需要查证的，由法律援助机构向有关机关、单位查证
	决定或告知	对符合法律援助条件的，法律援助机构应当及时决定提供法律援助；对不符合法律援助条件的，应当书面告知申请人理由

（三）法律援助的实施

1. 指派辩护人或律师（表 3-3-23）

表 3-3-23　指派辩护人或律师

要　点	内　容
通知书送交法律援助机构	由人民法院指定辩护的案件，人民法院在开庭10日前将指定辩护通知书和起诉书副本或者判决书副本送交其所在地的法律援助机构；人民法院不在其所在地审判的，可以将指定辩护通知书和起诉书副本或者判决书副本送交审判地的法律援助机构
指派律师	法律援助机构可以指派律师事务所安排律师或者安排本机构的工作人员办理法律援助案件，也可以根据其他社会组织的要求，安排其所属人员办理法律援助案件

2.终止法律援助与结案程序

（1）受援人的经济收入状况发生变化，不再符合法律援助条件的。

（2）案件终止审理或者已被撤销的。

（3）受援人又自行委托律师或者其他代理人的。

（4）受援人要求终止法律援助的。

第四章　我国特定人群权益保护法规与政策

本章知识体系

我国特定人群权益保护法规与政策
- 老年人权益保护的法规与政策
- 妇女权益保护的法规与政策
- 未成年人权益保护的法规与政策
- 残疾人权益保护的法规与政策

第一节　老年人权益保护的法规与政策

一、老年人合法权益的主要内容（表3-4-1）

表3-4-1　老年人合法权益的主要内容

要点	内容	
家庭赡养	①护理与照料 ②扶养与监护 ③婚姻自由权 ④财产与继承权 ⑤赡养协议 ⑥家庭养老政策支持	
社会保障	①社会保险 ②护理保障 ③社会救助 ④住房保障 ⑤社会福利 ⑥社会扶养 ⑦保障措施	
社会服务	发展目标	到2020年，全面建成以居家为基础，社区为依托，机构为支撑的，功能完善、规模适度、覆盖城乡的养老服务体系
	主要任务	①统筹规划发展城市养老服务设施 ②大力发展居家养老服务网络 ③大力加强养老机构建设 ④切实加强农村养老服务 ⑤繁荣养老服务消费市场 ⑥积极推进医疗卫生与养老服务相结合

（续表 3-4-1）

要　点	内　容	
社会服务	政策措施	①完善投融资政策 ②完善土地供应政策 ③完善税费优惠政策 ④完善补贴支持政策 ⑤加快推进政府购买养老服务工作 ⑥完善人才培养和就业政策 ⑦鼓励公益慈善组织支持养老服务
社会优待	①社会服务优待 ②法律服务优待 ③医疗服务优待 ④公共服务优待	
宜居环境	2012年新修订通过的《老年人权益保障法》规定国家采取措施，推进宜居环境建设，为老年人提供安全、便利和舒适的环境	
参与 社会发展	①尊重老年人意见 ②为老年人参与社会发展创造条件 ③维护老年人收入和劳动安全 ④开展老年人教育 ⑤丰富老年人精神文化生活	

二、老年人权益保障的法律责任

《老年人权益保障法》明确规定，老年人合法权益受到侵害的，被侵害人或者其代理人有权要求有关部门处理，或者依法向人民法院提起诉讼。人民法院和有关部门，对侵犯老年人合法权益的申诉、控告和检举，应当依法及时受理，不得推诿、拖延。

第二节　妇女权益保护的法规与政策

一、妇女权益的主要内容（表3-4-2）

表3-4-2　妇女权益的主要内容

要　点	内　容	
政治权利	含　义	妇女享有与男子平等的选举权和被选举权，参与公共事务管理的权利
	实现形式	①在人大代表中有适当数量的妇女代表 ②重视培养、选拔女干部担任领导成员

(续表3-4-2)

要点		内容
文化教育权益	含义	妇女在文化教育和科学研究中享有与男子同等的权利
	实现形式	①教育机会平等 ②教育权利保障 ③继续教育与职业教育 ④文化权利平等
劳动和社会保障权益	含义	妇女在岗位录用、薪酬、晋职晋级、职称评定等各方面享有与男子平等的权利
	实现形式	①女职工录用 ②薪酬待遇与职务晋升 ③劳动保护 ④社会保障
财产权益	含义	国家保障妇女享有与男子平等的财产权利
	实现形式	土地承包和财产继承
人身权益	含义	妇女享有与男子同等的人身权利
	包括	人身自由权、生命健康权、肖像权、名誉权和人格权、防止性侵犯等权利
婚姻家庭权益	含义	国家保障妇女享有与男子平等的婚姻家庭权利
	包括	婚姻自主权、生育权、家庭财产权、子女监护权、反对家庭暴力

二、妇女权益保护的法律责任（表3-4-3）

表3-4-3 妇女权益保护的法律责任

要点	内容
妇女维护自己合法权益的方式	妇女的合法权益受到侵害的，有权要求有关部门依法处理，或者依法向仲裁机构申请仲裁，或者向人民法院起诉
妇女组织责任	妇女合法权益受到侵害的，可以向妇女组织投诉，妇女组织应当维护被侵害妇女的合法权益，有权要求并协助有关部门或者单位查处 妇女联合会或者相关妇女组织对侵害特定妇女群体利益的行为，可以通过大众传播媒体揭露、批评，并有权要求有关部门依法查处
侵害妇女权益的法律责任	侵害妇女的合法权益，其他法律、法规规定行政处罚的，从其规定；造成财产损失或者其他损害的，依法承担民事责任；构成犯罪的，依法追究刑事责任

第三节　未成年人权益保护的法规与政策

一、未成年人权益的主要内容（表3-4-4）

表3-4-4　未成年人合法权益的主要内容

要　点	内　容
生存权	未成年人最基本的权利，禁止对未成年人实施家庭暴力，禁止虐待、遗弃未成年人
发展权	享有足以促进未成年人生理、心理、精神、道德和社会发展的生活水平的权利
受保护权	未成年人依法接受来自家庭、社区、社会组织和整个社会的特别爱护，免受可能遇到的伤害、破坏或有害的影响
参与权	未成年人参加各种社会生活和与自身利益相关的社会活动并通过发表言论和采取行动对其产生影响的权利
受教育权	未成年人的父母或合法的监护人应当尊重未成年人受教育的权利，必须使适龄未成年人依法入学接受并完成义务教育

二、保障未成年人权益的方法（表3-4-5）

表3-4-5　保障未成年人权益的方法

要　点	内　容
家庭保护	①监护和抚养 ②关爱与引导 ③教育培养 ④民主尊重
学校保护	①实施素质教育 ②关爱与尊重 ③开展成长教育 ④确保健康与安全 ⑤对有严重不良行为的未成年学生实施专门教育
社会保护	①创造良好的社会文化环境 ②维护受教育权 ③为未成年人提供多样化的活动场所 ④为未成年人提供丰富健康的文化产品 ⑤净化未成年人的生活环境（禁止向未成年人出售烟酒） ⑥为未成年人实施特殊的劳动保护（不得招用未满16周岁的未成年人） ⑦尊重未成年人的隐私 ⑧保护未成年人的人身与生命安全（突发事故时，优先救护未成年人） ⑨为特殊需要的未成年人提供社会救助 ⑩预防网瘾

(续表 3-4-5)

要点	内容
社会保护	⑪ 为未成年人提供安全的消费和娱乐产品 ⑫ 加强卫生保健与预防疾病 ⑬ 支持鼓励发展幼儿教育 ⑭ 保护未成年人的智力成果与名誉权 ⑮ 为完成义务教育不再升学的未成年人提供职业教育
司法保护	① 及时审理侵害未成年人合法权益案件 ② 提供法律援助或司法救助 ③ 保护未成年人的继承权和受遗赠权 ④ 强化父母和监护人的监护与抚养责任 ⑤ 审理未成年人案件要适应未成年人的身心发展特点 ⑥ 对违法犯罪的未成年人实行教育、感化、挽救的方针

三、对未成年人不良行为和犯罪的预防和矫治

（一）对未成年人不良行为的预防（表 3-4-6）

表 3-4-6　对未成年人不良行为的预防

要点	内容
青少年不良行为的界定	《预防未成年人犯罪法》规定，青少年的以下行为属于不良行为： 旷课，夜不归宿；携带管制刀具；打架斗殴，辱骂他人；强行向他人索要财物；偷窃，故意毁坏财物；参与赌博或者变相赌博；观看、收听色情、淫秽的音像制品、读物等；进入法律、法规规定未成年不适宜进入的营业性歌舞厅等场所；其他严重违背社会公德的不良行为
预防未成年人不良行为的措施	① 对未成年人的教育与监控 ② 学校教育与管理 ③ 社会环境监控与管理 ④ 传媒与出版物管理

（二）对未成年人严重不良行为的矫治（表 3-4-7）

表 3-4-7　对未成年人严重不良行为的矫治

要点	内容
严重不良行为的界定	《预防未成年人犯罪法》规定了九种严重不良行为： 纠集他人结伙滋事，扰乱治安；携带管制刀具，屡教不改；多次拦截殴打他人或者强行索要他人财物；传播淫秽的读物或者音像制品等；进行淫乱或者色情、卖淫活动；多次偷窃；参与赌博，屡教不改；吸食、注射毒品；其他严重危害社会的行为
对未成年人严重不良行为的矫治	① 工读学校矫治 ② 司法矫治 ③ 社会包容

（三）对未成年人重新犯罪的预防措施

（1）未成年人犯罪案件不公开审理和报道。
（2）对未成年人罪犯分别关押、分别管理、分别教育。
（3）对犯罪未成年人开展法制教育、义务教育和职业技术教育。
（4）对违法犯罪未成年人进行社会帮教和权利维护。

（四）预防未成年人犯罪的法律责任

（1）未成年人父母或其他监护人责任。
（2）公安机关的工作人员责任。
（3）出版者责任。
（4）销售者责任。
（5）传播者责任。
（6）营业性场所责任。
（7）教唆、胁迫、引诱者责任。

四、孤儿和流浪未成年人的保护与安置（表3-4-8）

表3-4-8　孤儿和流浪未成年人的保护与安置

要　点	内　容
孤儿安置	①亲属抚养 ②机构养育 ③家庭寄养 ④依法收养
孤儿基本权益	①建立孤儿基本生活保障制度 ②提高孤儿医疗康复保障水平 ③落实孤儿教育保障政策 ④扶持孤儿成年后就业 ⑤加强孤儿住房保障和服务
儿童福利机构设施和工作队伍建设	①完善儿童福利机构设施 ②加强儿童福利机构工作队伍建设 ③发挥儿童福利机构的作用
流浪未成年人救助保护	①实行更加积极主动的救助保护 ②加大打击拐卖未成年人犯罪力度 ③帮助流浪未成年人及时回归家庭 ④做好流浪未成年人的教育矫治 ⑤强化流浪未成年人源头预防和治理

第四节 残疾人权益保护的法规与政策

一、残疾人权益的主要内容（表 3-4-9）

表 3-4-9 残疾人合法权益的主要内容

要　点	内　　容
康　复	国家和社会采取措施，帮助残疾人恢复或者补偿功能，增强其参与社会生活的能力
教　育	国家保障残疾人受教育的权利。具体包括五层含义： ①义务教育与特殊资助 ②以特性施教 ③国家举办残疾人教育机构，并鼓励社会力量办学、捐资助学 ④普通教育机构对具有接受普通教育能力的残疾人实施教育 ⑤政府有关部门、残疾人所在单位和社会应当对残疾人开展扫除文盲、职业培训和其他成人教育，鼓励残疾人自学成才
劳动就业	国家保障残疾人劳动的权利，为残疾人创造劳动就业条件
文化生活	国家和社会鼓励、帮助残疾人参加各种文化、体育、娱乐活动，努力满足残疾人精神文化生活的需要
社会保障	国家和社会采取扶助、救济和其他福利措施，保障和改善残疾人的生活。具体包括： ①对生活确有困难的残疾人，通过多种渠道给予救济、补助 ②对无劳动能力、无法定扶养人、无生活来源的残疾人，按照规定予以供养、救济 ③鼓励、帮助残疾人参加社会保险 ④残疾人搭乘公共交通工具，给予便利和优惠
无障碍环境	①无障碍设施的建设和改造 ②信息交流无障碍 ③公共服务无障碍 ④政治参与无障碍
农村残疾人扶贫开发	**任务目标**：到 2020 年，稳定实现农村残疾人不愁吃、不愁穿，全面保障平等享受基本医疗、基本养老、教育、住房和康复服务 **政策保障**：提出了要落实贯彻国家和地方各项帮扶残疾人的法律法规、优惠政策和扶助规定，保障农村残疾人各项合法权益 **扶持措施**：提供教育、康复、托养、文化体育、法律援助和法律服务等方面的具体措施

二、残疾人权益保障的法律责任

残疾人的合法权益受到侵害的，有权要求有关部门依法处理，或者依法向仲裁机构申请仲裁，或者依法向人民法院提起诉讼。对有经济困难或者其他原因确需法律援助或者司法救助的残疾人，当地法律援助机构或者人民法院应当给予帮助，依法为其提供法律援助或者司法救助。残疾人权益保障的法律责任主要包括残疾人组织责任、侵害残疾人的合法权益的法律责任、行政执法人员责任三方面。

第五章 我国婚姻家庭法规与政策

本章知识体系

我国婚姻家庭法规与政策 { 婚姻家庭关系法规与政策
　　　　　　　　　　　　 收养关系的法规与政策
　　　　　　　　　　　　 财产继承的法规与政策

第一节 婚姻家庭关系法规与政策

一、关于结婚的法律规定

（一）结婚的条件（表 3-5-1）

表 3-5-1　结婚的条件

要　点	内　　容
必备条件	①男女双方必须完全自愿 ②男女双方必须达到法定婚龄（男不得早于 22 周岁，女不得早于 20 周岁） ③必须符合一夫一妻制
禁止条件	①禁止直系血亲和三代以内旁系血亲结婚 ②禁止患有特定疾病的人结婚

（二）结婚的程序（表 3-5-2）

表 3-5-2　结婚的程序

要　点	内　　容
结婚登记机关	一方当事人常住户口所在地的民政机关
结婚登记程序	申请—审查—登记

（三）无效婚姻和可撤销婚姻（表 3-5-3）

表 3-5-3　无效婚姻和可撤销婚姻

要　点		内　　容
无效婚姻	种　类	①违反一夫一妻制的无效婚姻 ②当事人为禁止结婚的亲属关系的无效婚姻 ③患有禁止结婚疾病的无效婚姻 ④未到法定婚龄的无效婚姻

（续表3-5-3）

要点		内容
无效婚姻	请求权人	有权依法向人民法院申请宣告婚姻无效的主体：婚姻当事人及利害关系人
	请求权期间	当事人依法向人民法院申请宣告婚姻无效的，申请时法定的无效婚姻的情形已经消失的，人民法院不予支持
	宣告婚姻无效的机关及程序	宣告机关：人民法院 程序：法院对婚姻效力的审理不适用调解，应当依法做出判决，判决一经做出即发生法律效力，当事人不得就婚姻效力问题提出上诉
	法律后果	①当事人不具有夫妻的权利和义务 ②我国法律对无效婚姻与可撤销婚姻的效力均采取溯及既往的原则 ③无效婚姻双方当事人同居期间所得的财产，由当事人协议处理；协议不成时，由人民法院根据照顾无过错方的原则判决 ④无效婚姻当事人所生子女受法律保护
可撤销婚姻	请求权人	因受胁迫而请求撤销婚姻的，只能是受胁迫一方的婚姻关系当事人本人
	请求权期间	受胁迫的一方请求撤销婚姻的，应当自结婚登记之日起一年内提出
	宣告机关和程序	宣告机关：婚姻登记机关/人民法院 程序：适用简易程序或普通程序
	法律后果	与无效婚姻相同

（四）事实婚姻

事实婚姻是法律婚姻的对称，是指符合结婚实质要件的男女未办结婚登记手续而以夫妻名义同居生活，在事实上、客观上形成婚姻关系，群众也认为是婚姻关系的结合。区别事实婚姻和法律婚姻的首要标志是是否办理了结婚登记手续。

二、家庭关系中权利和义务的法律规定

（一）夫妻关系（表3-5-4）

表3-5-4 夫妻关系

要点		内容
夫妻人身关系	含义	基于夫妻身份发生的本身不具有直接经济内容的关系
夫妻人身关系	权利	①姓名权（子女可以随父姓，也可以随母姓） ②职业、学习和社会活动自由权 ③婚姻住所决定权（男方可以成为女方家庭成员） ④日常家事代理权 ⑤计划生育义务 ⑥扶养的权利与义务 ⑦继承权

(续表 3-5-4)

要　点	内　　容
夫妻 财产关系	①夫妻对共同财产有平等的所有权 ②夫妻相互扶养的义务 ③夫妻相互继承权（夫妻互为第一顺序继承人）

（二）夫妻财产制（表 3-5-5）

表 3-5-5　夫妻财产制

要　点		内　　容
法定财产制	含　义	夫妻未对财产进行约定、约定不明确或无效后的情况下，依法应当适用的财产制形式
	共同财产的范围	①工资、奖金 ②生产、经营的收益 ③知识产权的收益 ④继承或赠予所得的财产，婚姻法另有规定的除外 ⑤其他应归共同所有的财产
	个人特有财产的范围	①夫妻一方所有的婚前财产 ②夫妻一方因身体受到伤害获得的医疗费、残疾人生活补助费等费用 ③遗嘱与遗赠合同中确定只归夫妻一方所有的财产 ④夫妻一方专用的生活用品 ⑤其他应归夫妻一方所有的财产

（三）父母子女关系

1. 我国《婚姻法》规定的父母子女关系有两大类
（1）自然血亲：婚生的父母子女关系、非婚生的父母子女关系。
（2）法律拟制：养父母子女关系、形成抚养教育关系的继父母子女关系。
2. 父母子女间的权利与义务关系
（1）父母对子女有抚养教育的权利和义务。
（2）父母对未成年子女有保护和教育的权利和义务。
（3）子女对父母有赡养扶助的义务。
（4）父母子女有相互继承遗产的权利。

（四）祖孙、兄弟姐妹关系（表 3-5-6）

表 3-5-6　祖孙、兄弟姐妹关系

要　点	内　　容
祖孙关系	①祖（外祖）父母对孙（外孙）子女的抚养义务（条件限制） ②孙（外孙）子女对祖（外祖）父母有赡养义务（条件限制） ③祖孙是第二顺序法定继承人
兄弟姐妹 关系	①成年的兄姐对未成年的弟妹有扶养义务 ②受过兄姐扶养的弟妹对兄姐有扶养义务 ③兄弟姐妹是第二顺序法定继承人

三、离婚的条件和程序

（一）登记离婚

登记离婚也叫行政程序离婚，是指夫妻双方自愿离婚，并对与离婚有关的子女和财产等问题达成一致，经过有关行政部门认可即可解除婚姻关系的一种离婚制度。

登记离婚的条件：

（1）双方自愿。

（2）就子女抚养、财产分割问题已达成书面协议。

离婚登记的程序：申请、审查、登记。

（二）诉讼离婚（表3-5-7）

诉讼离婚是指夫妻双方对离婚或者离婚后子女抚养或财产分割等问题不能达成协议，由一方向人民法院提出诉讼，由人民法院裁决的一种离婚制度。

表3-5-7 诉讼离婚

要 点	内 容
法定理由	感情确已破裂，调解无效 视为感情破裂的法定情形： ①重婚或有配偶者而与他人同居的 ②实施家庭暴力或虐待、遗弃家庭成员的 ③有赌博、吸毒等恶习屡教不改的 ④因感情不和分居满两年的
程 序	调解—判决
关于离婚的两项特别规定	①现役军人离婚： 现役军人的配偶要求离婚须得军人同意，但军人一方有重大过错的除外 ②女方在特殊情况下的离婚： 女方在怀孕期间、分娩后一年内或中止妊娠后六个月内，男方不得提出离婚。女方提出离婚的，或人民法院认为确有必要受理男方离婚请求的，不在此限

四、离婚的法律后果

（一）离婚对夫妻的法律后果（表3-5-8）

表3-5-8 离婚对夫妻的法律后果

要 点		内 容
离婚在夫妻身份关系上的后果		①夫妻身份消失 ②相互扶养的权利义务终止 ③夫妻继承权丧失
离婚在夫妻财产关系上的后果	夫妻共同财产的分割原则	①男女平等 ②照顾女方以及子女利益 ③不损害国家、集体和他人利益

(续表 3-5-8)

要 点		内 容
离婚在夫妻财产关系上的后果	夫妻共同财产的分割原则	④照顾无过错方 ⑤有利生产、方便生活 ⑥尊重当事人意愿
	对外债务的清偿	共同债务共同清偿、个人债务个人偿还
	离婚家务补偿 适用情形	适用于在婚姻关系存续期间采用分别财产制的双方
	离婚家务补偿 适用条件	一方因抚养教育子女、照顾老人、协助另一方工作等付出较多义务的，离婚时，有权向另一方请求补偿
	离婚经济帮助 经济帮助的性质	它是解除婚姻关系时的一种善后措施
	离婚经济帮助 经济帮助的条件	①提出请求的一方必须有生活困难 ②提供帮助的一方须有负担能力
	离婚损害赔偿 适用情形	①重婚 ②有配偶者与他人同居 ③实施家庭暴力 ④虐待、遗弃家庭成员

（二）离婚对子女的法律后果（表 3-5-9）

表 3-5-9 离婚对子女的法律后果

要 点	内 容
离婚后的父母子女关系	父母与子女间的关系，不因父母离婚而解除
离婚后子女抚养问题	①离婚后，父母对于子女仍有抚养和教育的权利和义务 ②离婚后，哺乳期内的子女，以随哺乳的母亲抚养为原则。哺乳期后的子女，如双方因抚养问题发生争执不能达成协议时，由人民法院根据子女的权益和双方的具体情况判决 ③离婚后，一方抚养的子女，另一方应负担必要的生活费和教育费的一部分或全部。负担费用的多少和期限的长短，由双方协议；协议不成时，由人民法院判决 关于子女生活费和教育费的协议或判决，不妨碍子女在必要时向父母任何一方提出超过协议或判决原定数额的合理要求
离婚后探望权问题	①离婚后，不直接抚养子女的父或母，有探望子女的权利，另一方有协助的义务 ②行使探望权利的方式、时间由当事人协议；协议不成时，由人民法院判决 ③父或母探望子女，不利于子女身心健康的，由人民法院依法中止探望的权利；中止的事由消失后，应当恢复探望的权利

(续表 3-5-9)

要 点	内 容
离婚救济制度	离婚救济制度是在离婚财产分割制度之外，为夫妻离婚时处于困难境地的弱势一方或权利受到损害一方提供的法律救济。主要包括离婚经济帮助制度和离婚损害赔偿制度

五、婚姻违法行为的法律责任及对受害人的救助措施（表3-5-10）

表 3-5-10　婚姻违法行为的法律责任及对受害人的救助措施

要 点		内 容
含 义		是指有关机关和组织对遭受家庭成员非法侵害的受害人提供各种救济、帮助的手段及办法
救助措施和法律责任内容	救助措施种类	①劝阻：村（居）民委员会、所在单位等应当予以劝阻 ②调解 ③制止：公安机关对正在实施的家庭暴力予以强制终止
	侵害家庭成员权益的法律责任	①侵害家庭成员权益的民事责任 行为人侵害家庭成员合法权益，应承担的民事责任方式主要包括：停止侵害，排除妨碍，消除危险，返还财产，恢复原状，赔偿损失，消除影响，恢复名誉，赔礼道歉，丧失继承权，丧失监护权，中止探望权，解除收养关系 ②侵害家庭成员权益的刑事责任 ③侵害家庭成员权益的行政责任

第二节　收养关系法规与政策

一、收养关系成立的条件和程序

（一）一般收养成立的条件（表3-5-11）

表 3-5-11　一般收养成立的条件

要 点	内 容
被收养人应具备的条件	有下列情形之一的不满14周岁的未成年人可以被收养 ①丧失父母的孤儿 ②查找不到生父母的弃婴和儿童 ③生父母有特殊困难无力抚养的子女
送养人的条件	①孤儿的监护人 ②社会福利机构 ③有特殊困难无力抚养子女的生父母

(续表 3-5-11)

要点		内容
收养人应具备的条件	收养人条件	①无子女 ②有抚养教育被收养人的能力 ③年满30周岁 ④未患有医学上认为不应当收养子女的疾病 ⑤只能收养一名子女
	收养的补充规定	①单身男性收养女性，年龄至少相差40周岁 ②有配偶者须夫妻共同收养
必须有成立收养关系的合意		①收养人与送养人达成合意 ②征得10周岁以上被收养人的同意

（二）特殊收养关系成立条件

《收养法》规定的特殊收养关系包括以下三类：
（1）收养三代以内同辈旁系血亲的子女；
（2）收养孤儿、残疾儿童或社会福利机构抚养的查找不到生父母的弃婴和儿童；
（3）收养继子女。

（三）收养关系成立的程序

注意：必须进行收养登记，可以订立收养协议，或办理收养公证。
（1）登记机关：县级以上民政部门。
（2）办理收养登记的程序：申请、审查、登记。

二、收养关系的法律效力（表 3-5-12）

表 3-5-12　收养关系的法律效力

要点		内容
收养的有效	收养的拟制效力	收养关系建立后收养子女与养父母是法律上的父母子女关系，也与其他近亲属有法律亲属关系
	收养的解消效力	收养关系解除后，养子女与生父母不再是法律上的父母与子女，其他近亲属关系也解除
收养行为的无效	原因	①行为人不具有相应的民事行为能力 ②当事人成立收养行为的意思表示不真实 ③违反法律或者社会公共利益的收养行为无效
	确认收养无效的程序	①收养登记机关依行政程序确认收养无效 ②人民法院依诉讼程序确认收养无效
	收养无效的法律后果	无论经哪个程序确认收养无效的，其法律后果为追溯至收养关系成立之时自始无效

三、收养解除的条件和程序

（一）协议解除（表 3-5-13）

表 3-5-13　协 议 解 除

要　点	内　　容
条　件	①当事人同意 ②双方均有完全民事行为能力 ③就财产和生活问题达成一致意见，形成协议
程　序	申请、审查、登记

（二）诉讼解除（表 3-5-14）

表 3-5-14　诉 讼 解 除

要　点	内　　容
条　件	①收养人不履行抚养义务，侵害未成年被收养人合法权益 ②养父母与成年养子女关系恶化，无法共同生活
程　序	调解、判决

四、收养解除的法律后果（表 3-5-15）

表 3-5-15　收养解除的法律后果

要　点	内　　容
收养解除的直接后果（人身关系）	①养子女与养父母以及其近亲属间的权利义务关系即行消除，即拟制直系血亲和拟制旁系血亲关系消除 ②未成年养子女和生父母以及其他近亲属间的权利义务关系自行恢复，即自然直系血亲和自然旁系血亲关系自行恢复 ③成年养子女与生父母以及其他近亲属间的权利义务关系是否恢复，可以协商确定
收养解除的间接后果（财产关系）	①经过养父母抚养的成年养子女，对缺乏劳动能力又缺乏生活来源的养父母，应当给付生活费 ②因养子女成年后虐待、遗弃养父母而解除收养关系的，养父母可以要求养子女补偿收养期间支付的生活费和教育费 ③生父母要求解除收养关系的，养父母可以要求补偿收养期间支出的生活费和教育费，但因养父母虐待、遗弃养子女而解除收养关系的除外

第三节 财产继承法规与政策

一、继承的种类及法律关系（表3-5-16）

表3-5-16 继承的种类及法律关系

要 点	内 容
继承的种类	①法定继承 ②遗嘱继承 ③本位继承 ④代位继承 ⑤转继承
继承法律关系	①其主体是指在继承法律关系中享有权利和履行义务的主体 ②其内容是指继承法律关系权利主体依法享有的权利以及继承法律关系义务主体依法履行的义务 ③其客体是指被继承人遗留的遗产

二、继承权的丧失、接受和放弃的法律规定（表3-5-17）

表3-5-17 继承权的丧失、接受和放弃的法律规定

要 点		内 容
继承权的丧失	丧失的原因	①故意杀害被继承人的 ②为争夺遗产而杀害其他继承人的 ③遗弃被继承人或者虐待被继承人情节严重的 ④伪造、篡改或者销毁遗嘱，情节严重的
	种 类	①继承权的相对丧失 ②继承权的绝对丧失
继承接受和放弃	方 式	①继承权的接受方式：可采用书面或口头形式明确作出，也可采用默示 ②继承权的放弃方式：在原则上是采用书面形式表示。若是获得继承人的承认或有其他充分证据证明的，则采用口头形式是具有法律效力的
	时 间	继承开始之后，继承人放弃继承的，应当在遗产处理前作出放弃继承权的表示。没有表示的，视为接受继承

三、法定继承的法律规定

（一）法定继承的法律规定的概述（表3-5-18）

表3-5-18 法定继承的法律规定的概述

要 点	内 容
法定继承	在没有遗赠抚养协议和遗嘱或者遗嘱无效的情况下，继承人根据法律确定的继承人范围、继承顺序以及遗产分配原则，进行遗产继承的方式

(续表3-5-18)

要　点	内　容
原　则	①继承开始后，有遗嘱的，按照遗嘱继承或者遗赠办理 ②有遗赠抚养协议的，按协议办理 ③既没有遗嘱又没有遗赠抚养协议的，适用法定继承

（二）法定继承人的范围和顺序（表3-5-19）

表3-5-19　法定继承人的范围和顺序

要　点		内　容
我国法定继承人的范围		①配偶 ②子女 ③父母 ④兄弟姐妹 ⑤祖父母、外祖父母 ⑥对公婆尽了主要赡养义务的丧偶儿媳、对岳父岳母尽了主要赡养义务的丧偶女婿
法定继承顺序	第一顺序继承人	配偶、子女、父母、丧偶儿媳和丧偶女婿（条件）
	第二顺序继承人	兄弟姐妹、祖父母、外祖父母

（三）法定继承的遗产分配原则

（1）继承开始后，先由第一顺序继承人继承。

（2）没有第一顺序继承人，或第一顺序继承人放弃继承权或丧失继承权，而全部不能参加继承时，由第二顺序继承人继承。

（3）同一顺序继承人继承遗产的份额，一般应均等。

（4）对有特殊困难或缺乏劳动能力的继承人，应予以照顾。

四、遗嘱继承（表3-5-20）

表3-5-20　遗嘱继承

要　点	内　容
遗　嘱	死者生前按照法律规定的方式对个人财产和其他事务预先作出安排并于其死亡后发生法律效力的一种法律行为
遗嘱继承	又称指定继承，是指被继承人死亡后，按其生前所立遗嘱内容，将其遗产由继承人中的一人或数人继承的一种继承方式
效力表现	①遗嘱继承优先于法定继承 ②被继承人生前立有合法的遗嘱，应当首先按遗嘱的内容进行继承 ③在没有遗嘱或遗嘱被人民法院判决无效时，才按照法定继承方式办理

（一）遗嘱的订立（表 3-5-21）

表 3-5-21　遗嘱的订立

要　点	内　容
遗嘱的内容	①应有内容：指定继承人、明确遗产、指定分配方法和份额 ②可以有：指定补充继承人、指定遗嘱执行人、规定附加义务
遗嘱的形式	①公证遗嘱（最有力、最可靠） ②自书遗嘱（最常见） ③代书遗嘱 ④录音遗嘱 ⑤口头遗嘱（限制最多） ③④⑤须有两个以上见证人在场见证

（二）遗嘱的法律效力（表 3-5-22）

表 3-5-22　遗嘱的法律效力

要　点	内　容
遗嘱有效的情形	①立遗嘱人立遗嘱时必须具有遗嘱能力 ②遗嘱必须是立遗嘱人真实、自愿的意思表示 ③遗嘱内容合法 ④遗嘱形式合法 ⑤遗嘱不得取消缺乏劳动能力又无生活来源的法定继承人必要的继承份额
遗嘱无效的情形	①无遗嘱能力的人所立遗嘱 ②受胁迫、欺诈所立的遗嘱 ③伪造的遗嘱 ④被篡改的遗嘱 ⑤没有为特定弱势继承人保留份额的遗嘱 ⑥处分不属于自己财产的部分内容

（三）遗嘱的变更、撤销和执行（表 3-5-23）

表 3-5-23　遗嘱的变更、撤销和执行

要　点	内　容
遗嘱的变更	遗嘱是要式法律行为，遗嘱人变更遗嘱与设立遗嘱的要求是相同的，都须符合法律规定的有效条件和遗嘱形式
遗嘱的撤销	常见的两种撤销遗嘱的方法： ①采用一定的方式声明撤销原遗嘱 ②以立新遗嘱的方式使原遗嘱丧失法律效力
遗嘱的执行	遗嘱生效后为实现遗嘱的内容所必要的行为及程序

五、遗赠和遗赠扶养协议的主要规定

（一）遗赠（表 3-5-24）

表 3-5-24　遗　赠

要点	内容
概念	公民以遗嘱形式将自己财产的一部分或全部赠与国家、集体组织或法定继承人以外的人，并于立遗嘱人死亡后生效的法律行为
生效条件	①遗赠人须有遗嘱能力 ②遗赠必须是遗赠人的真实意思表示 ③遗赠的内容必须合法 ④遗赠人不能侵犯弱势继承人的合法权益 ⑤受遗赠人后于遗赠人死亡

（二）遗赠扶养协议（表 3-5-25）

表 3-5-25　遗赠扶养协议

要点	内容
概念	遗赠人（受扶养人）和扶养人之间关于扶养人承担遗赠人生养死葬的义务，遗赠人的财产在其死后转归扶养人所有的协议
法律效力	优先于遗嘱，一经成立，即对双方产生法律约束力

六、遗产的处理

（一）继承的开始（表 3-5-26）

表 3-5-26　继承的开始

要点	内容	
继承开始的时间	继承从被继承人自然死亡或宣告死亡时开始	
	自然死亡	是指自然人生命的终止
	宣告死亡	是人民法院依审判程序宣告公民死亡的一种法律制度 公民下落不明满四年，或者因意外事故发生致下落不明满两年的，战争致下落不明的，从战争结束开始之日计算，利害关系人可申请人民法院宣告该公民死亡
继承开始的地点	被继承人生前最后住所地或主要遗产所在地	
继承的通知	知道被继承人死亡的继承人通知其他继承人，如不能，则由被继承人的单位或者住所的居委会或村委会负责通知	

（二）继承的放弃与接受

（1）继承开始后，继承人放弃继承的，应当在遗产处理前，作出放弃继承的表示。没有表示的，视为接受继承。

（2）受遗赠人应当在知道受遗赠后两个月内，作出接受或者放弃受遗赠的表示，到期没有表示的，视为放弃受遗赠。

（三）遗产的分割（表3-5-27）

表3-5-27 遗产的分割

要　点	内　容
分割原则	①先遗嘱继承，后法定继承 ②保留胎儿继承份额 ③互谅互让、协商分割 ④兼顾被继承人具体情况和发挥遗产效用的原则
分割的方式	①依被继承人指示分割 ②共同继承人协商分割 ③法院裁决

（四）被继承人的债务的清偿（表3-5-28）

表3-5-28 被继承人的债务的清偿

要　点	内　容
清偿原则	①有限责任原则 ②连带责任原则
清偿方式	①总体清偿方式 ②分别清偿方式

（五）无人继承又无人受遗赠遗产的处理

无人继承的遗产，是指公民死亡时，没有法定继承人又无遗嘱继承人与受遗赠人，或者其全部继承人都表示放弃继承，受遗赠人表示不接受遗赠，则死者的遗产即属于无人继承。

无人继承又无人受遗赠的遗产，归国家所有；死者生前是集体所有制组织成员的，归所在集体所有制组织所有。

第六章 我国人民调解、信访工作与突发事件应对法规与政策

本章知识体系

我国人民调解、信访工作与突发事件应对法规与政策 { 人民调解法规与政策 / 信访工作法规与政策 / 突发事件应对法规与政策

第一节 人民调解法规与政策

一、人民调解的概念和基本体制（表3-6-1）

表3-6-1 人民调解的概念和基本体制

要点		内容
人民调解的概念	含义	在人民调解委员会的主持下，以国家法律、法规、规章、政策和社会公德为依据，对民间纠纷当事人进行说服教育，规劝疏导，促使纠纷各方互谅互让，平等协商，自愿达成协议，消除纷争的一种群众性自治活动
	相关法律法规	①《宪法》 ②《民事诉讼法》 ③《人民调解委员会组织条例》
	性质	是一项有中国特色的司法制度，是一种司法辅助制度
基本体制	依据	《人民调解委员会组织条例》
	体制	人民调解委员会：隶属于村委会和居委会的群众性自治组织
	调解小组	设于村居民小组
	调解委员或纠纷信息员	每十户设一名

二、人民调解工作应当遵守的原则（表3-6-2）

表3-6-2 人民调解工作应当遵守的原则

要点		内容
依法调解原则		①受理和调解纠纷的范围要合法（民事纠纷） ②调解依据合法 ③调解协议合法
自愿平等原则	调解自愿	纠纷双方当事人自愿调解
	协议一致	调解协议须经双方当事人一致同意
	履行自愿	调解协议不具有强制力，履行与否出自于当事人自愿
尊重当事人诉讼权利的原则		①调解不是起诉的必经程序 ②经调解达成或未达成调解协议，双方当事人均可再向法院起诉

三、当事人在调解中的权利与义务（表3-6-3）

表3-6-3 当事人在调解中的权利与义务

要点	内容
权利	①选择或者接受人民调解员 ②接受调解、拒绝调解或者要求终止调解 ③要求调解公开进行或者不公开进行 ④自主表达意愿、自愿达成调解协议
义务	①如实陈述纠纷事实 ②遵守调解现场秩序，尊重人民调解员 ③尊重对方当事人行使权利

四、人民调解的程序

（一）受理纠纷（表3-6-4）

表3-6-4 受理纠纷

要点		内容
申请调解	条件	①有明确的申请调解人 ②有具体的调解要求 ③有申请调解的事实根据 ④符合调解受案范围
	形式	口头、书面均可
主动调解		①群众报告 ②有关单位转告 ③调解委员亲自获知
调查研究		询问了解当事人意见和要求、查看现场、向其他知情人了解情况
进行调解		召开调解会

(续表 3-6-4)

要　点	内　容
结束调解	结束调解有两种情况： ①达成调解协议 ②不能达成调解协议 如有调解协议书，三方在协议书上签名盖章，结束调解

第二节　信访工作法规与政策

一、信访工作的概念和机构（表 3-6-5）

表 3-6-5　信访工作的概念和机构

要　点		内　容
概　念		公民、法人或者其他组织采用书信、电子邮件、电话、传真、走访等形式，向各级人民政府、县级以上人民政府工作部门反映情况，提出建议、意见或者投诉请求，依法由有关行政机关处理的活动
机　构	体　制	在各级政府领导下，属地管理、分级负责；县级以上人民政府设立专门信访工作机构
	职　责	①受理、交办、转达信访人提出的信访事项 ②承办上级和本级人民政府交由处理的信访事项 ③协调处理重要信访事项 ④督促检查信访事项的处理 ⑤研究、分析信访情况，开展调查研究，及时向本级人民政府提出完善政策和改进工作的建议 ⑥对其他部门和下级信访工作进行指导

二、信访的渠道

（1）建立全国信访信息系统，公布信访相关事项。
（2）建立行政负责人信访接待日制度。
（3）建立政府主导、社会参与、有利于迅速解决纠纷的工作机制。

三、信访事项的提出、受理、办理和督办

（一）信访事项的提出（表 3-6-6）

表 3-6-6　信访事项的提出

要　点	内　容
信访事项范围	行政机关、社会管理工作人员的职务行为，属于专门机关处理的事项向有关机关提出
提出机关	有权处理的本级或上级机关

(续表 3-6-6)

要　点	内　　容
信访形式	书面、口头、走访
信访人的行为约束	信访人在信访过程中应当遵守法律、法规，不得损害国家、社会、集体的利益和其他公民的合法权利，自觉维护社会公共秩序和信访秩序，不得有下列行为： 　　①在国家机关办公场所周围、公共场所非法聚集，围堵、冲击国家机关，拦截公务车辆，或者堵塞、阻断交通的 　　②携带危险物品、管制器具的 　　③侮辱、殴打、威胁国家机关工作人员，或者非法限制他人人身自由的 　　④在信访接待场所滞留、滋事，或者将生活不能自理的人弃留在信访接待场所的 　　⑤煽动、串联、胁迫、以财物诱使、幕后操纵他人信访或者以信访为名借机敛财的 　　⑥扰乱公共秩序、妨害国家和公共安全的其他行为

（二）信访事项的受理

一般期限：15 日内。

（1）告知信访人正当程序（不属于信访范围）。

（2）转送有权处理机关，重大紧急的报本级政府决定（受理范围内）。

（3）转送有权处理机关，抄送下级信访机构（下级管辖事项）。

（4）转送信访事项，要求结果反馈（重要事项）。

（三）信访事项的办理

1. 信访事项办理的职业守则
2. 回避制度
3. 办理程序（听取陈述、核实情况、听证）
4. 处理、答复
5. 办理期限（60 日，可适当延长 30 日）

（1）复查期限：30 日内申请、30 日内提出复查意见。

（2）复核期限：30 日内申请、30 日内提出复核意见。

（四）信访事项的督办

1. 向有关行政机关提出改进意见（30 日内反馈）

《信访条例》规定，县级以上人民政府信访工作机构发现有关行政机关有下列情形之一的，应当及时督办，并提出改进建议：

（1）无正当理由未按规定的办理期限办结信访事项的。

（2）未按规定反馈信访事项办理结果的。

（3）未按规定程序办理信访事项的。

（4）办理信访事项推诿、敷衍、拖延的。

(5)不执行信访处理意见的。
(6)其他需要督办的情形。
2.建议对失职的行政机关工作人员以行政处分
3.定期提交信访情况分析报告
县级以上人民政府信访工作机构应当就以下事项向本级人民政府定期提交信访情况分析报告:
(1)受理信访事项的数据统计、信访事项涉及领域以及被投诉较多的机关。
(2)转送、督办情况以及各部门采纳改进建议的情况。
(3)提出的政策性建议及其被采纳情况。

四、信访的法律责任(表3-6-7)

表3-6-7 信访的法律责任

要点	内容
直接负责的主管人员和其他直接责任人员	因下列情形之一导致信访事项发生,造成严重后果的,对直接负责的主管人员和其他直接责任人员,依照有关法律、行政法规的规定给予行政处分;构成犯罪的,依法追究刑事责任: ①超越或者滥用职权,侵害信访人合法权益的 ②行政机关应当作为而不作为,侵害信访人合法权益的 ③适用法律、法规错误或者违反法定程序,侵害信访人合法权益的 ④拒不执行有权处理的行政机关作出的支持信访请求意见的
负有受理信访事项职责的行政机关	负有受理信访事项职责的行政机关在受理信访事项过程中违反《信访条例》的规定,有下列情形之一的,由其上级行政机关责令改正;造成严重后果的,对直接负责的主管人员和其他直接责任人员依法给予行政处分: ①对收到的信访事项不按规定登记的 ②对属于其法定职权范围的信访事项不予受理的 ③行政机关未在规定期限内书面告知信访人员是否受理信访事项的
对信访事项有权处理的行政机关	对信访事项有权处理的行政机关在办理信访事项过程中,有下列行为之一的,由其上级行政机关责令改正;造成严重后果的,对直接负责的主管人员和其他直接责任人员依法给予行政处分: ①推诿、敷衍、拖延信访事项办理或者未在法定期限内办结信访事项的 ②对事实清楚,符合法律、法规、规章或者其他有关规定的投诉请求未予支持的

五、信访制度改革(表3-6-8)

表3-6-8 信访制度改革

要点	内容
预防和减少信访问题发生	①加大保障和改善民生力度 ②提高科学民主决策水平 ③坚持依法办事 ④改进工作作风

（续表 3-6-8）

要　点	内　容
畅通和拓宽 信访渠道	①健全公开透明的诉求表达和办理方式 ②突出领导干部接访下访重点 ③完善联合接访运行方式 ④充分发挥法定诉求表达渠道作用
依法规范 信访工作	①完善信访联席会议制度 ②健全解决特殊疑难信访问题工作机制 ③健全统筹督查督办信访事项工作机制 ④健全科学合理的信访工作考核评价制度 ⑤健全经常性教育疏导机制
全面夯实 基层基础	①健全基层组织网络 ②组织动员社会力量参与 ③加大社会矛盾纠纷排查化解工作力度
切实加强 组织领导	①严格落实信访工作责任 ②强化舆论引导 ③加强信访干部队伍建设

第三节　突发事件应对法规与政策

一、突发事件的概念与分级

突发事件，是突然发生，可能严重影响社会安全，需要采取紧急措施的自然灾害、事故灾难、公共卫生事件和社会安全事件等。《中华人民共和国突发事件应对法》按照社会危害程度和影响范围将突发事件分为一般、较大、重大和特别重大四级。

二、突发事件应急管理体制与原则（表 3-6-9）

表 3-6-9　突发事件应急管理体制与原则

要　点	内　容
突发事件 应急管理体制	国家建立统一领导、综合协调、分类管理、分级负责、属地管理为主的应急管理体制
突发事件 应对原则	预防为主、预防与应急相结合的原则

三、突发事件应对的过程与方法（表 3-6-10）

表 3-6-10　突发事件应对的过程与方法

要　点	内　容
预防与 应急准备	①建立健全安全管理制度 ②建立健全突发事件应急管理培训制度

(续表 3-6-10)

要　点	内　　容
预防与 应急准备	③建立健全应急物资储备保障制度 ④建立健全应急通信保障系统 ⑤整合应急资源 ⑥国家鼓励公民和单位捐赠物资或提供资金和技术支持
监督与预警	①建立健全突发事件监测制度 ②建立健全突发事件预警制度
应急处置 与救援	《中华人民共和国突发事件应对法》规定政府应对突发事件措施和事故发生后组织处理的处置措施
事后恢复 与重建	

四、突发事件的法律责任

有下列情形之一的，根据情节对直接负责的主管人员和其他直接责任人员依法给予处分：

（1）未按规定采取预防措施，导致发生突发事件，或者未采取必要的防范措施，导致发生次生、衍生事件的。

（2）迟报、谎报、瞒报有关突发事件的信息，或者通报、报送、公布虚假信息，造成后果的。

（3）未按规定及时发布突发事件警报、采取预警期的措施，导致损害发生的。

（4）未按规定及时采取措施处理突发事件或处理不当，造成后果的。

（5）不服从上级人民政府对突发事件应急处置工作的统一领导、指挥和协调的。

（6）未及时组织开展生产自救、恢复重建等善后工作的。

（7）截留、挪用、私分或者变相私分应急救援资金、物资的。

（8）不及时归还征用的单位和个人的财产，或者对被征用财产的单位和个人不按规定给予补偿的。

第七章 社区矫正、禁毒和治安管理法规与政策

本章知识体系

社区矫正、禁毒和治安管理的法规与政策 { 社区矫正法规与政策 / 禁毒法规与政策 / 治安管理处罚法规与政策

第一节 社区矫正法规与政策

一、社区矫正的适用范围、职责分工和保障制度（表3-7-1）

表3-7-1 社区矫正的适用范围、职责分工和保障制度

要　点	内　容	
社区矫正的适用范围	①被判处管制的 ②被宣告缓刑的 ③被暂予监外执行的 ④被裁定假释的 ⑤被剥夺政治权利，并在社会上服刑的	
社区矫正的职责分工	司法行政机关	负责指导管理、组织实施社区矫正工作
	社会工作者	在社区矫正机构的组织指导下参与社区矫正工作
	其他部门	
社区矫正保障制度	主要有组织领导制度保障、运行保障、社区矫正人员权益保障、法律责任追究制度保障等	

二、社区矫正适用前调查评估、交付接收及宣告（表3-7-2）

表3-7-2 社区矫正适用前调查评估、交付接收及宣告

要　点	内　容
社区矫正适用前调查评估	《社区矫正实施办法》对社区矫正适用前调查评估的内容有明确的规定
社区矫正交付接收	①就社区矫正人员自身而言，社区矫正人员应当自人民法院判决、裁定生效之日或者离开监所之日起十日内到居住地县级司法行政机关报到

(续表 3-7-2)

要点	内容
社区矫正交付接收	②对于暂予监外执行的社区矫正人员，由交付执行的监狱、看守所将其送至居住地，与县级司法行政机关办理交接手续
社区矫正宣告	宣告的事项应包括： ①宣读对社区矫正人员的鉴定意见 ②宣布社区矫正期限届满，依法解除社区矫正 ③对判处管制的，宣布执行期满，解除管制 ④对宣告缓刑的，宣布缓刑考验期满，原判刑罚不再执行 ⑤对裁定假释的，宣布考验期满，原判刑罚执行完毕

三、社区矫正的实施

（一）社区矫正小组、方案制订和档案
（二）社区矫正监督管理

1. 报告义务

社区矫正人员应当定期向司法所报告遵纪守法，接受监督管理，参加教育学习、社区服务和社会活动的情况。

2. 进入特定场所审批

（1）禁止从事特定活动。

（2）禁止进入特定场所。

（3）禁止接触特定人员。

3. 外出审批

4. 变更居住地审批

5. 社区矫正监督管理实施

（三）社区矫正教育及帮困扶助

（1）社区矫正人员应当参加公共道德、法律常识、时事政策等教育学习，增强法制观念、道德素质和悔罪自新意识。

（2）有劳动能力的社区矫正人员应当参加社区服务，修复社会关系，培养社会责任感、集体观念和纪律意识。

（3）司法行政机关应当根据社区人员的需要，协调有关部门、单位开展职业培训和就业指导，帮助落实社会保障措施。

四、社区矫正警告、处罚及减刑（表 3-7-3）

表 3-7-3 社区矫正警告、处罚及减刑

要点	内容
社区矫正警告	根据《社区矫正实施办法》规定，社区人员有下列情形之一的，县级司法行政机关应当给予警告，并出具书面决定 ①未按规定时间报到的 ②违反关于报告、会客、外出、居住地变更规定的

(续表3-7-3)

要 点	内 容
社区矫正警告	③不按规定参加教育学习、社区服务等活动，经教育仍不改正的 ④保外就医的社区矫正人员无正当理由不按时提交病情复查情况，或者未经批准进行就医以外的社会活动且经教育仍不改正的 ⑤违反人民法院禁止令，情节轻微的 ⑥其他违反监督管理规定的
社区矫正处罚	社区矫正人员违反监督管理规定或者人民法院禁止令，依法应予治安管理处罚的，县级司法机关应当及时提请同级公安机关依法给予处罚
收 监	《社区矫正实施办法》规定，暂予监外执行的社区矫正人员有下列情形之一的，由居住地县级司法行政机关提出收监执行的建议书并附相关证明材料，批准、决定机关应当自收到之日起十五日内依法作出决定 ①发现不符合暂予监外执行条件的 ②未经司法行政机关批准擅自离开居住的市、县（旗），经警告拒不改正，或者拒不报告行踪，脱离监管的 ③因违反监督管理规定受到治安管理处罚，仍不改正 ④受到司法行政机关两次警告，仍不改正的 ⑤保外就医期间不按规定提交病情复查情况，经警告拒不改正的 ⑥暂予监外执行的情形消失后，刑期未满的 ⑦保证人丧失保证条件或者因不履行义务被取消保证人资格，又不能在规定期限内提出新的保证人的 ⑧其他违反有关法律、行政法规和监督管理规定，情节严重的
减 刑	社区矫正人员符合法定减刑条件的，由居住地县级司法行政机关提出减刑建议书并附相关证明材料，经地（市）级司法行政机关审核同意后提请社区矫正人员居住地的中级人民法院裁定。人民法院应当自收到司法行政机关的减刑建议书之日起一个月内依法裁定；暂予监外执行罪犯的减刑，案情复杂或者情况特殊的，可以延长一个月

五、未成年人社区矫正

（1）对未成年人的社区矫正应当与成年人分开进行。

（2）对未成年社区矫正人员给予身份保护。

（3）未成年社区矫正人员的矫正小组应当有熟悉青少年成长特点的人员参加。

（4）针对未成年人的年龄、心理特点和身心发展需要等特殊情况，采取有益于其身心健康发展的监督管理措施。

（5）采用易为未成年人接受的方式，开展思想、法制、道德教育和心理辅导。

（6）协调有关部门为未成年社区矫正人员就学、就业等提供帮助。

（7）对未成年社区矫正人员进行社区矫正宣告时，应当通知其监护人到场，督促未成年社区矫正人员的监护人履行监督职责，承担抚养、管教义务。

（8）采取其他有利于未成年社区矫正人员改过自新、融入正常社会生活的必要措施。

六、进一步推进和完善社区矫正的政策措施

其内容主要包括以下几个方面：
（1）引导政府向社会力量购买社区矫正社会工作服务。
（2）鼓励引导社会组织参与社区矫正工作。
（3）发挥基层群众性自治组织的作用。
（4）鼓励企事业单位参与社区矫正工作。
（5）切实加强社区矫正志愿者队伍建设。
（6）进一步加强矫正小组建设。

第二节 禁毒法规与政策

一、禁毒的目的、方针及机制（表3-7-4）

表3-7-4 禁毒的目的、方针及机制

要点	内容
目的	预防和惩治毒品违法犯罪行为，保护公民身心健康，维护社会秩序
方针	预防为主，综合治理，禁种、禁制、禁贩、禁吸并举
工作机制	政府统一领导，有关部门各负其责，社会广泛参与

二、禁毒宣传教育

（1）国家禁毒宣传教育。
（2）各级政府及相关组织禁毒宣传教育。
（3）各相关部门禁毒宣传教育。
（4）对未成年人的禁毒宣传教育。

三、毒品管制（表3-7-5）

表3-7-5 毒品管制

要点	内容
原植物种植管制	禁止非法种植罂粟、古柯植物、大麻植物以及国家规定管制的可以用于提炼加工毒品的其他原植物
麻醉药品、精神药品及易制毒化学品管制	国家对易制毒化学品的生产、经营、购买、运输实行许可制度。禁止非法生产、买卖、运输、储存、提供、持有、使用麻醉药品、精神药品和易制毒化学品
毒品查缉	海关应当依法加强对进出口的人员、物品、货物和运输工具的检查，防止走私毒品和易制毒化学品

四、吸毒成瘾认定及其检测程序规定（表 3-7-6）

表 3-7-6　吸毒成瘾认定及其检测程序规定

要　点	内　容
吸毒成瘾认定	吸毒人员同时具备以下情形的，公安机关认定其吸毒成瘾： ①经人体生物样本检测证明其体内含有毒品成分 ②有证据证明其有使用毒品行为 ③有戒断症状或者有证据证明吸毒史，包括曾经因使用毒品被公安机关查处或者曾经进行自愿戒毒等情形
吸毒检测程序规定	①吸毒检测及其形式 ②样本采集 ③现场检测 ④实验室检测 ⑤实验室复查

五、戒毒措施（表 3-7-7）

表 3-7-7　戒　毒　措　施

要　点		内　容
社区戒毒	公安机关	责令吸毒成瘾人员接受社区戒毒
	乡镇、街道	直接负责
	劳动行政部门	就业援助
	期　限	三年
戒毒治疗	戒毒治疗机构	有资质的医疗机构
	程　序	省级卫生部门批准，同级公安机关备案
	要　求	非营利、不做广告
强制隔离戒毒	对　象	①拒绝或严重违反社区戒毒协议 ②经社区戒毒、强制戒毒后再次吸食毒品
	不适用强制戒毒对象	①孕妇和哺乳期妇女 ②未满16周岁未成年人（可以不适用）
	程　序	公安机关送强制戒毒机构，进行生理、心理治疗和身体康复训练
	执　行	①组织参加职业技能培训、生产劳动 ②分别管理、针对性治疗
	期　限	两年，最长可延长一年
社区康复	对　象	解除强制戒毒的人员
	期　限	不超过三年
	措　施	自愿在戒毒康复场所生活、劳动

六、禁毒的法律责任

《中华人民共和国禁毒法》规定有下列行为之一，构成犯罪的，依法追究刑事责任；尚不构成犯罪的，依法给予治安管理处罚：走私、贩卖、运输、制造毒品的；

非法持有毒品的；非法种植毒品原植物的；非法传授麻醉药品、精神药品或者易制毒化学品制造方法的；强迫、引诱、教唆、欺骗他人吸食、注射毒品的；向他人提供毒品的。

容留他人吸食、注射毒品或介绍买卖毒品，构成犯罪的，依法追究刑事责任；尚不构成犯罪的，处 10 日以上 15 日以下拘留，可以并处 3000 元以下罚款。

第三节 治安管理处罚法规与政策

一、治安管理处罚的种类和适用（表 3-7-8）

表 3-7-8 治安管理处罚的种类和适用

要 点		内 容
种 类		警告、罚款、行政拘留、吊销公安机关发放的许可证
适 用	部分特别人员违反治安管理的适用	已满 14 周岁不满 18 周岁的从轻或者减轻处罚；未满 14 周岁的不予处罚；精神病人不能自控的时候违反治安管理的不予处罚；盲人或聋哑人士可以从轻、减轻处罚；醉酒的人违反治安管理法规，应予以处罚
	单位违反治安管理的适用	对其直接负责的主管人员和其他直接责任人员按照规定处罚
	减轻或不予处罚、从重处罚的情况 — 减轻处罚	情节特别轻微的；主动消除或减轻违法后果获得谅解的；出于他人威迫诱骗的；主动投案的；有立功表现的
	减轻或不予处罚、从重处罚的情况 — 从重处罚	后果严重的；教唆、威迫、诱骗他人违法的；对相关人员打击报复的；6 个月内受过治安管理处罚的
	减轻或不予处罚、从重处罚的情况 — 不执行行政拘留	已满 14 周岁不满 16 周岁；已满 16 周岁不满 18 周岁，并且是初犯；70 周岁以上的；哺乳不足 1 周岁婴儿或怀孕中的

二、治安管理处罚程序（表 3-7-9）

处罚程序包括调查、决定和执行。

表 3-7-9 治安管理处罚程序

要 点	内 容
调 查	①治安案件的受理及处置 ②治安案件调查的基本原则 ③保密义务 ④回避适用和决定权限 ⑤传唤及决定权限 ⑥询问的规定

(续表 3-7-9)

要点	内容
调查	⑦检查的规定 ⑧扣押的规定 ⑨鉴定的规定
决定	①决定的权限 ②时间折抵 ③证据的使用原则 ④违反治安管理行为人依法享有的权利 ⑤治安案件的处理及处罚决定书 ⑥听证的适用 ⑦治安案件的办案期限 ⑧当场处罚的适用
执行	①送达拘留所执行的适用 ②执行罚款的适用 ③暂缓行政拘留的执行

三、治安管理执法监督（表 3-7-10）

表 3-7-10　治安管理执法监督

要点	内容
公安机关及其人民警察办理治安案件的要求	依法、公正、严格、高效办理、文明执法，不得徇私舞弊
行政责任和刑事责任	人民警察办理治安案件，有下列行为之一的，依法给予行政处分；构成犯罪的，依法追究刑事责任： ①刑讯逼供、体罚、虐待、侮辱他人的 ②超过询问查证的时间限制人身自由的 ③不执行罚款决定与罚款收缴分离制度，或者不按规定将罚没的财物上缴国库或者依法处理的 ④私分、侵占、挪用、故意损毁收缴、扣押的财物的 ⑤违反规定使用或者不及时返还被侵害人财物的 ⑥违反规定不及时退还保证金的 ⑦利用职务上的便利收受他人财物或者谋取其他利益的 ⑧当场收缴罚款不出具罚款收据或者不如实填写罚款数额的 ⑨接到要求制止违反治安管理行为的报警后，不及时出警的 ⑩在查处违反治安管理活动时，为违法犯罪行为人通风报信的 ⑪有徇私舞弊、滥用职权，不依法履行法定职责的其他情形的
民事责任和赔偿责任	如公安机关及人民警察违法用权： ①侵犯公民、法人和其他组织合法权益的，应当赔礼道歉 ②造成损害的，应当依法承担赔偿责任

第八章 我国烈士褒扬与优抚安置法规与政策

本章知识体系

我国烈士褒扬与优抚安置法规与政策
- 烈士褒扬法规与政策
- 军人抚恤优待法规与政策
- 退伍士兵安置法规与政策
- 军队离退休干部安置法规与政策

第一节 烈士褒扬法规与政策

一、烈士评定（表3-8-1）

表3-8-1 烈 士 评 定

要点		内容
评定烈士的标准	公民牺牲评定为烈士的情形	根据《烈士褒扬条例》的规定，公民牺牲符合下列情形之一的，评定为烈士： ①在依法查处违法犯罪行为、执行国家安全工作任务、执行反恐怖任务和处置突发事件中牺牲的 ②在抢险救灾或者其他为了抢救、保护国家财产、集体财产、公民反恐怖任务和处置突发事件中牺牲的 ③在执行外交任务或者国家派遣的对外援助、维持国际和平任务牺牲的 ④在执行武器装备科研试验任务中牺牲的 ⑤其他牺牲情节特别突出，堪为楷模的 不符合烈士评定条件、属于有关规定的因公牺牲或者病故情形的，应当认定为因公牺牲或者病故，并按相应的规定予以抚恤
	军人牺牲批准为烈士的情形	根据《军人抚恤优待条例》的规定，现役军人死亡符合下列情形之一的，批准为烈士 ①对敌作战死亡，或者对敌作战负伤在医疗终结前因伤死亡的 ②因执行任务遭敌人或犯罪分子杀害，或者被俘、被捕后不屈遭敌人杀害或者被折磨致死的 ③为抢救和保护国家财产、人民生命财产或者参加处置突发事件死亡的 ④因执行军事演习、战备航行飞行、空降和导弹发射训练、试航试飞任务以及参加武器装备科研试验死亡的

(续表 3-8-1)

要　点		内　容
评定烈士的标准	军人牺牲批准为烈士	⑤在执行外交任务或者国家派遣的对外援助、维持国际和平任务中牺牲的 ⑥其他死难情节特别突出，堪为后人楷模的 现役军人在执行对敌作战、边海防执勤或者抢险救灾任务中失踪，经法定程序宣告死亡的，按照烈士对待
	对历史问题的处理	《革命烈士褒扬条例》公布以前，在中国共产党领导下，因对敌作战或对敌斗争牺牲的人员，如果符合条件，因故未批准为革命烈士的，可由其家属居住地的县、市、市辖区人民政府审查，报省、自治区、直辖市人民政府批准，补办追认革命烈士手续 在对越自卫还击战、中印边界自卫反击战和抗美援朝战争期间失踪的军人、参战民兵、民工，新中国成立以前失踪的军人和因参加对敌作战、对敌斗争失踪的地方工作人员，凡未发现其投敌、叛变、被俘、自杀、判刑的，都按对敌作战牺牲处理。没有追认为革命烈士的，经县、市、市辖区人民政府审查批准，可以追认为革命烈士。对抗日战争中阵亡的国民党官兵，自《革命烈士褒扬条例》发布之日起，不再为他们办理追认革命烈士的手续。过去已经办理的，不再变动
烈士评定机关		烈士批准机关分为地方人民政府和军队机关两种。对因战牺牲的，现役军人是军队团级以上的单位政治机关，其他人员是县、市、市辖区人民政府；因公牺牲的，现役军人是军队军级以上单位政治机关，其他人员是省、自治区、直辖市人民政府。属于法规明确列举情形以外、死难情节特别突出、堪为后人楷模的，现役军人由军队军级以上单位政治机关报请中国人民解放军总政治部批准，其他人员先由各省、自治区、直辖市民政厅（局）审查，如认为符合革命烈士条件的，再转报民政部批准 中国人民武装警察部队中的边防、消防、警卫系统因隶属于公安部直接管理，其武装警察同时又属于现役军人，牺牲后符合批准烈士条件的，根据规定，属于因战牺牲的，由支队（团）以上政治机关批准；属于非因战牺牲的，应当由公安部政治部审批，而不是武警总部政治部审批
烈士证书的发放		经批准为烈士的，由民政部向烈士家属颁发"中华人民共和国烈士证明书"。具体做法是：由批准机关填发"中华人民共和国烈士通知书"，寄给家属居住地的县、市、市辖区人民政府，然后，由烈士家属居住地的县、市、市辖区人民政府填写"中华人民共和国烈士证明书"，代民政部颁发

二、烈士褒扬金和烈士遗属抚恤优待

（1）烈士褒扬金标准为烈士牺牲时上一年度全国城镇居民人均可支配收入的30倍。
（2）一次性抚恤金。
（3）定期抚恤金。
（4）烈士遗属优待主要包括：医疗优待、入伍优待、教育优待、就业优待、供养优待、住房优待。

三、烈士纪念设施的保护和管理

符合下列基本条件之一的,可申报国家级烈士纪念设施:

(1) 为纪念在革命斗争、保卫祖国和建设祖国等各个历史时期的重大事件、重要战役和主要革命根据地斗争中牺牲的烈士而修建的烈士纪念设施;

(2) 为纪念在全国有重要影响的著名烈士而修建的烈士纪念设施;

(3) 为纪念为中国革命斗争牺牲的知名国际友人而修建的纪念设施;

(4) 位于革命老区、少数民族地区的规模较大的烈士纪念设施。

省级以下各级烈士纪念设施,根据其纪念意义和建设规模,分别确定为省级、设区的市级、县级烈士纪念设施。

四、烈士纪念日

第十二届全国人民代表大会常务委员会第十次会议决定:将9月30日设立为烈士纪念日。每年的9月30日国家举行纪念烈士活动。

第二节 军人抚恤优待法规与政策

一、抚恤优待的含义及对象的认定

(一) 抚恤优待的含义(表3-8-2)

表3-8-2 抚恤优待的含义

要点	内容
抚恤	一般是指国家对因公伤残人员、因公死亡以及病故人员家属所采取的一种物质抚慰形式。我国优抚工作中的抚恤是指对残疾军人、烈士遗属、因公牺牲军人遗属,按照国家规定的标准给予的抚恤金优待,分死亡抚恤和残疾抚恤两类
优待	按照国家规定对优抚对象从政治上、经济上给予高于普通社会成员的优厚待遇

(二) 抚恤优待对象的认定(表3-8-3)

表3-8-3 抚恤优待对象的认定

要点	内容
中国人民解放军现役军人	在中国人民解放军服现役的军官、文职干部、士官和义务兵。中国人民解放军现役军官是被任命为排级以上职务或者初级以上专业技术职务,并被授予相应军衔的现役军人,按其职务性质分为军事军官、政治军官、后勤军官和专业技术军官。中国人民解放军文职干部是军队编制定额内不授予军衔的干部。现役士兵按服役性质分为义务兵役制士兵和志愿兵役制士兵,前者称义务兵,后者称士官
残疾军人	现役军人因战、因公、因病(限义务兵和初级士官),医疗终结后符合评残条件,经法定的审批程序,取得民政部制发的"中华人民共和国残疾军人证"的人员

(续表 3-8-3)

要点	内容
复员军人	在1954年10月31日之前入伍（具体指1954年10月31日开始试行义务兵役制以前参加中国工农红军、东北抗日联军、中国共产党领导的脱产游击队、八路军、新四军、解放军、中国人民志愿军等），后经批准从部队复员的人员，其中包括在乡退伍红军老战士、在乡西路军红军老战士、红军失散人员、其他复员军人
退伍军人	1954年11月1日开始试行义务兵役制以后参加中国人民解放军、持有退伍或复员军人证件的人员。其中，在服现役期间患病，尚未达到评定残疾等级条件并有军队医院证明，从部队退伍的人员称为带病回乡退伍军人
烈士遗属	现役军人死亡、经相应的军队政治机关批准为烈士、由县级人民政府民政部门发给"中华人民共和国烈士证明书"后，烈士的父母（抚养人）、配偶、子女、兄弟姐妹
因公牺牲军人遗属	现役军人死亡、经相应的军队政治机关确认为因公牺牲军人、由县级民政部门发给"中华人民共和国因公牺牲证明书"后，因公牺牲军人的父母（抚养人）、配偶、子女、兄弟姐妹
病故军人遗属	现役军人死亡、经相应的军队政治机关确认为病故军人、由县级民政部门发给"中华人民共和国军人病故证明书"后，病故军人的父母（抚养人）、配偶、子女、兄弟姐妹
现役军人家属	中国人民解放军现役军人的父母、配偶、子女、兄弟姐妹、军人自幼曾依靠其抚养长大现在又必须依靠军人生活的其他亲属

二、死亡抚恤的具体规定

（一）死亡抚恤的对象和现役军人死亡性质的认定

死亡抚恤对象：烈士、因公牺牲或病故的现役军人的遗属。

（二）死亡抚恤待遇（表 3-8-4）

表 3-8-4 死亡抚恤待遇

要点			内容
一次性抚恤金	发放标准	烈士、因公牺牲军人	上一年度全国城镇居民人均可支配收入的20倍加本人生前40个月的基本工资
		病故军人	上一年度全国城镇居民人均可支配收入的2倍加本人生前40个月基本工资
	增发一次性抚恤金的条件和标准		①生前荣获中央军委授予的荣誉称号，增发35% ②生前荣获军队军区级以上单位授予的荣誉称号，增发30% ③立一等功，增发25% ④立二等功，增发15% ⑤立三等功，增发5%

(续表 3-8-4)

要点	内容		
一次性抚恤金	发放顺序	第一顺序	父母（抚养人）、配偶、子女
		第二顺序	未满18周岁或者已满18周岁、无生活来源且由军人生前供养的兄弟姐妹
	发放规则		①第一顺序优于第二顺序 ②抚恤金额一般均等，也可协商确定 ③遗嘱优先
定期抚恤金	遗属享有定期抚恤金的条件		烈士、因公牺牲军人、病故军人遗属 ①父母（抚养人）、配偶：无劳动能力、无生活费来源或收入低于当地居民平均生活水平 ②子女：未满18周岁或者已满18周岁但因上学或残疾无生活费来源 ③兄弟姐妹：未满18周岁或者已满18周岁但因上学无生活费来源且由该军人生前供养
	定期抚恤金的标准		由民政部门和财政部门参照全国城乡居民家庭人均收入水平确定
	定期抚恤金的发放及终止		①发放：从批准为烈士、确认为因公牺牲军人和病故军人之日起 ②终止：抚恤对象死亡，增发6个月抚恤金为丧葬补助费

三、残疾抚恤的具体规定

（一）残疾抚恤的对象和现役军人残疾性质及等级的认定（表3-8-5）

表3-8-5 残疾抚恤的对象和现役军人残疾性质及等级的认定

要点	内容	
残疾抚恤对象	现役军人残疾被认定为因战致残、因公致残或者因病致残的，依照规定享受抚恤。其中，因战、因公致残，残疾等级被评定为一级至十级的，均可享受抚恤。因病致残，残疾等级被评定为一级至六级的，方可享受抚恤。另外，退出现役的残疾军人，按照残疾等级享受残疾抚恤金	
残疾性质的认定	①因战致残 ②因公致残 ③因病致残	
等级认定	认定依据	劳动功能障碍程度、生活自理障碍程度
	标准确定	民政、劳动保障、卫生部门和军队有关部门

（二）残疾军人抚恤的标准及待遇（表3-8-6）

表3-8-6 残疾军人抚恤的标准及待遇

要点	内容
抚恤金标准	因残疾性质、残疾等级而异

(续表 3-8-6)

要点		内容
其他抚恤待遇	残疾军人死亡	其遗属享受的抚恤待遇，分为两种情形：一是退出现役因战、因公致残的残疾军人因旧伤复发死亡的，由县级民政部门按照因公牺牲军人的抚恤金标准发给其遗属一次性抚恤金，其遗属享受因公牺牲军人遗属抚恤待遇。二是退出现役因战、因公、因病致残的残疾军人因病死亡的，对其遗属增发12个月的残疾抚恤金，作为丧葬补助费；其中，因战、因公致残的一级至四级残疾军人因病死亡的，其遗属享受病故军人遗属抚恤待遇
	一级至四级残疾军人	由国家供养终身，即按照有关政策对其生活、住房、医疗等问题予以保障。供养终身有两种方式，即集中供养和分散安置。其中，对分散安置的一级至四级残疾军人发给护理费，标准为：因战、因公一级和二级残疾的，为当地职工月平均工资的50%；因战、因公三级和四级残疾的，为当地职工月平均工资的40%；因病一级至四级残疾的，为当地职工月平均工资的30%
	配置辅助器械	残疾军人需要配置假肢、代步三轮车等辅助器械，正在服现役的，由军队军级以上单位负责解决；退出现役的，由省级民政部门负责解决

四、优待的具体内容（表 3-8-7）

表 3-8-7 优待的具体内容

要点	内容
义务兵和初级士官享受的相关优待	①义务兵服役期间家庭享受优待金等优待 ②义务兵和初级士官退出现役后，允许复工复职 ③义务兵和初级士官入伍前承包地保留并减免相关负担 ④义务兵从部队发出的平信，免费邮寄
医疗优待	①一至六级残疾军人国家保障其医疗费 ②七至十级残疾军人旧伤复发治疗费用予以保障 ③其他优抚对象享受有关医疗优惠待遇
有工作单位的残疾军人享受的优待	①享受与所在单位工伤人员同等的生活福利和医疗待遇 ②不因残疾而被辞退或解聘
交通优待	残疾军人免费乘坐市内公共交通工具，乘坐民航班机、火车、轮船、长途公共汽车优先购票并享受减收正常票价50%的优惠
参观游览优待	现役军人、残疾军人参观游览公园、博物馆、名胜古迹享受优待
入伍优待	因公牺牲军人、病故军人的子女、兄弟姐妹，优先批准服现役
教育、考录优待	①义务兵和初级士官退役以后，报考公务员、中等职业院校和高等院校，同等条件优先录取 ②优待对象子女入学同等条件下优先接收

(续表3-8-7)

要点	内容
疗养优待	①国家兴办优抚医院、光荣院，治疗或集中供养孤老和生活不能自理的优抚对象 ②各类社会福利机构应当优先接收抚恤优待对象

五、参照军人抚恤执行的其他情形（表3-8-8）

表3-8-8 参照军人抚恤执行的其他情形

要点	内容
军队离休、退休干部和退休士官	军队离休、退休干部和退休士官的抚恤优待，依照《军人抚恤优待条例》有关现役军人抚恤优待的规定执行
参战参训的非现役军人	因参战伤亡的民兵、民工的抚恤，因参加军事演习、军事训练和执行军事勤务伤亡的预备役人员、民兵、民工以及其他人员的抚恤，参照《军人抚恤优待条例》的有关规定办理
国家机关工作人员	国家机关工作人员参照军人评残抚恤的范围明确为：因战因公负伤时为行政编制的人民警察；因战因公负伤时为公务员以及参照《中华人民共和国公务员法》管理的国家机关工作人员
其他社会人员	为维护社会治安同违法犯罪分子进行斗争致残的人员，为抢救和保护国家财产、人民生命财产致残的人员，以及法律、行政法规规定应当由民政部门负责伤残抚恤的其他人员，均参照军人标准予以抚恤。这些人员根据《工伤保险条例》应当认定视同工伤的，不再办理因战、因公伤残抚恤

第三节 退伍士兵安置法规与政策

一、退役士兵安置基本原则

国家建立以扶持就业为主，自主就业、安排工作、退休、供养等多种方式相结合的退役士兵安置制度，妥善安置退役士兵。

二、退役士兵移交和接收（表3-8-9）

表3-8-9 退役士兵移交和接收

要点	内容
报到	①自主就业的退役士兵应当自被批准退出现役之日起30日内，持退出现役证件、介绍信到安置地的相关部门报到 ②退休、供养的退役士兵应当到规定的安置地人民政府退役士兵安置工作主管部门报到

(续表 3-8-9)

要 点	内 容
档案移交、落户	①士兵退役时，其档案应及时移交安置地县级以上人民政府退役士兵安置工作主管部门 ②退役士兵安置工作主管部门应当于退役士兵报到时为其开具落户介绍信 ③退役士兵发生与服役有关的问题，由其原部队负责处理

三、退役士兵安置主要方式（表 3-8-10）

表 3-8-10　退役士兵安置主要方式

要 点		内 容
自主就业	退役金	一次性退役金和一次性经济补助按照国家规定免征个人所得税
	职业教育和技能培训	自主就业退役士兵的职业教育和技能培训经费列入县级以上人民政府财政预算
	就业指导和服务	国家鼓励其他人力资源服务机构为自主就业的退役士兵提供免费服务
	税收优惠	对从事个体经营的退役士兵，按照国家规定给予税收优惠，给予小额担保贷款扶持，从事微利项目的给予财政贴息
	自主承包	自主就业的退役士兵回入伍时户口所在地落户，属于农村集体经济组织成员但没有承包农村土地的，可以申请承包农村土地，村民委员会或者村民小组应当优先解决
	复工、复学入学、考录	①若是复工的，其工资、福利等其他待遇不得低于所在单位同等条件人员的平均水平 ②若是在入伍前已经被普通高等学校录取并保留入学资格的或者正在普通高等学校就学的退役士兵，退出现役后 2 年内允许入学或者复学，并按照国家有关规定享受奖学金、助学金和减免学费等优待，家庭困难的，按照国家有关规定给予资助
安排工作		符合下列条件之一的，由人民政府安排工作： ①士官服役满 12 年的 ②服现役期间平时荣获二等功以上的奖励或者战时荣获三等功以上奖励的 ③因战致残被评定为 5～8 级残疾等级的 ④是烈士子女的
退休与供养	退休安置	中级以上士官符合下列条件之一的，作退休安置： ①年满 55 周岁的 ②服现役满 30 年的 ③因战、因公致残被评定为 1～6 级残疾等级的 ④经军队医院证明和军级以上单位卫生部门审核确认因病基本丧失工作能力的
	供养	被评定为 1～4 级残疾等级的义务兵和初级士官退出现役的，由国家供养终身

四、退役士兵保险关系的接续

（1）养老保险。
（2）医疗保险。
（3）失业保险。

第四节 军队离退休干部安置法规与政策

一、军队干部离退休的条件和待遇（表3-8-11）

表3-8-11 军队干部离退休的条件和待遇

要点		内容
退休条件		军队的现役干部，男年满55周岁、女年满50周岁，或因战、因公致残，积劳成疾，基本丧失工作能力的，可办理退休
待遇	政治待遇	主要包括阅读文件，听报告，参加一些重大节日和庆祝纪念活动，参加一些力所能及的社会活动，授予离休干部"离休干部荣誉证"、功勋荣誉章，安排离退休干部担任一定的荣誉职务等。党员军队离休退休干部逝世后骨灰盒可覆盖党旗，军队离休退休干部逝世后骨灰盒可覆盖军旗
	生活待遇	包括离退休费和各种津贴补贴

二、军队干部退休安置办法（表3-8-12）

表3-8-12 军队干部退休安置办法

要点	内容
安置程序	军级以上政治机关与安置地区民政部门进行材料转移与工作交接
服务管理原则	基本政治待遇不变，生活待遇还要略为从优

三、军休干部服务管理（表3-8-13）

表3-8-13 军休干部服务管理

要点	内容
基本原则	政治关心、生活照顾、服务为先、依法管理
内容	服务管理机构应当做好以下服务保障工作： ①按时发放军休干部离退休费和津贴补贴 ②按规定落实军休干部医疗、交通、探亲等待遇 ③协调做好军休干部的医疗保障工作

(续表 3-8-13)

要　点	内　容
内　容	④组织开展适宜军休干部的文化体育活动 ⑤协助办理军休干部去世后的丧葬事宜
军休干部 管理委员会	是在服务管理机构内军休干部自我教育、自我管理、自我服务的群众性组织
军休干部 服务管理 工作人员	军休干部服务管理人员应当加强政策和业务知识学习，掌握服务管理技能，培养良好作风和职业道德，尊重军休干部

第九章 我国城乡基层群众自治和社区建设法规与政策

<u>本章知识体系</u>

我国城乡基层群众自治和社区建设法规与政策 ┤ 城市社区居民自治法规与政策 / 农村村民自治法规与政策 / 社区建设法规与政策 / 社区服务法规与政策

第一节 城市社区居民自治法规与政策

一、居民委员会的性质职能

（一）居民委员会的性质（表 3-9-1）

表 3-9-1 居民委员会的性质

要点	内容
地域性	居民委员会是地域性的群组组织，是根据居民居住状况，人口多少，按照便于群众自治的原则设立的
群众性	居民自治的主体是居民，凡居住在本社区的居民都有权参与居民自治。这与其他组织机构不同，其他组织机构都需要承认组织章程或具备某种任职资格
自治性	在本社区范围内，居民自己的事务，由全体居民实行自我管理、自我教育、自我服务，共同治理社区事务

（二）居民委员会的主要职能

（1）组织居民开展自治活动。
（2）协助基层政府和派出机关开展工作。
（3）开展有关监督活动。

二、居民自治的内容（表3-9-2）

表3-9-2 居民自治的内容

要　点	内　　容
民主选举	居民委员会主任、副主任和委员由居民民主选举产生，每届任期三年
民主决策	①居民会议讨论决定社区公共事务 ②社区协商议事会 ③社区听证会

除此外，居民自治还包括民主管理与民主监督。

三、居民委员会与政府组织及其相关组织的关系（表3-9-3）

表3-9-3 居民委员会与其他部门的关系

要　点	内　　容
居民委员会与政府组织的关系	不设区的市、市辖区的人民政府或者它的派出机关对居民委员会的工作给予指导、支持和帮助。居民委员会协助不设区的市、市辖区的人民政府或者它的派出机关开展工作
居民委员会与所在地单位的关系	机关、团体、部队、企事业组织，不能参加所在地的居民委员会，但是应当支持所在地的居民委员会的工作 所在地的居民委员会讨论与这些单位有关的问题，需要他们参加会议时，他们应当派代表参加，并且遵守居民委员会的有关决定和居民公约。所在地单位的职工及家属、军人及随军家属参加居住地区的居民委员会。其家属聚居区可以单独成立家属委员会，承担居民委员会的工作。家属委员会在不设区的市、市辖区的人民政府或者它的派出机关和本单位的指导下进行工作。家属委员会的工作经费和家属委员会成员的生活补助费、办公用房，由所属单位解决

第二节　农村村民自治法规与政策

一、村民委员会的性质、结构和主要职能（表3-9-4）

表3-9-4 村民委员会的性质、结构和主要职能

要　点	内　　容
性　质	其同样具有群众性、自治性、地域性等特征
组织构成	根据《中华人民共和国村民委员会组织法》等法律法规和政策文件，可知村民委员会的组织设置和组织结构有如下若干规定或要求： ①村民委员会根据村民居住状况、人口多少，按照便于群众自治，有利于经济发展和社会管理的原则设立

（续表3-9-4）

要　点	内　　容
组织构成	②村民委员会可以根据村民居住状况、集体土地所有权关系等分设若干村民小组 ③村民委员会成员可以兼任下属委员会的成员 ④在村民委员会的成员中，应当有妇女成员，多民族村民居住的村应当有人数较少的民族的成员 ⑤应当建立村务监督委员会或者其他形式的村务监督机构，负责民主理财、监督村务公开等制度的落实
主要职能	①支持和组织村民依法发展各种形式的合作经济和其他经济，承担本村生产的服务和协调工作，促进农村生产建设和经济发展 ②依照法律规定，管理本村属于村民集体所有的土地和其他财产和其他合法权益 ③宣传宪法、法律、法规和国家的政策，教育和推动村民履行法律规定的义务，爱护公共财产，维护村民的合法权益，发展文化教育，普及科技知识，促进男女平等，做好计划生育，促进村与村之间的团结、互助，开展多种形式的社会主义精神文化建设活动 ④支持服务性、公益性、互助性社会组织依法开展活动，推动农村社区建设 ⑤办理本村的公共事务和公益事业，调解民间纠纷，协助维护社会治安，向人民政府反映村民的意见、要求和提出建议 ⑥协助乡、民族乡、镇的人民政府开展工作

二、村民委员会选举（表3-9-5）

表3-9-5　村民委员会选举

要　点		内　　容
关于村民选举委员会的若干规定	村民委员会的产生和构成	村民委员会是由主任和委员构成，由村民会议、村民代表会议或者各村民小组会议推选产生，并实行少数服从多数的议事原则
	村民选举委员会的主要职责	①制订村民委员会选举工作方案 ②宣传有关村民委员会选举的法律、法规和政策 ③解答有关选举咨询 ④召开选举工作会议，部署选举工作 ⑤提名和培训本村选举工作人员 ⑥公布选举日、投票地点和时间，确定投票方式 ⑦登记参加选举的村民，公布参加选举村民的名单，颁发参选证 ⑧组织村民提名确定村民委员会成员候选人，审查候选人参选资格，公布候选人名单 ⑨介绍候选人，组织选举竞争活动 ⑩办理委托投票手续 ⑪制作或者领取选票，制作票箱，布置选举大会会场、分会场或者投票站

(续表 3-9-5)

要　点		内　容
关于村民选举委员会的若干规定	村民选举委员会的主要职责	⑫组织投票，主持选举大会，确认选举是否有效，公布并上报选举结果和当选名单 ⑬建立选举工作档案，主持新老村民委员会的工作移交 ⑭受理申诉，处理选举纠纷 ⑮办理选举工作中的其他事项
关于选民登记的相关规定		①年满十八周岁的村民都有选举权和被选举权，但被剥夺政治权利的除外 ②参加选举的村民登记时，可以村民小组为单位设立登记站，村民到站登记，也可由登记人员入户登记 ③登记参加选举的村民名单应当在选举日的二十日前由村民选举委员会公布
关于提名确定候选人		①确定职位和职数 ②确定候选人人数 ③提名确定候选人 ④公布候选人名单
选举竞争和投票选举		①选举投票，应在村民选举委员会的主持和监督下，公开、公平、公正地进行 ②投票选举，有召开选举大会和设立投票站两种方式 ③委托投票
选举有效性确认		选举村民委员会，有登记参加选举的村民过半数投票，选举有效
确认当选		候选人获得参加投票村民过半数的选票，始得当选
另行选举		村民委员会当选人不足应选名额的，不足的名额另行选举
选举后续工作		①村民委员会工作移交 ②建立选举档案
村民委员会罢免和补选	罢　免	本村五分之一以上有选举权的村民或者三分之一以上的村民代表联名，可以提出罢免村民委员会的要求，启动罢免程序
	补　选	村民委员会成员出缺，可进行补选。补选的村民委员会成员的任期到本届村民委员会任期届满时

三、村民（代表）会议和民主管理、民主监督（表3-9-6）

表3-9-6　村民（代表）会议和民主管理、民主监督

要　点	内　容
村民会议	①召开村民会议。村民会议由年满十八周岁以上本村的村民组成，由村民委员会进行召集 ②村民会议职责。审议报告和评议工作，有权撤销或更换村民委员会不适当的决定 ③村民代表会议
村民小组会议	村民小组组长由村民小组会议推选，其任期与村民委员会的任期相同
民主管理和民主监督	①村务公开和民主评议 ②经济责任审计。村民委员会成员实行任期和离任经济责任审计 ③关于建立村务档案的规定。村务档案应当真实、准确、完整、规范

四、村民委员会与政府组织以及相关组织的关系

1. 村民委员会与政府组织的关系
2. 村民委员会与相关组织的关系
（1）村民委员会与村级党组织的关系。
（2）村民委员会与驻村各单位的关系。

第三节　社区建设法规与政策

一、社区建设的含义和基本原则（表3-9-7）

表3-9-7　社区建设的含义和基本原则

要　点	内　　容
含　义	《民政部关于在全国推进城市社区建设的意见》将其定义为：在党和政府的领导下，依靠社区力量，利用社区资源。强化社区功能，解决社区问题，促进社区政治、经济、文化、环境协调和健康发展，不断提高社区成员生活水平和生活质量的过程 其中，整合性、综合性以及人员参与的广泛性是社区建设的基本特征
基本原则	①以人为本，服务居民 ②资源共享，共驻共建 ③责权统一，管理有序 ④扩大民主，居民自治 ⑤因地制宜，循序渐进

二、社区建设的主要任务（表3-9-8）

表3-9-8　社区建设的主要任务

要　点		内　　容
社区党的建设	"六有"目标	①有坚强有力的领导班子，建设服务意识强、服务作风好的党组织领导班子 ②有本领过硬的骨干队伍，培养带头服务、带领服务、带动服务的党员干部队伍 ③有功能实用的服务场所，建设便捷服务、便利活动、便于议事的综合阵地 ④有形式多样的服务载体，创新贴近基层、贴近实际、贴近群众的工作抓手 ⑤有健全完善的制度机制，形成规范化、常态化、长效化的工作制度 ⑥有群众满意的服务业绩，取得群众欢迎、群众收益、群众认可的实际成效

（续表 3-9-8）

要　点		内　容
社区党的建设	关于社区党组织建设	要适应服务对象、服务内容、服务方式的变化和需求，优化组织设置，扩大组织覆盖
社区综合服务设施和信息化建设	社区综合服务设施建设	①坚持"一室多用"，将使用效益提高 ②对于新建的住宅小区和旧城区，建设单位应当按照国家有关标准要求进行改造
	社区信息化建设	推进社区公共服务综合信息平台建设的重点任务： ①建设社区公共服务信息系统 ②整合社区公共服务信息资源 ③完善社区公共服务综合信息平台规划布局及加强平台运行管理

三、社区建设的运行机制

（1）党委政府主导。
（2）社会广泛参与。

第四节　社区服务法规与政策

一、社区服务的基本原则

（1）坚持以人为本，服务居民。
（2）坚持党委政府主导、社会广泛参与。
（3）坚持整体推进，分类指导。
（4）资源整合，共建共享。

二、社会公共服务

（1）推进社区就业服务。
（2）推进社区救助和社会保障服务。
（3）推进社区卫生和计划生育服务。
（4）推进社区文化、教育、体育服务。
（5）推进社区流动人口服务管理。
（6）推进社区安全服务。

三、社区社会工作服务和志愿服务（表3-9-9）

表3-9-9　社区社会工作服务和志愿服务

要　点	内　容
社区社会工作服务	主要任务： ①大规模培养和使用社区社会工作专业人才队伍

（续表3-9-9）

要点	内容
社区社会工作服务	②不断拓展社区社会工作服务平台 ③分类推进社区工作服务 ④建立健全社区、社会组织和社会工作专业人才联动机制 ⑤建立健全社区社会工作专业人才引领志愿者服务机制
社区志愿服务	①发展社区志愿服务组织和志愿者队伍 ②开展社区志愿服务活动 ③建立社区志愿服务记录制度 ④建立社区志愿服务激励保障机制 ⑤培训社区志愿者

四、社区便民商业性服务

（1）鼓励和支持各类组织、企业和个人兴办居民服务业。

（2）加快发展社区商业。

（3）推动和规范家庭服务业发展。

第十章 我国公益慈善事业与志愿服务法规与政策

本章知识体系

我国公益慈善事业与志愿服务法规与政策 { 公益慈善事业的法规与政策 / 志愿服务的法规与管理

第一节 公益慈善事业的法规与政策

一、公益慈善组织的分类
（1）公益组织分类：公益性社会团体和公益性非营利事业单位。
（2）慈善组织分类：社会团体、基金会、民办非企业单位。

二、公益事业捐赠的主要规定
（一）捐赠人与受赠人的权利与义务（表3-10-1）

表3-10-1 捐赠人与受赠人的权利与义务

要点		内容
捐赠人的权利和义务	权利	（1）自愿 ①捐赠行为的自愿性。捐赠应当是自愿和无偿的，禁止强行摊派或者变相摊派，不得以捐赠为名从事营利活动 ②信息公开的自愿性。对捐赠人进行公开表彰，应当事先征求捐赠人的意见 （2）自主 ①针对受赠人的选择。自然人、法人或者其他组织可以选择符合其捐赠意愿的公益性社会团体和公益性非营利的事业单位进行捐赠 ②针对捐赠财产的使用。捐赠财产的使用应当尊重捐赠人的意愿，符合公益目的，不得将捐赠财产挪作他用 ③针对公益事业工程项目的留名纪念。捐赠人对于捐赠的公益事业工程项目可以留名纪念；捐赠人单独捐赠的工程项目或者主要由捐赠人出资兴建的工程项目，可以由捐赠人提出工程项目的名称，报县级以上人民政府批准 （3）知情 ①对于捐赠财产的使用管理。捐赠人有权向受赠人查询捐赠财产的使用、管理情况，并提出意见和建议

(续表 3-10-1)

要点		内容
捐赠人的权利和义务	权利	②对于公益事业工程项目。捐赠的公益事业工程项目竣工后，受赠单位应当将工程建设、建设投资的使用和工程质量验收情况向捐赠人通报 （4）监督 ①签订捐赠协议时的相关规定。捐赠人可以与受赠人就捐赠财产的种类、质量、数量和用途等内容订立捐赠协议。捐赠人有权决定捐赠的数量、用途和方式 ②签订捐赠协议后的相关规定。受赠人与捐赠人订立了捐赠协议的，应当按照协议约定的用途使用捐赠财产，不得擅自改变捐赠财产的用途。如果确需改变用途的，应当征得捐赠人的同意
	义务	①捐赠行为应当是合法并符合公序良俗 ②对于捐赠财产，应当是合法并享有处分权 ③对于捐赠协议，不得随意撤销
受赠人的权利和义务	权利	①受赠财产的给付请求权 ②受赠财产的保护权 ③受赠财产的处置权
	义务	向捐赠人出具合法、有效的收据，接受捐赠人质询，履行捐赠协议，公开受赠财产使用情况，接受监督

（二）关于公益事业工程的捐赠

公益事业工程的相关规定，主要概括为以下几点：
（1）订立协议。
（2）按章办理。
（3）竣工通报。
（4）留名纪念。
（5）优惠支持。

（三）捐赠财产的管理使用

（1）票据。受赠人接受捐赠后，应当向捐赠人出具合法、有效的收据，将受赠财产登记造册，妥善保管。
（2）使用。
（3）管理。
（4）成本。公益性社会团体应当厉行节约，降低管理成本。

（四）公益性捐赠税前扣除规定（表 3-10-2）

表 3-10-2　公益性捐赠税前扣除规定

要点		内容
税收优惠政策规定	企业所得税	企业通过公益性社会团体或者县级以上人民政府及其部门，用于公益事业的捐赠支出，在年度利润总额12%以内的部分，准予在计算应纳税所得额时扣除

(续表 3-10-2)

要点		内容
税收优惠政策规定	个人所得税	个人通过社会团体、国家机关向公益事业的捐赠支出，准予在所得税税前扣除
	进口关税和进口环节的增值税	境外向公益性社会团体和公益性非营利的事业单位捐赠的用于公益事业的物资，规定减征或者免征进口关税和进口环节的增值税
资格认定与取消	资格认定	根据《财政部国家税务总局民政部关于公益性捐赠税前扣除有关问题的通知》规定，公益性社会团体符合基金会、慈善组织等所规定的条件，就可以申请税前扣除资格
	资格取消	存在以下情形的公益性社会团体，应取消公益性捐赠税前扣除资格： ①年度检查不合格或最近一次社会组织评估等级低于3A的 ②在申请公益性捐赠税前扣除资格时有弄虚作假行为的 ③存在偷税行为或为他人偷税提供便利的 ④存在违反该组织章程的活动，或者接受的捐款款项用于组织章程规定用途之外的支出等情况的 ⑤受到行政处罚的
	申请审核程序与要求	

三、公益信托的规定（表 3-10-3）

表 3-10-3　公益信托的规定

要点		内容
公益信托的界定		设立信托的目的：救济贫困，救助灾民，扶助残疾人，发展教育、科技、文化、艺术、体育事业，发展医疗卫生事业，发展环境保护事业，维护生态环境，发展其他社会公益事业
公益信托的设立与终止	设立信托应当载明的事项	①信托目的 ②委托人、受托人的姓名或者名称、住所 ③受益人或者受益人范围 ④信托财产的范围、种类及状况 ⑤受益人取得信托利益的形式、方法
	信托终止的一般规定	①信托文件规定的终止事由发生 ②信托的存续违反信托目的 ③信托目的已经实现或者不能实现 ④信托当事人协商同意 ⑤信托被撤销 ⑥信托被解除
受托人的权利和义务	权利	①取得报酬的权利 ②优先受偿的权利 ③起诉权利

（续表 3-10-3）

要　点	内　容	
受托人的权利和义务	义　务	①履职义务 ②接受检查义务 ③报告公告义务 ④定向处理信托财产义务
信托监察人的权利和义务	①实施法律行为的权利和义务 ②认可报告的权利和义务	

四、救灾捐赠管理的规定（表 3-10-4）

表 3-10-4　救灾捐赠管理的规定

要　点	内　容		
捐赠人和受赠人的权利和义务	捐赠人的权利和义务	权　利	①自愿 ②自主 ③知情 ④优惠
		义　务	①不得营利 ②报请备案 ③合法有据 ④保质合规 ②依法履约
	受赠人的权利与义务	权　利	①组织救灾捐赠 ②接受救灾捐赠 ③追要捐赠款物
		义　务	①信息公开 ②予以确认 ③出具凭证 ④答复查询
救灾捐赠款物的管理和使用	使用范围		①解决灾民衣、食、住、医等生活困难 ②紧急抢救、转移和安置灾民 ③灾民倒塌房屋的恢复重建 ④捐赠人指定的与救灾直接相关的用途 ⑤经同级人民政府批准的其他直接用于救灾方面的必要开支
	管理使用规定		①款进专账，物进表册 ②调拨调剂，民政主责 ③方案备案，接受监督 ④运输仓储，分类执行 ⑤发放公开，有章可循 ⑥物尽其用，保证"时""效" ⑦审计监督，社会公告

(续表 3-10-4)

要　点	内　容
境外救灾捐赠的规定	①表明态度，确定区域 ②对口接受，上报备案 ③款物入境，分头办理 ④免税物资，规范使用

五、彩票管理规定

（一）彩票管理部门的职责

我国的彩票管理与财政、民政、体育行政、公安机关、工商行政管理机关等部门有密切的联系，在《彩票管理条例》和《彩票管理条例实施细则》法律法规中，对各级各部门职责做出了归纳，主要包括财政监管、"民""体"分管、"公""商"维护、"发""销"分责等方面。

（二）彩票的发行与销售管理（表 3-10-5）

表 3-10-5　彩票的发行与销售管理

要　点	内　容
彩票的发行	国务院特许发行福利彩票、体育彩票。未经国务院特许，禁止发行其他彩票。禁止在中华人民共和国境内发行、销售境外彩票 ①严格程序。彩票发行机构申请开设、变更、停止彩票品种，应当经国务院民政部门或者国务院体育行政部门审核同意，向国务院财政部门提交申请，国务院财政部门对申请进行审查并作出书面决定 ②明确时限 ③信息公开
彩票销售	（1）彩票代销者。彩票发行机构、彩票销售机构可以委托单位、个人代理销售彩票，并签订彩票代销合同。彩票代销者不得委托他人代销彩票 （2）销售行为。彩票发行机构、彩票销售机构、彩票代销者不得有下列行为： ①进行虚假性、误导性宣传 ②以诋毁同业者等手段进行不正当竞争 ③向未成年人销售彩票 ④以赊账或者信用方式销售彩票

（三）彩票开奖与兑奖管理（表 3-10-6）

表 3-10-6　彩票开奖与兑奖管理

要　点	内　容
开　奖	①公开公正 ②及时公告
兑　奖	（1）针对彩票中奖者。彩票中奖者应当在开奖之日起 60 个自然日内，持中奖彩票到指定的地点兑换 （2）针对彩票发行机构、彩票销售机构、彩票代销者 ①按规则规程兑奖

(续表 3-10-6)

要点	内　容
兑奖	②奖金以人民币一次性兑付 ③不得向未成年人兑奖 ④保密义务 ⑤尊重中奖者意愿

（四）彩票公益金的管理与使用（表 3-10-7）

表 3-10-7　彩票公益金的管理与使用

要点	内　容
收缴	①彩票销售机构按月上缴 ②上缴中央财政的彩票公益金，由财政部驻各省、自治区、直辖市财政监察专员办事处负责执收 ③上缴省级财政的彩票公益金由各省、自治区、直辖市人民政府财政部门负责执收
分配与使用	彩票公益金按比例在中央与地方之间分配，由各省、自治区、直辖市彩票机构分别上缴中央财政和省级财政。上缴中央财政的彩票公益金，用于补充全国社会保障基金、社会福利事业、体育事业和国务院批准的其他社会公益事业。上缴省级财政的彩票公益金，将福利彩票和体育彩票分开核算，坚持按彩票发行宗旨使用
宣传与公告	彩票公益金资助的基本设备应当以显著方式标明"彩票公益金资助——中国福利彩票和中国体育彩票"标识 ①专用标识 ②社会公告

第二节　志愿服务的法规与管理

一、志愿服务的特点

自愿性、非营利性、无偿性。

二、我国志愿服务的发展

我国的志愿精神和志愿活动可以追溯到 20 世纪 60 年代中期，我国曾经对亚洲、非洲的许多发展中国家进行大量的国际援助，派遣了大量的志愿人员到国外参与相应的项目。

在20世纪80年代后期，我国开始有自己的志愿活动和志愿者。改革开放以后，我国最早的志愿者产生在社区服务的层次上，并逐步建立社区志愿组织。

20世纪90年代初期，在共青团系统形成另一支志愿者队伍，并产生了全国性志愿者组织——中国青年志愿者协会。目前，我国志愿服务作为一种公益活动，是中国传统文化与西方志愿精神的结合，是学雷锋活动的创新和发展。

三、志愿服务中的权利与义务

（1）志愿者服务组织的权利与义务。

（2）志愿者的权利与义务。

四、志愿服务管理规定（表3-10-8）

表3-10-8　志愿服务管理规定

要　点	内　　容
志愿者招募注册	①招募注册的规定 ②志愿者服务协议的规定
志愿者培训管理	①教育培训 ②日常管理
志愿服务记录制度	①志愿服务记录基本原则。志愿服务记录应遵循及时、完整、准确、安全原则 ②主要内容包括个人信息、志愿服务培训信息、表彰奖励信息、被投诉信息 ③基本程序：采集、公示 ④管理和使用。包括保存与保密，转移与共享，提供证明，报送和发布
志愿服务激励保障制度	①星级评定制度 ②嘉许回馈制度 ③权益保障制度

五、志愿服务基金的规定

志愿服务基金来源包括社会捐赠、政府支持、基金增值收益和其他合法收入。

第十一章　我国社会组织发展的法规与政策

本章知识体系

我国社会组织发展的法规与政策 { 社会团体管理法规与政策　民办非企业单位管理法规与政策　基金会管理法规与政策

第一节　社会团体管理法规与政策

民间组织管理与公益慈善事业促进相关法律法规：
（1）《社会团体登记管理条例》（1998）。
（2）《民办非企业单位登记管理暂行条例》（1998）。
（3）《民办非企业单位登记暂行办法》（1999）。
（4）《民办非企业单位年度检查办法》（2005）。
（5）《基金会管理条例》（2004）。

一、社会团体成立登记（表 3-11-1）

表 3-11-1　社会团体成立登记

要点		内容
免予登记的社会团体		①参加中国人民政治协商会议的团体 ②国务院机构编制管理机关核定，国务院批准免予登记的团体 ③机关、团体、企事业单位内部的团体 ④其他免予登记的社会团体：如中国文联所属 11 个文化艺术家协会
成立社会团体的条件		①有符合法律规定的会员数量 ②有规范的名称和相应的组织机构 ③有与其业务活动相适应的专职工作人员 ④有合法的资产和经费来源，全国性的社会团体应有 10 万元以上活动资金，地方性的社会团体和跨行政区域的社会团体应有 3 万元以上活动资金
登记管辖	全国性社会团体	国务院登记管理机关
	地方性社会团体	地方政府登记管理机关

(续表 3-11-1)

要　点	内　　　容	
登记管辖	跨行政区域社团	共同上级人民政府登记管理机关
登记程序	社会团体的成立，有两类： （1）可直接登记的团体 （2）需前置审批的社会团体 ①申请筹备 ②召开会员（代表）大会 ③审查登记 ④备案	

二、社会团体的管理

（一）登记事项的管理（表 3-11-2）

表 3-11-2　登记事项的管理

要　点	内　　　容
变更登记	业务主管单位审查同意，向登记管理机关申请
分支机构、代表机构的设立	注意事项： ①分支机构、代表机构不具备法人资格 ②社会团体不得向分支机构收费 ③分支机构不能再设立分支机构 ④依章程、宗旨活动 ⑤撤销时，应经业务主管单位审查同意，办理注销手续

（二）财务制度（表 3-11-3）

表 3-11-3　财 务 制 度

要　点	内　　　容
依法建账	凭"社会团体法人登记证书"开立银行账户，并将银行账号报登记管理机关备案
规范会计行为	按照《民间非营利组织会计制度》的规定进行会计核算，编制财务会计报告，保证会计信息的真实、完整，及时反映民间非营利组织控制的资源状况、负债水平、资金使用情况及其效果、现金流量等信息
接受审计监督	①社会团体的资产如果来源于国家拨款或社会捐赠、资助，应当接受审计机关的监督 ②社会团体在换届或者更换法定代表人之前，登记管理机关、业务主管单位应对其进行财务审计
依法管理资产	①社会团体的资产来源必须合法。社会团体的资金来源主要来自捐赠人的捐赠、会员缴纳的会费、向服务对象收取的服务费等 ②社会团体的资产必须用于合法用途，任何单位和个人不得侵占、私分或者挪用社会团体的资产

(三) 税收政策 (表 3-11-4)

表 3-11-4　税 收 政 策

要　　点	要　　　　　　点
税收规定	有关规定的政策：《事业单位、社会团体、民办非企业单位企业所得税征收管理办法》
免税资格	①依法登记成立 ②从事公益性或者非营利性活动 ③取得的收入除用于与该组织有关的、合理的支出外，全部用于章程规定的公益性或者非营利性事业 ④财产及其孳息不用于分配，但不包括合理的工资薪金支出 ⑤按照登记核定或者章程规定，该组织注销后的剩余财产用于公益性或者非营利性目的，或者由登记管理机关转赠给与该组织性质、宗旨相同的组织，并向社会公告 ⑥投入人对投入该组织的财产不保留或者享有任何财产权利，本款所称投入人是指除各级人民政府及其部门外的法人、自然人和其他组织 ⑦工作人员工资、福利开支控制在规定的比例内，不变相分配该组织的财产，其中：工作人员平均工资薪金水平不得超过上年度税务登记所在地人均工资水平的两倍，工作人员福利按照国家有关规定执行 ⑧除当年新设立的社会组织外，社会组织申请前年度的检查结论为"合格" ⑨对取得的应纳税收入及其有关的成本、费用、损失应与免税收入及其有关的成本、费用、损失分别核算
免税材料	①申请报告 ②组织章程 ③税务登记证复印件 ④非营利组织登记证复印件 ⑤申请前年度的资金来源及使用情况、公益活动和非营利活动的明细情况 ⑥具有资质的中介机构鉴证的申请前会计年度的财务报表和审计报告 ⑦登记管理机关出具社会团体申请前年度的年度检查结论 ⑧财政、税务部门要求提供的其他材料
免税资格被取消的情况	已认定的享受免税优惠政策的非营利组织有下述情况之一的，应取消其资格： ①逾期未参加年检或年度检查结论为"不合格"的 ②在申请认定过程中提供虚假信息的 ③有逃避缴纳税款或帮助他人逃避缴纳税款行为的 ④通过关联交易或非关联交易和服务活动，变相转移、隐匿、分配该组织财产的 ⑤因违反《税收征管法》及其《实施细则》而受到税务机关处罚的 ⑥受到登记管理机关处罚的

（四）年检与评估（表 3-11-5）

表 3-11-5　年检与评估

要　　点	要　　点
年检制度	每年3月31日前向业务主管单位报送上一年度工作报告，5月31日前报送登记管理机关
评估办法	社会团体和基金会的评估实行综合评估，评估内容包括基础条件、内部治理、工作绩效和社会评价，其结果由高到低可分为五个等级，依次为5A级、4A级、3A级、2A级、1A级

三、社会团体的终止（表 3-11-6）

表 3-11-6　社会团体的终止

要　　点	要　　点
注销登记的情形	①章程规定的宗旨已完成 ②自行解散 ③社会团体分立、合并 ④由于其他原因终止
依法撤销的情形	①骗取登记 ②取得登记证书之日起一年未开展活动 ③有违反社会团体管理法律和法规的行为

第二节　民办非企业单位管理法规与政策

一、民办非企业单位成立登记（表 3-11-7）

表 3-11-7　民办非企业单位成立登记

要　　点		要　　点
民办非企业单位的分类	概　　念	民办非企业单位，是指企业事业单位、社会团体和其他社会力量以及公民个人利用非国有资产举办的，从事非营利性社会服务活动的社会组织
	分　　类	①行业分类：教育事业、卫生事业、文化事业、科技事业、体育事业、劳动事业、民政事业、社会中介服务业、法律服务业、其他 ②民事责任分类：个体、合伙、法人

(续表 3-11-7)

要　点	内　　容	
成立民办非企业单位的条件	①经业务主管单位审查同意 ②有规范的名称、必要的组织机构 ③有与其业务活动相适应的从业人员 ④有与其业务活动相适应的合法财产 ⑤有必要的场所	
登记程序	登记申请	①登记申请书 ②业务主管单位的批准文件 ③场所使用权证明 ④验资报告 ⑤拟任法定代表人或单位负责人的基本情况、身份证明
	审查登记	审批登记申请（60日内决定）

二、民办非企业单位的管理和终止

（一）民办非企业单位的管理

（1）变更登记。

（2）财务制度。

（3）税收政策。

（4）年检和评估。

（二）民办非企业单位的终止（表3-11-8）

表 3-11-8　民办非企业单位的终止

要　点	内　　容
注销登记	根据《民办非企业单位登记暂行办法》的规定，当民办非企业单位有下列情况之一时，必须申请注销登记： ①章程规定的解散事由出现 ②不再具备成立民办非企业单位规定的条件 ③民办非企业单位的宗旨发生根本变化 ④由于其他变更原因，导致其与登记管理机关管辖范围不一致 ⑤民办非企业单位因分立而解散 ⑥民办非企业单位因合并而解散 ⑦原业务主管单位不再担当其业务主管单位，且在90日内找不到新的业务主管单位 ⑧有关行政管理机关根据法律、行政法规规定认为需要注销 ⑨其他原因需要解散
撤销登记	①骗取登记 ②业务主管单位撤销批准的 ③民办非企业单位的活动违反法律、法规的

第三节　基金会管理法规与政策

一、基金会的设立
（一）基金会的概念和分类（表 3-11-9）

表 3-11-9　基金会的概念和分类

要　点	内　容
概　念	利用自然人、法人或者其他组织捐赠的财产，以从事公益事业为目的的非营利性法人
分　类	①公募基金会：全国性公募基金会、地方性公募基金会 ②非公募基金会

（二）设立基金会的条件
（1）为特定的公益目的而设立。
（2）全国性公募基金会的原始基金不低于 800 万元人民币，地方性公募基金会的原始基金不低于 400 万元人民币，非公募基金会的原始基金不低于 200 万元人民币；原始基金必须为到账货币资金。
（3）有规范的名称、章程、组织机构以及与其开展活动相适应的专职工作人员。
（4）有固定的住所。
（5）能够独立承担民事责任。

（三）设立基金会的申请与登记
（四）境外基金会代表机构的设立

二、基金会的组织结构
（一）理事会的组成及职责（表 3-11-10）

表 3-11-10　理事会的组成及职责

要　点		内　容
理事会的构成与职责	规　模	基金会设理事会，理事会规模为 5 人至 25 人
	任　期	理事任期由章程规定，但每届任期不得超过 5 年。理事任期届满，连选可以连任
	连任限制	用私人财产设立的非公募基金会，相互间有近亲属关系的基金会理事，总数不得超过理事总人数的 1/3；其他基金会，具有近亲属关系的不得同时在理事会任职。未担任专职的理事不得领取报酬。领取报酬理事数量不得超过理事总人数的 1/3
	任　职	理事会设理事长、副理事长和秘书长，从理事中选举产生，理事长是基金会的法定代表人

（续表 3-11-10）

要点		内容
理事长、副理事长、秘书长任职限制		（1）不得由现职国家工作人员兼任 （2）以下人员不能任职 ①受过刑罚处罚刑期满未超过 5 年 ②因违法被撤销登记未超过 5 年的前基金会任职人员 ③正在或曾被判处过剥夺政治权利的人 （3）境外任职人员每年在内地居留时间不得少于 3 个月
理事会的职责	性质	基金会的决策机构
	会议	理事会每年至少召开 2 次会议，理事会议须有 2/3 以上理事出席方能召开，理事会决议须经出席理事过半数通过方为有效
	重要事项的决议	下列重要事项须经出席理事 2/3 以上通过方为有效 ①章程的修改 ②选举或者罢免理事长、副理事长、秘书长 ③章程规定的重大募捐、投资活动 ④基金会的分立、合并

（二）监事及其职责（表 3-11-11）

表 3-11-11 监事及其职责

要点	内容
监事	①任期：监事任期与理事任期相同 ②回避：理事、理事的近亲属和基金会财会人员不得兼任监事 ③监事不得从基金会获取报酬 ④监事及其近亲属不得与其所在基金会有交易行为
职责	①依程序检查基金会财务和会计资料，监督理事会遵守法律和章程的情况 ②列席理事会议，有权向理事会提出质询和建议 ③向登记管理机关、业务主管单位以及税务会计主管部门反映情况

三、基金会的管理

（一）登记事项的管理

（1）分支机构、代表机构设立——不具备法人资格。
（2）变更登记。

（二）基金会财产的管理

（1）税务登记。
（2）登记备案。
（3）执行国家统一会计制度。
（4）在章程宗旨和业务范围内组织募捐、接受捐赠。
（5）基金会的财产和收入受法律保护，应当合法使用。
（6）基金的保值、增值应遵循合法、安全、有效的原则。

（7）支出比例合法。

（8）向社会公开公益资助项目种类和申请、评审程序，可与受助人签资助协议。

（三）基金会的年检制度

四、基金会的终止

基金会的终止有两种情形：基金会申请注销与被登记机关依法撤销。基金会、境外基金会代表机构有下列情形之一时，应当向登记管理机关申请注销登记：

（1）按照章程规定终止。

（2）无法按照章程规定的宗旨继续从事公益活动。

（3）其他原因。

被撤销登记的情形有：

（1）申请登记时弄虚作假骗取登记。

（2）规定时间内未按章程开展活动。

（3）符合注销条件仍继续开展活动。

（4）连续两年不接受年检。

（5）违反法律、法规且情节严重。

第十二章 我国劳动就业和劳动关系法规与政策

本章知识体系

我国劳动就业和劳动关系法规与政策
- 促进就业的法规与政策
- 劳动合同的规定
- 工资、工作时间和休息休假的规定
- 劳动保护与职业培训的规定
- 劳动保障监察和劳动争议处理
- 构建和谐劳动关系法规和政策

第一节 促进就业的法规与政策

一、促进就业的原则及政策支持

（一）原则（表3-12-1）

表3-12-1 原　　则

要　点	内　容
国家促进就业的原则	国家把扩大就业放在经济社会发展的突出位置，实施积极的就业政策，坚持劳动者自主创业、市场调节就业、政府促进就业的方针，多渠道扩大就业
平等就业与自主择业的原则	劳动者就业，不因民族、种族、性别、宗教信仰不同而受歧视，具体表现为男女平等、保障残疾人权利、城乡平等
照顾特殊与困难群体的原则	国家对妇女的就业保护作了具体规定。少数民族人员、残疾人和退役军人在就业过程应给予特殊照顾
禁用童工的原则	禁止用人单位招用未满16周岁的未成年人

（二）政策支持（表3-12-2）

表3-12-2 政策支持

要　点	内　容
产业政策	国家鼓励企业增加就业岗位，鼓励发展劳动密集型产业，引导非公有制经济发展扩大就业，发展国际经济合作拓宽就业渠道。县级以上政府发挥重大项目带动就业的作用
财政政策	国家实行有利于促进就业的财政政策，县级以上政府安排促进就业的专项资金

(续表 3-12-2)

要点	内容
失业保险制度	国家建立健全失业保险制度，确保失业人员的基本生活，促进其实现再就业
优惠政策	国家对下列企业、人员给予税收优惠： ①吸纳失业人员达到规定的企业 ②安置残疾人达到规定比例或集中使用残疾人的企业 ③失业人员创办的中小企业 ④从事个体经营的失业人员和残疾人（同时享受经营场地方面照顾和免行政事业性收费）
金融政策	增加中小企业的融资渠道，鼓励金融机构加大对中小企业和自主创业人员给予信贷扶持
统筹兼顾	国家：实行城乡统筹就业政策，鼓励区域协作发展经济 县级以上政府：推进小城镇建设，吸纳农村剩余劳动力就近就业 各级政府：统筹做好新增劳动力、失业人员、农村富余劳动力的就业工作
就业服务促进就业	①为灵活就业人员提供服务和帮助，逐步完善社会保险制度 ②加强对失业人员从事个体经营的指导服务

二、就业服务与就业援助

（一）就业服务与管理

1. 公共就业服务
（1）为劳动者免费提供系列服务。
（2）根据用人单位需求提供服务。
（3）向劳动者和用人单位提供职业指导服务。
2. 职业中介机构
（1）设立职业中介机构应当具备的条件：
①有明确的章程和管理制度。
②有开展业务必备的固定场所、办公设施和资金。
③有一定数量具备相应资格的专职工作人员。
（2）职业中介机构可从事的业务。
（3）职业中介机构不可有的行为。
3. 劳动力调查、登记制度

（二）就业援助（表 3-12-3）

表 3-12-3 就业援助

要点	内容
援助对象	就业困难人员：因身体状况差、技能水平低、失去土地等原因难以就业的人员；零就业家庭
援助措施	健全就业援助制度、开发公益性岗位、加强就业援助服务、特殊群体特别扶助、产业结构调整

第二节 劳动合同的规定

一、劳动合同的订立

（一）订立劳动合同的原则

平等自愿、协商一致、合法公平、诚实信用。

（二）劳动合同的内容（表3-12-4）

表3-12-4 劳动合同的内容

要点	内容
必备条款	①用人单位的名称、住所和法定代表人或者主要负责人 ②劳动者的姓名、住址和居民身份证或者其他有效身份证件号码 ③劳动合同期限 ④工作内容和工作地点 ⑤工作时间和休息休假 ⑥劳动报酬 ⑦社会保险 ⑧劳动保护、劳动条件和职业危害防护 ⑨法律、法规规定应当纳入劳动合同的其他事项
约定条款	①试用期 ②培训 ③保守秘密 ④补充保险和福利待遇等
试用期工资的最低水平	劳动者在试用期的工资不得低于本单位相同岗位最低档工资或者劳动合同约定工资的80%，并不得低于用人单位所在地的最低工资标准
对用人单位解除劳动合同的限制	不得解除劳动合同：在试用期中，除《中华人民共和国劳动合同法》规定的可以解除劳动合同的情形外，用人单位不得解除劳动合同 专项培训：用人单位提供专项培训费用，可约定服务期，劳动者提前解除合同需支付违约金 保守商业秘密：签订保密协议，约定竞业限制；用人单位支付竞业限制补偿金，劳动者违反约定需支付违约金

表3-12-5 试用期条款的限制

劳动合同期限	试用期
以完成一定工作任务为期限的	不得约定试用期
不满三个月	不得约定试用期
三个月以上不满一年	不得超过一个月

(续表 3-12-5)

劳动合同期限	试用期
一年以上不满三年	不得超过二个月
三年以上	不得超过六个月
无固定期限的	不得超过六个月

（三）劳动合同的效力

劳动合同依法订立后即具有法律约束力，当事人必须履行劳动合同规定的义务。

1. 下列劳动合同无效或者部分无效：

（1）以欺诈、胁迫的手段或者乘人之危，使对方在违背真实意思的情况下订立或者变更劳动合同的。

（2）用人单位免除自己的法定责任、排除劳动者权利的。

（3）违反法律、行政法规强制性规定的。

2. 无效合同的确认机构：人民法院、劳动争议仲裁机构

3. 无效合同的处理

（1）全部无效——撤销合同。

（2）部分无效——修改合同。

（3）对劳动者造成损害——过错方承担赔偿责任。

二、劳动合同的履行和变更

（一）劳动合同的履行（表 3-12-6）

表 3-12-6 劳动合同的履行

要　点	内　　容
履行原则	实际履行、全面履行、合作履行原则
履行规定	①按时、足额支付劳动报酬 ②严格执行劳动定额标准 ③劳动环境安全保护 ④不因单位变更名称、法人等影响劳动合同履行

（二）劳动合同的变更

协商一致、采用书面形式、不得违反法律和行政法规的规定。

三、劳动合同的解除

（一）劳动合同的解除

1. 协商解除

2. 劳动者提前解除

（1）提前（30 日／试用期 3 日）通知用人单位。

（2）立即解除。

①用人单位以暴力胁迫等非法手段强迫劳动者劳动。
②用人单位违章指挥、强迫冒险作业危及劳动者人身安全。

3. 用人单位提前解除（表3-12-7）

表3-12-7　用人单位提前解除

要　点	内　容
提前通知解除	①情形：因病或不能胜任工作，经培训后仍不能胜任工作，及订立合同的条件依据发生重大变化 ②要求：提前30日书面通知，或额外支付1个月工资
经济性裁员	①情形：裁员20人以上或裁减人数达10%以上 ②要求提前30日向工会或全体职工说明，并听取相关意见、向劳动行政部门报告。确因破产重整、经营严重困难，或因企业改革、革新，签订合同所依赖的外界经济环境变化，方可裁员 ③裁员优先留用下列人员：签订较长期限合同的、签订无固定期限劳动合同的、家庭无其他就业人员并有需要抚养的老年人或未成年人 ④其他规定：单位破产重组裁员的，6个月内招用新人，应通知优先录用被裁人员
不得解除合同情形	①可能患职业病未确诊期间 ②因职业病或工伤丧失或部分丧失劳动能力 ③患病或非因工负伤，在规定的医疗期内 ④女职工在孕期、产期、哺乳期 ⑤连续工作满15年且距退休年龄不足5年
工会职权	①提出意见 ②要求单位重新处理 ③支持劳动者申请仲裁或诉讼

4. 用人单位对劳动者的经济补偿（表3-12-8）

表3-12-8　用人单位对劳动者的经济补偿

要　点	内　容
应当补偿的情形	①劳动者依据《劳动合同法》第三十八条规定解除劳动合同 ②用人单位提出并与劳动者协商一致解除 ③用人单位提前解除劳动合同、经济性裁员 ④用人单位终止固定期限合同（劳动者不同意续订除外） ⑤用人单位破产、终止
补偿标准	①每满一年支付一个月工资 ②月工资标准最高为本地职工月平均工资的3倍 ③最长补偿年限为12年

（二）劳动合同的终止（表 3-12-9）

表 3-12-9　劳动合同的终止

要　点	内　容
终止情形	①合同期满 ②劳动者开始享受基本养老保险待遇 ③劳动者死亡或被宣告死亡、宣告失踪 ④用人单位被依法宣告破产 ⑤用人单位被吊销营业执照、责令关闭、撤销或提前解散 ⑥法律、行政法规规定的其他情形
手续办理	出具证明，15日内办理档案移交、工作交接、经济补偿等，合同文本至少保存两年

四、集体合同、劳务派遣和非全日制用工的规定

（一）集体合同

由工会代表职工与用人单位订立。分为：专项集体合同（女职工权益保护、劳动安全卫生）、行业性集体合同（建筑业、采矿业、餐饮服务业）、区域性集体合同。

（二）集体合同的效力

经劳动行政部门审查无异议后生效。

（三）劳务派遣（表 3-12-10）

表 3-12-10　劳务派遣

要　点	内　容
经营劳务派遣的条件	①注册资本不得少于人民币200万元 ②有与开展业务相适应的固定的经营场所和设施 ③有符合法律、行政法规规定的劳务派遣管理制度 ④法律、行政法规规定的其他条件 经营劳务派遣业务，应当向劳动行政部门依法申请行政许可；经许可的，依法办理相应的公司登记。未经许可，任何单位和个人不得经营劳务派遣业务
劳务派遣用工范围和用工比例	①我国企业基本用工形式是劳动合同用工，而劳务派遣用工作为一种补充形式，其职能适用于辅助性或替代性的工作岗位 ②用工单位应当严格控制劳务派遣用工数量，使用的派遣劳动者不得超过其用工总量的10%
劳务派遣协议	应当载明的内容： ①派遣的工作岗位名称和岗位性质 ②工作地点 ③派遣人员数量和派遣期限； ④按照同工同酬原则确定的劳动报酬数额和支付方式 ⑤社会保险费的数额和支付方式

（续表 3-12-10）

要点	内容
劳务派遣协议	⑥工作时间和休息休假事项 ⑦被派遣劳动者工伤、生育或者患病期间的相关待遇 ⑧劳动安全卫生以及培训事项 ⑨经济补偿等费用 ⑩劳务派遣协议期限 ⑪劳务派遣服务费的支付方式和标准 ⑫违反劳务派遣协议的责任 ⑬法律、法规、规章规定应当纳入劳务派遣协议的其他事项

（四）非全日制用工

（1）日工作不超过 4 小时，周工作不超过 24 小时。
（2）可订立口头协议，可与多个用人单位订立劳动合同。
（3）不得约定试用期。
（4）可随时终止用工。
（5）计酬标准符合规定标准，计酬结算时间不超过 15 日。

第三节 工资、工作时间和休息休假的规定

一、工资（表 3-12-11）

表 3-12-11 工 资

要点		内容
工资分配原则		按劳分配、同工同酬
工资支付		以货币形式按月支付
最低工资保障	含义	劳动者在法定或约定的工作时间内履行了正常劳动义务的前提下，用人单位支付的最低劳动报酬
	最低工资标准的确定	①本人和平均赡养人口的最低生活费 ②社会平均工资水平 ③劳动生产率 ④就业状况 ⑤区域经济发展水平
	最低工资标准的发布	①省级劳动保障行政部门确定方案 ②省级人民政府批准 ③7 日内在政府公报和至少一种全地区性报纸上发布 ④10 日内上报人力资源和社会保障部

(续表 3-12-11)

要点		内容
最低工资保障	最低工资标准的调整	参考当地就业者及其赡养人口最低生活费、城镇居民消费价格参数、职工平均工资、经济发展水平、就业状况等，至少两年调整一次

二、工作时间和休息休假

（一）工作时间（表 3-12-12）

表 3-12-12 工作时间

要点	内容
标准工作日制度	每日工作 8 小时 每周工作 40 小时
延长工作时间的规定	①每日 1～3 小时，每月不超过 36 小时 ②不受限制：抢险救灾、事故处理、公共设施设备抢修等紧急事件 ③安排劳动者延长工作时间的，应当支付不低于工资的 150% 的工资报酬 ④休息日安排劳动者工作又不能安排补休的，支付不低于工资的 200% 的工资报酬 ⑤法定休假日安排劳动者工作的，支付不低于工资的 300% 的工资报酬

（二）休假（表 3-12-13）

表 3-12-13 休假

要点	内容
公休假日	五天工作制，公休假日为每周两天
法定节日	包括元旦、春节、清明节、劳动节、端午节、中秋节、国庆节
年休假	劳动者连续工作 1 年以上的，享受带薪年休假

第四节 劳动保护与职业培训的规定

一、劳动保护

（一）劳动安全卫生（表 3-12-14）

表 3-12-14 劳动安全卫生

要点	内容
用人单位的责任	①建立、健全安全卫生制度 ②确保设备设施安全卫生 ③安全卫生条件与劳动防护用品保障

（续表 3-12-14）

要点	内容
劳动者的权利和责任	①特种作业特殊培训 ②遵守安全操作规程 ③有权拒绝进入危险工作环境
国家	建立相关制度

（二）特殊劳动群体保护（表 3-12-15）

表 3-12-15　特殊劳动群体保护

要点	内容
女职工	①平等就业，特定时期不被辞退 ②男女同工同酬 ③合理安排工种和工作 ④"四期"保护
未成年工	①最低就业年龄：16 周岁 ②劳动保护（禁止从事矿山井下、有毒有害、四级体力强度等劳动，并定期进行健康检查）

二、职业培训（表 3-12-16）

表 3-11-16　职　业　培　训

要点	内容
就业前职业培训	①对城乡新生劳动力实行劳动预备和就业准入制度。《就业促进法》规定，国家采取措施建立健全劳动预备制度，县级以上地方人民政府对有就业要求的初高中毕业生实行一定期限的职业教育和培训，使其取得相应的职业资格或者掌握一定的职业技能 ②对从事技术工种的劳动者实行岗前培训制度。《劳动法》规定，"从事技术工种的劳动者，上岗前必须经过培训"。这里的技术工种是指技术复杂、通用性广、涉及国家财产、人民生命安全和消费者利益的工种
就业后职业培训	又称在职培训。用人单位在使用劳动力的同时，负有对劳动者进行职业培训的义务。《就业促进法》规定，企业应当按照国家有关规定提取职工教育经费，对劳动者进行职业技能培训和继续教育培训。《劳动法》规定，用人单位应当建立职业培训制度，按照国家规定提取和使用职业培训经费，根据本单位实际，有计划地对劳动者进行职业培训

第五节 劳动保障监察和劳动争议处理

一、劳动保障监察的规定

(一) 监察范围、机构与原则（表3-12-17）

表3-12-17 监察范围、机构与原则

要点	内容
范围	①企业和个体工商户 ②职业介绍、职业技能培训、职业技能考核鉴定机构（"三职"机构）
机构	劳动保障行政部门及其委托的机构
原则	①保护劳动者权益 ②公正、公开 ③高效、便民 ④教育与处罚相结合

(二) 监察机构的职责和监察事项（表3-12-18）

表3-12-18 监察机构的职责和监察事项

要点	内容
监察机构的职责	普法、监督执行、受理投诉、纠正及查处违法行为
监察事项	①用人单位在制度规范，劳动合同订立，禁用童工，特殊劳动保护，工休，薪酬，保险方面的执行情况 ②职业介绍机构、职业技能培训机构和职业技能考核鉴定机构遵守国家有关规定的情况 ③法律法规规定的其他劳动保障监察事项

(三) 劳动保障监察的实施（表3-12-19）

表3-12-19 劳动保障监察的实施

要点		内容
管辖	地域管辖	对用人单位的劳动保障监察，由用人单位用工所在地的县级或者设区的市级劳动保障行政部门管辖。地域管辖是劳动保障监察最主要的管辖方式
	级别管辖	上级劳动保障行政部门根据工作需要，可以调查处理下级劳动保障行政部门管辖的案件
	指定管辖	劳动保障行政部门对劳动保障监察管辖发生争议的，报请共同的上一级劳动保障行政部门指定管辖
形式		①劳动保障监察以日常巡视检查、审查用人单位报送的书面材料以及接受举报投诉等形式进行 ②用人单位有违反法律法规的行为，需要进行调查处理的，应当及时立案

(续表 3-12-19)

要点		内容
形式		③劳动保障行政部门或者受委托组织应当设立举报、投诉信箱和电话 ④对群体性事件，劳动保障行政部门应当根据应急预案，迅速会同有关部门处理
措施		劳动保障行政部门实施劳动保障监察，有权采取下列调查、检查措施： ①进入用人单位的劳动场所进行检查 ②就调查、检查事项询问有关人员 ③要求用人单位提供与调查、检查事项相关的文件资料，并作出解释和说明，必要时可以发出调查询问书 ④采取记录、录音、录像、照相或者复制等方式收集有关情况和资料 ⑤委托会计师事务所对用人单位工资支付、缴纳社会保险费的情况进行审计 ⑥法律、法规允许的其他调查、检查措施
程序	监察员	经考核考试录用，佩戴、出示证件，两人以上执法，适用回避制度
	期限	60 个工作日内完成，情况复杂，可延长 30 个工作日
	处理方式	①行政处罚 ②责令改正或相应的行政处理 ③撤销立案 ④移送有关部门处理
	告知程序	①听取用人单位陈述、申辩 ②告知用人单位享有行政复议、行政诉讼的权利
	时效	两年

二、劳动争议处理的规定

（一）劳动争议处理的原则、范围与机构（表 3-12-20）

表 3-12-20 劳动争议处理的原则、范围与机构

要点		内容
原则		合法、公正、及时、着重调解
劳动争议的范围		①因企业开除、除名、辞退职工和职工辞职、自动离职发生的争议 ②因执行国家有关工资、保险、福利、培训、工作时间、休息休假、劳动保护的规定发生的争议 ③因订立、履行、变更、解除和终止劳动合同发生的争议 ④法律、法规规定的其他劳动争议
处理机构	调解机构	劳动争议调解组织
	仲裁机构	劳动争议仲裁委员会
	司法机构	人民法院
	劳动争议调解组织	调解组织包括： ①企业劳动争议调解委员会 ②基层调解组织 ③乡镇、街道设立的有调解职能的组织

(续表 3-12-20)

要点		内容
处理机构	劳动争议仲裁委员会	仲裁委员会的组成： ①劳动行政部门代表、工会代表、用人单位方面的代表 ②组成人员必须是单数

（二）劳动争议的调解（表 3-12-21）

表 3-12-21 劳动争议的调解

要点		内容
原则	自愿原则	劳动争议调解应在双方当事人自愿的基础上进行。自愿原则体现在，是否申请调解、调解协议的达成及调解协议的执行均由双方当事人自行决定
	民主说服原则	劳动争议调解组织既不是国家的审批机关，也不是国家的行政机关，没有仲裁权和行政命令权，只能采取民主说服的办法
调解程序、期限与效力		①申请劳动争议调解可以书面申请，也可以口头申请。口头申请，调解组织应当当场记录申请人基本情况，申请调解的争议事项、理由和时间。调解劳动争议，应当充分听取双方当事人对事实和理由的陈述，耐心疏导，帮助其达成协议 ②经调解达成协议的，应当制作调解协议书。调解协议书由双方当事人签名或者盖章，经调解员签名并加盖调解组织印章后生效，对双方当事人具有约束力，当事人应当履行。自劳动争议调解组织收到调解申请之日起 15 日内未达成调解协议的，当事人可以依法申请仲裁 ③达成调解协议后，一方当事人在协议约定期限内不履行调解协议的，另一方当事人可以依法申请仲裁 ④因支付拖欠劳动报酬、工伤医疗费、经济补偿或者赔偿金事项达成调解协议，用人单位在协议约定期限内不履行的，劳动者可以持调解协议书依法向人民法院申请支付令

（三）劳动争议仲裁

1. 仲裁的原则
（1）着重调解。
（2）及时迅速。
（3）区分举证责任。

2. 仲裁庭（表 3-12-22）

表 3-12-22 仲 裁 庭

要点	内容
一般仲裁庭	由三名仲裁员组成，设首席仲裁员
简易仲裁庭	由一名仲裁员组成独任仲裁庭，处理简单劳动争议案件

3. 仲裁员（表 3-12-23）

表 3-12-23　仲　裁　员

要　点	内　容
条　件	①曾任审判员 ②从事法律研究、教学工作并具有中级以上职称 ③具有法律知识、从事人力资源管理或工会等专业工作满 5 年 ④律师执业满 3 年
职　责	①参加仲裁庭 ②调查取证 ③调解 ④审查 ⑤参加仲裁庭会议 ⑥提出裁决意见 ⑦保密
回　避	仲裁员是本案当事人或当事人近亲属，与案件有利害关系或其他关系，私自会见当事人或接受请客送礼等情形下，应当回避

4. 案件审理（表 3-12-24）

表 3-12-24　案 件 审 理

要　点	内　容
管　辖	劳动争议仲裁委员会负责管辖本区域内发生的劳动争议。劳动争议由劳动合同履行地或者用人单位所在地的劳动争议仲裁委员会管辖。双方当事人分别向劳动合同履行地和用人单位所在地的劳动争议仲裁委员会申请仲裁的，由劳动合同履行地的劳动争议仲裁委员会管辖
当事人	发生劳动争议的劳动者和用人单位为劳动争议仲裁案件的双方当事人。劳务派遣单位或者用工单位与劳动者发生劳动争议的，劳务派遣单位和用工单位为共同当事人。与劳动争议案件的处理结果有利害关系的第三人，可以申请参加仲裁活动或者由劳动争议仲裁委员会通知其参加仲裁活动
申请和受理	申请人申请仲裁应当提交书面仲裁申请，并按照申请人人数提交副本，其劳动争议申请仲裁的时效为一年 劳动争议仲裁委员会收到仲裁申请之日起 5 日内，认为符合受理条件的，应当受理，并通知申请人；认为不符合受理条件的，应当书面通知申请人不予受理，并说明理由
开庭与裁决	仲裁庭应当在开庭的 5 日前，将开庭日期、地点书面通知双方当事人。当事人有正当理由的，可以在开庭 3 日前请求延期开庭。是否延期，由劳动争议仲裁委员会决定 裁决应当按照多数仲裁员的意见作出，少数仲裁员的不同意见应当记入笔录。仲裁庭不能形成多数意见时，裁决应当按照首席仲裁员的意见作出。裁决书应当载明仲裁请求、争议事实、裁决理由、裁决结果和裁决日期。裁决书由仲裁员签名，加盖劳动争议仲裁委员会印章

(续表 3-12-24)

要　点	内　容
仲裁书的效力	下列劳动争议，除本法另有规定外，仲裁决终局裁决，裁决书自作出之日起发生法律效力： ①追索劳动报酬、工伤医疗费、经济补偿或赔偿金，不超过当月最低工资标准12月金额的争议 ②因执行国家的劳动标准在工作时间、休息休假、社会保险方面发生的争议

第六节　构建和谐劳动关系法规和政策

一、集体协商的原则和内容（表3-12-25）

表 3-12-25　集体协商的原则和内容

要　点	内　容
集体协商的原则	①遵守法律、法规、规章和国家相关规定 ②相互尊重，平等协商 ③诚实守信，公平合作 ④兼顾双方合法权益 ⑤不得采取过激行为
集体协商的内容	劳动报酬、工作时间、劳动安全与卫生、补充保险和福利、女职工和未成年工的特殊保护、职业技能培训、劳动合同管理和奖惩措施等

二、集体协商的代表和程序（表3-12-26）

表 3-12-26　集体协商的代表和程序

要　点		内　容
集体协商的代表		双方人数应该相等，最少3人，包括1名首席代表
集体协商的程序	协商前准备工作	①熟悉集体协商的法律、法规、规章和制度 ②了解与协商内容有关的资料和各方意向 ③拟定协商议题 ④确定协商时间和地点 ⑤确定一名中立的记录员
集体协商的程序	集体协商会议由双方轮流执行	①宣布会议议程和纪律 ②一方提出要求，另一方回应 ③双方各自发表意见并讨论 ④双方首席代表归纳意见

三、集体合同的规定（表3-12-27）

表3-12-27 集体合同的规定

要点	内容
集体合同的订立、变更、解除和终止	（1）集体合同应当有2/3以上职工代表或者职工出席，且须经全体职工代表半数以上或者全体职工半数以上同意方能通过草案，一般有效期1到3年 （2）变更或解除合同情况： ①用人单位无法履行合同 ②因为不可抗力导致无法履行 ③集体合同约定的解除或变更情况出现 ④法律、法规和规章规定的其他情况
集体合同审查	①集体协商双方的主体资格的合法性 ②协商程序是否符合相关法律法规和相关政策 ③合同是否与国家规定相抵触

四、集体协商争议的协调处理

1. 集体协商争议处理的主体
2. 集体协商争议协调处理的管辖
3. 集体协商争议协调处理的程序

（1）受理协调处理的申请。

（2）调查了解争议情况。

（3）研究制定协调处理争议的方案。

（4）对争议双方进行协调处理。

（5）制作协调处理协议书。

第十三章　我国健康与计划生育法规与政策

本章知识体系

我国健康与计划生育政策法规 ｛ 公共卫生法规与政策　医疗服务体制法规与政策　城市社区卫生服务法规政策　食品药品安全法规和政策　计划生育法规与政策

第一节　公共卫生法规与政策

一、公共卫生体系建设

（一）主要内容

公共卫生以疾病预防为主，它的功能包括：

（1）健康检测与分析。
（2）调查处理疾病爆发流行和突发公共卫生事件。
（3）建立和实施疾病预防和健康促进项目。
（4）制定法律法规推进卫生执法改革。

到目前，我国已建立县、乡、村"三级农村卫生网络"，同时，注重全方位的公共卫生研究，启动疫情及突发公共卫生事件的网络直报系统，覆盖所有卫生医疗机构。

（二）基本公共卫生服务均等化（表 3-13-1）

表 3-13-1　基本公共卫生服务均等化

要　点	内　容
基本公共卫生服务项目	国家基本公共卫生服务项目包括免费为城乡居民提供健康档案、健康教育、预防接种、传染病防治、儿童保健、孕产妇保健、老年人保健、高血压等慢性病管理、重性精神病管理、卫生监督协管等
增强国家重大公共卫生服务项目	①艾滋病、血吸虫病等重大传染病防治 ②适龄妇女"两癌"检查、农村孕产妇住院分娩补助等重大公共卫生服务项目 ③对居民健康有重大影响的公共卫生服务项目，如食品安全职业卫生、精神卫生、慢性病防控、重大地方病防控、卫生应急等
加强公共卫生服务能力建设	提高疾病监测、预防、控制能力和突发公共卫生事件应急处置能力。加强流动人口以及农村留守儿童和老人的公共卫生服务和重大传染病防控工作

二、疾病预防体制建设

（一）建立及发展

2005年，卫生部发布《关于疾病预防控制体系建设的若干规定》，提出重点加强国家、省、设区的市、县级疾病预防控制机构和基层预防保健组织建设。

2008年3月11日，卫生部、国家发展和改革委员会、教育部、财政部、国家食品药品监督管理局联合下发《关于实施扩大国家免疫规划的通知》，规定从2007年起，扩大国家免疫规划疫苗范围，全国范围国家免疫规划疫苗种类由6种扩大到14种，预防的传染病由7种增至15种。

（二）疾病预防控制法规与政策的主要内容（表3-13-2）

表3-13-2 疾病预防控制法规与政策的主要内容

要点		内容
职业病防治		①劳动者职业卫生保护权利 ②职业病防护措施 ③职业病诊断与职业病病人保障
精神卫生工作	工作原则	预防为主、防治结合、重点干预、广泛覆盖、依法管理
	工作机制	政府领导、部门合作、社会参与
	组织领导	卫生部门、民政部门、公安部门、司法部门分工协作
	重点人群	未成年人、妇女、老年人、受灾人群、职业人群、被监管人群
艾滋病治疗与救助		①对医疗机构在艾滋病治疗过程中的要求 ②对政府在艾滋病救助过程中的要求

三、突发公共卫生事件的应对机制建设

突发公共卫生事件是指突然发生，造成或者可能造成社会公众健康严重损害的重大传染病疫情、群体性不明原因疾病、重大食物和职业中毒以及其他严重影响公众健康的事件。

1. 组织领导——制定应急预案
2. 监测预警系统——建立预防控制体系
 （1）制订监测计划。
 （2）数据评价。
 （3）应急教育。
 （4）应急演练。
 （5）及时报告。
3. 应急预案的启动与执行
4. 突发公共卫生事件的信息管理

它主要包括信息的收集、分析、处理、报告、应用、通报和发布等内容。

第二节 医疗服务体制法规与政策

一、城市医疗服务体制（表3-13-3）

表3-13-3 城市医疗服务体制

要 点	内 容
巩固完善基层医疗卫生机构运行新机制	①深化基层医疗卫生机构综合改革 ②提高基层医疗卫生机构服务能力 ③推进全科医生制度建设 ④促进人才向基层流动 ⑤加快推进基层医疗卫生机构信息化
完善基本药物制度	①扩大基本药物制度实施范围 ②完善国家基本药物目录 ③规范基本药物采购机制
公立医院改革试点	①落实政府办医责任 ②推进公立医院补偿机制改革 ③控制医疗费用增长 ④推进政事分开、管办分开 ⑤建立现代医院管理制度 ⑥开展医院管理服务创新 ⑦全面推进县级公立医院改革 ⑧拓展深化城市公立医院改革

二、农村医疗服务体制（表3-13-4）

表3-13-4 农村医疗服务体制

要 点	内 容
乡镇卫生院的设置规划	县级人民政府卫生行政部门根据本行政区域卫生发展规划、医疗机构设置规划和乡镇建设发展总体规划，统筹考虑本行政区域内农村居民的卫生服务需求、地理交通条件以及行政区划等因素，编制乡镇卫生院设置规划，经上一级地方人民政府卫生行政部门审核，报同级人民政府批准后在本行政区域内发布实施
乡村医生队伍建设	①乡村医生的职责 ②村卫生室的设立和乡村医生的配置。原则上，每个行政村设置一所村卫生室，人口较多或者居住分散的行政村可酌情增设；乡镇卫生院所在地的行政村原则上不设村卫生室。原则上每千人应有一名乡村医生，每所村卫生室至少有一名乡村医生执业 ③乡村医生的聘用和管理。乡村医生聘用应当遵循"县聘、乡管、村用"的原则。乡村医生必须具有乡村医生执业证或执业（助理）医师证书，并在卫生行政部门注册且获得相关执业许可 ④相关政策与制度保障，主要有乡村医生补偿政策、乡村医生养老政策及乡村医生培养培训制度

第三节 城市社区卫生服务法规与政策

一、社区卫生服务机构需具备的条件

（一）社区卫生服务中心（表3-13-5）

表3-13-5 社区卫生服务中心

要点	内容
医师	至少6名全科执业医师（副高职称、中医类、公共卫生类各1名）
护士	9名注册护士（至少1名中级以上注册护士）
面积	不低于1000平方米

（二）社区卫生服务站（表3-13-6）

表3-13-6 社区卫生服务站

要点	内容
人员	至少2名全科执业医师
面积	不低于150平方米

二、社区卫生服务机构的服务对象（表3-13-7）

表3-13-7 社区卫生服务机构的服务对象

要点	内容
我国新型城市卫生服务体系	①社区卫生服务机构 ②医院 ③预防保健机构
服务对象	①社区 ②家庭 ③居民
重点服务人群	妇女、儿童、老年人、慢性病人、残疾人、贫困居民等

三、社区卫生服务机构的服务内容（表3-13-8）

社区卫生服务机构的服务内容为两项，即公共卫生服务和基本医疗服务。

表3-13-8 社区卫生服务机构的服务内容

要点	内容
公共卫生服务	健康教育、传染病、慢性病防治、计划免疫、妇幼保健、老年保健、康复、计划生育技术指导等12项具体内容
基本医疗服务	主要是"小病""常见病""多发病"，对于限于技术和设备条件难以安全、有效诊治的疾病，则应及时转诊到上级医疗机构

四、社区卫生服务的筹资与补偿机制

政府补贴、有偿服务、纳入医保、多途径筹资。

第四节　食品药品安全法规和政策

一、食品安全法规与政策

（1）工作目标。

《国务院关于加强食品安全工作的决定》目标：用三年时间整顿食品安全，抑制违法犯罪行为，突出问题得到有效解决；用五年时间完善食品安全机制、法律法规和标准体系、检测检验方法和风险检测等。

（2）明确监管体制。
（3）落实经营单位的主体责任。
（4）监管常态化和社会化。
（5）强化基层管理工作体系。
（6）加大政府资金投入。
（7）落实事故处置制度。

二、药品安全法规与政策

（一）工作标准

《国家药品安全"十二五"规划》要求，通过五年努力提高药品标准和质量，完善监管体系，进一步规范药品生产研制流通等流程，使得药品安全保障能力接近世界领先水平，药品安全水平和人民满意度提高。

（二）药品安全重点项目

（1）国家药品、医疗器械标准提高行动计划。
（2）药物上市后不良反应监测和安全性再评价工程。
（3）应急管理体系建设工程。
（4）药品安全基础设施建设工程。
（5）国家药品监管信息系统二期工程。
（6）人才队伍素质提高工程。

（三）强化药品全过程质量监管

（1）严格监管药品研制。
（2）严格监管药品生产。
（3）严格监管药品流通。
（4）严格监管药品使用。

（四）依法严厉打击制作售卖假劣药品行为

第五节 计划生育法规与政策

一、我国计划生育政策法规的形成

2001 年颁布了《中华人民共和国人口与计划生育法》。

2009 年国务院审议通过了《流动人口计划生育工作条例》。

二、计划生育政策法规的一般规定

1. 实行计划生育是我国的基本国策

《人口与计划生育法》以法律形式确定了计划生育基本国策的地位。

2. 稳定现行的生育政策

2013 年 11 月 15 日，十八届三中全会通过的《中共中央关于全面深化改革若干重大问题的决定》提出"坚持计划生育的基本国策，启动实施一方是独生子女的夫妇可生育两个孩子的政策"。这标志着延宕多年的"单独二孩"政策将正式实施。"单独二孩"是指夫妻双方一方为独生子女的可生育第二个孩子。

3. 推行计划生育工作中应当严格依法行政，文明执法，不得侵犯公民的合法权益

4. 公民有生育的权利，也有依法实行计划生育的义务，夫妻双方在实行计划生育中负有共同的责任

5. 实行计划生育的育龄夫妻免费享受国家规定的基本项目的计划生育技术服务

6. 奖励与帮助

（1）自愿终身只生育一个子女的夫妻，国家发给"独生子女父母光荣证"，享受独生子女父母奖励。

（2）独生子女发生意外伤残、死亡，其父母不再生育和收养子女的，地方人民政府应当给予必要的帮助。

（3）公民晚婚晚育，可以获得延长婚假、生育假的奖励或者其他福利待遇。

（4）公民实行计划生育手术，享受国家规定的休假；地方人民政府可以给予奖励。

7. 支持优惠和优先照顾

（1）地方各级人民政府对农村实行计划生育的家庭发展经济时，给予资金、技术、培训等方面的支持、优惠。

（2）对实行计划生育的贫困家庭，在扶贫贷款、以工代赈、扶贫项目和社会救济等方面给予优先照顾。

8. 征收社会抚养费

征收社会抚养费是国家推行计划生育的一项必要的经济限制措施。公民违反规定多生育子女，客观上对经济和社会发展、资源利用、环境保护造成了影响，加重了社会公共投入的负担，所以法律规定对其征收社会抚养费，是对社会公共投入的一种补偿，也是承担经济后果的一种法律责任。

三、对流动人口计划生育的管理办法（表3-13-9）

表3-13-9　对流动人口计划生育的管理办法

要点	内容
工作的对象	离开户籍所在地，以工作、生活为目的异地居住的成年育龄人员
户籍地和现居住地政府的职责	①流动人口的计划生育工作由其户籍所在地和居住地的地方人民政府共同管理，以现居住地管理为主，户籍所在地人民政府予以配合 ②流动人口现居住地的地方人民政府负责对流动人口计划生育工作的日常管理，并将流动人口计划生育工作纳入当地计划生育管理
流动人口婚育证明的办理及生育服务登记	①成年育龄妇女在离开户籍所在地前，应当凭合法的婚姻、身份证件，到乡（镇）人民政府、街道办事处办理婚育证明 ②成年育龄妇女到现居住地后，应当在30日内向现居住地的乡（镇）人民政府或者街道办事处提交婚育证明 ③流动人口可在现居住地办理第一个子女生育服务登记，登记时提供夫妻双方的身份证、结婚证、女方的婚育证明和男方户籍所在地出具的婚育情况证明材料

第十四章 我国社会保险法规与政策

本章知识体系

我国社会保险法规与政策
- 养老保险法规与政策
- 医疗保险和生育保险法规与政策
- 失业保险法规与政策
- 工伤保险法规与政策
- 社会保险管理法规与政策
- 军人保险法规与政策

第一节 养老保险法规与政策

一、城镇职工基本养老保险

（一）基本制度（表 3-14-1）

表 3-14-1 基本制度

要点		内容
缴费比例	企业	不超过企业工资总额的 20%
	个人	本人缴费工资的 8%
个人账户与统筹基金相结合		个人账户即个人缴纳部分：不能提前支取、随同职工调动转移、可以继承
计发办法		①参保者领取基本养老金的两个基本条件：达到法定的退休年龄和累计缴费满 15 年 ②基本养老金待遇由社会统筹养老金和个人账户养老金共同构成

（二）职工基本养老保险关系的转移、接续

个人跨统筹地区就业的，其基本养老保险关系随本人转移，缴费年限累计计算，个人达到法定退休年龄时，基本养老金分段计算、统一支付。

二、城乡居民基本养老保险制度的法规与政策（表 3-14-2）

表 3-14-2 城乡居民基本养老保险制度的法规与政策

要点	内容
参保范围	年满 16 周岁（不含在校生）、未参加城镇职工基本养老保险的城乡居民，可以在户籍地自愿参保

(续表 3-14-2)

要点	内容	
基金筹集	个人缴费	每年100至2000元12个档次，适时调整
	集体补助	补助标准由村民会议民主决策，鼓励其他形式资助
	政府补贴	①基础养老金：中央财政补助西部100%、东部50% ②参保缴费补贴：地方财政不少于每人每年30元，对缴费困难群体，政府代缴部分或全部
养老金待遇	养老金待遇由基础养老金和个人账户养老金组成，支付终身 　　中央政府确定基础养老金最低标准。地方政府可以根据实际情况提高基础养老金标准，对于长期缴费的，可适当加发基础养老金，提高和加发部分的资金由地方政府支出 　　个人账户养老金的月计发标准为个人账户全部储存额除以139。参保人死亡，个人账户中的资金余额，可以依法继承	
与职工养老保险制度的衔接	我国建立了城乡居民基本养老保险制度与城镇职工养老保险制度之间的衔接机制，主要是为了解决劳动者跨行业流动过程中，尤其是进城务工劳动者的养老保险权益问题	

第二节　医疗保险和生育保险法规与政策

一、基本医疗保险制度的法规与政策
（一）城镇职工基本医疗保险的规定
1. 覆盖范围和缴费办法（表3-14-3）

表3-14-3　覆盖范围和缴费办法

要点	内容
覆盖范围	城镇所有用人单位及其职工，包括： ①企业（国有企业、集体企业、外商投资企业、私营企业等） ②机关 ③事业单位 ④社会团体 ⑤民办非企业 　　无雇主的个体商户、未在用人单位参加职工基本医疗保险的非全日制从业人员以及其他灵活就业人员可以参加职工基本医疗保险
缴费办法	由用人单位和职工共同缴纳。用人单位缴费率：职工工资总额的6%左右；职工缴费率：本人工资收入的2%

2. 统筹模式和补偿方式（表 3-14-4）

表 3-14-4　统筹模式和补偿方式

要点		内容
支付范围		要求：统筹基金和个人账户要划定各自的支付范围，分别核算，不得相互挤占
统筹基金支付原则	起付标准	原则上控制在当地职工年平均工资的 10% 左右，起付标准以下的医疗费用，从个人账户中支付或由个人自付
	最高支付限额	原则上控制在当地职工年平均工资的 4 倍左右。起付标准以上、最高支付限额以下的医疗费用，主要从统筹基金中支付，个人也要负担一定比例。超过最高支付限额的医疗费用，可以通过商业医疗保险等途径解决

3. 有关人员的医疗待遇

离休人员、老红军的医疗待遇不变，医疗费用按原资金渠道解决，支付确有困难的，由同级人民政府帮助解决。

二等乙级以上革命伤残军人的医疗待遇不变，医疗费用按原资金渠道解决，由社会保险经办机构单独列账管理。医疗费支付不足部分，由当地人民政府帮助解决。

退休人员参加基本医疗保险，个人不缴纳基本医疗保险费。对退休人员个人账户的计入金额和个人负担医疗费的比例给予适当照顾。

国家公务员在参加基本医疗保险的基础上，享受医疗补助政策。

为了不降低一些特定行业职工现有的医疗消费水平，在参加基本医疗保险的基础上，作为过渡措施，允许建立企业补充医疗保险。企业补充医疗保险费在工资总额 4% 以内的部分，从职工福利费中列支，福利费不足列支的部分，经同级财政部门核准后列入成本。

（二）城镇居民基本医疗保险的规定（表 3-14-5）

表 3-14-5　城镇居民基本医疗保险的规定

要点		内容
参保范围		城镇职工基本医疗保险外的城镇居民，包括中小学生和少年儿童
筹资水平		考虑因素： ①当地经济发展水平 ②不同人群的基本医疗消费需求 ③当地居民家庭负担能力 ④当地财政负担能力
缴费和补助		享受最低生活保障的人，丧失劳动能力的残疾人、低收入家庭 60 周岁以上的老年人和未成年人等所需个人缴费部分，由政府给予补助
费用支付	重点支付	住院、门诊大病医疗支出
	逐步试行	门诊医疗费用统筹
	使用原则	以收定支、收支平衡、略有结余

(三) 新型农村合作医疗的规定

1. 筹资标准（表 3-14-6）

表 3-14-6 筹 资 标 准

要　点	内　容
筹资机制	新型农村合作医疗制度实行个人缴费、集体扶持和政府资助相结合的筹资机制
筹资标准（2014年）	①各级财政对新农合和居民医保人均补助标准在 2013 年的基础上提高 40 元，达到 320 元。其中：中央财政对原有 120 元的补助标准不变，对 200 元部分按照西部地区 80% 和中部地区 60% 的比例安排补助，对东部地区各省份分别按一定比例补助 ②农民和城镇居民个人缴费标准在 2013 年的基础上提高 20 元，全国平均个人缴费标准达到每人每年 90 元左右。个人缴费应在参保（合）时按年度一次性缴清 ③积极探索建立与经济发展水平和农民收入状况相适应的筹资机制，逐步缩小城乡基本医保制度筹资水平差距

2. 统筹补偿方案（表 3-14-7）

表 3-14-7 统筹补偿方案

要　点		内　容
统筹模式和补偿方案	统筹模式	大病统筹＋门诊家庭账户、住院统筹＋门诊统筹、大病统筹（住院＋特殊病种大额门诊）
	补偿原则	以收定支、收支平衡、略有结余
	补偿方案内容	起付线、封顶线、补偿比例、补偿范围
基金使用和补偿范围		①视地方模式主要建立大病统筹、住院统筹、门诊（家庭账户）统筹和风险基金 ②政府另行安排资金的公共卫生服务项目不应列入补偿范围 ③新参合农民的体检费用的适当支付 ④孕产妇住院分娩费用的适当补偿 ⑤结余较多地区对得到大病补偿农民的二次补偿
住院、门诊补偿管理	住院补偿	①县、乡两级医疗机构原则不分段补偿 ②合理拉开不同级别医疗机构的起付线和补偿比例；引导病人在基层医疗机构就诊
	门诊补偿	①实行门诊家庭账户的地区，家庭账户基金用于家庭成员的门诊费用、住院自费部分、体检费，结余转入下年度 ②实行门诊统筹的地区：明确门诊补偿范围、设定补偿比例；引导农民在乡村两级就诊
转诊和结算办法	县内就医	原则上不需要转诊，提倡医疗机构垫支或现场报销
	县外就医	简化转诊手续和补偿审批程序；规范县外就医行为
	外出农民工就医	农民工输出地与输入地医疗管理部门协商，指定定点就医机构，方便农民工就医

二、生育保险法规与政策（表 3-14-8）

表 3-14-8　生育保险法规与政策

要　点	内　　容
生育保险基金	由单位缴纳，最高不超过工资总额的 1%，个人不缴纳
生育保险待遇	①生育医疗费用 检查费、接生费、手术费、住院费和药费及出院后因生育引起疾病的医疗费，由生育保险基金支付，超出部分由员工个人负担 ②生育津贴

第三节　失业保险法规与政策

一、失业保险基金（表 3-14-9）

表 3-14-9　失业保险基金

要　点		内　　容
失业保险基金构成	构　成	①用人单位及职工缴纳的失业保险费 ②失业保险基金的利息 ③财政补贴 ④依法纳入失业保险基金的其他资金
	具体缴纳	①职工个人缴纳工资的 1%（农民合同制工人本人不缴纳） ②单位缴纳本单位工资总额的 2% ③直辖市、设区的市全市统筹，其他地区按省级政府规定 ④建立失业保险调剂金
失业保险基金的支出		失业保险基金用于下列五项支出： ①失业保险金 ②领取失业保险金期间的医疗补助金 ③领取失业保险金期间死亡的失业人员的丧葬补助金和其供养的配偶、直系亲属的抚恤金 ④领取失业保险金期间接受职业培训、职业介绍的补贴 ⑤国务院规定或者批准的与失业保险有关的其他费用

二、失业保险待遇（表 3-14-10）

表 3-14-10 失业保险待遇

要　点	内　容
领取失业保险金的条件	①按照规定参加失业保险，所在单位和本人已按照规定履行缴费义务满 1 年的 ②非因本人意愿中断就业的 ③已办理失业登记，并有求职要求的
停止领取失业保险金的条件	有下列情形之一，停止领取失业保险金，并同时停止享受其他失业保险待遇： ①重新就业的 ②应征服兵役的 ③移居境外的 ④享受基本养老保险待遇的 ⑤无正当理由，拒不接受当地人民政府指定的部门或者机构介绍的工作的
失业保险金的领取期限	①缴费时间满 1 年不足 5 年，最长的期限为 12 个月 ②缴费时间满 5 年不足 10 年，最长的期限为 18 个月 ③缴费时间 10 年以上，最长的期限为 24 个月
领取失业保险金期间的相关待遇	①医疗保险待遇 ②一次性丧葬补助金、抚恤金（供养配偶、直系亲属）

第四节　工伤保险法规与政策

一、适用范围

中国境内各类企业、有雇工的个体工商户。

二、工伤保险基金（表 3-14-11）

表 3-14-11 工伤保险基金

要　点	内　容
基金构成	单位缴纳的工伤保险费用、工伤保险基金利息、其他资金
差别费率和浮动费率制度	根据不同行业的工伤风险程度确定行业的差别费率，并根据工伤保险费使用、工伤发生率等情况在每个行业内确定若干费率档次
参保费用	①单位缴纳工伤保险费用，职工个人不缴纳 ②数额为本单位职工工资总额乘以缴费率
统筹层次	直辖市、设区的市全市统筹，其他按省级政府规定，设立储备金（省级政府确定）

三、工伤的认定

（一）应当认定为工伤的七种情形

（1）在工作时间和工作场所内，因工作原因受到事故伤害的。

（2）在工作时间前后在工作场所内，从事与工作有关的预备性或者收尾性工作受到事故伤害的。

（3）在工作时间和工作场所内，因履行工作职责受到暴力等意外伤害的。

（4）患职业病的。

（5）因工外出期间，由于工作原因受到伤害或者发生事故下落不明的。

（6）在上下班途中，受到非本人主要责任的交通事故伤害的。

（7）法律、行政法规规定应当认定为工伤的其他情形。

（二）视同工伤的三种情形（表3-14-12）

表3-14-12 视同工伤的三种情形

要 点	内 容
突发疾病	在工作时间和工作岗位，突发疾病死亡或者在48小时之内经抢救无效死亡的
抢险救灾	在抢险救灾等维护国家利益、公共利益活动中受到伤害的
旧伤复发	职工原在军队服役，因战、因公负伤致残，已取得革命伤残军人证，到用人单位后旧伤复发的

（三）不得认定为工伤或者视同工伤的情形

（1）犯罪导致伤亡的。

（2）醉酒或者吸毒的。

（3）自残或者自杀的。

（4）法律、行政法规规定的其他情形。

四、劳动能力鉴定（表3-14-13）

劳动能力鉴定是指劳动功能障碍程度和生活自理障碍程度的等级鉴定。

表3-14-13 劳动能力鉴定

要 点	内 容
劳动功能障碍	分为10个伤残等级，最重为一级，最轻为十级
生活自理障碍	分为3个等级： ①生活完全不能自理 ②生活大部分不能自理 ③生活部分不能自理

五、工伤保险待遇（表3-14-14）

表3-14-14　工伤保险待遇

要　点	内　　容
工伤保险基金的支付情况	（1）在职工因工伤发生的费用中，从工伤保险基金中支付的包括： ①治疗工伤的医疗费用和康复费用 ②住院伙食补助费 ③到统筹地区以外就医的交通食宿费 ④安装配置伤残辅助器具所需费用 ⑤生活不能自理的，经劳动能力鉴定委员会确定的生活护理费 ⑥一次性伤残补助金和一至四级伤残职工按月领取的伤残津贴 ⑦终止或者解除劳动合同时，应当享受的一次性医疗补助金 ⑧因工死亡的，其遗属领取的丧葬补助金、供养亲属抚恤金和因工死亡补助金 ⑨劳动能力鉴定费 （2）在因工伤发生的费用中，由用人单位支付的包括： ①治疗工伤期间的工资福利 ②五级、六级伤残职工按月领取的伤残津贴 ③终止或者解除劳动合同时，应当享受的一次性伤残就业补助金 （3）除此之外，工伤保险基金还存在两种先行支付后再追偿情况，分别是： ①职工所在用人单位未依法缴纳工伤保险费，发生工伤事故的，由用人单位支付工伤保险待遇。用人单位不支付的，从工伤保险基金中先行支付 ②由于第三人的原因造成工伤，第三人不支付工伤医疗费用或者无法确定第三人的，由工伤保险基金先行支付
停止享受工伤保险待遇的情况	①丧失享受待遇条件的 ②拒不接受劳动能力鉴定的 ③拒绝治疗的

第五节　社会保险管理法规与政策

一、社会保险基金与征缴

社会保险基金是各项社会保险制度基金的总称，包括基本养老保险、基本医疗保险、工伤保险、失业保险、生育保险五项基金。

二、社会保险经办与监督

1. 社会保险经办

2. 社会保险监督

（1）立法机构监督。

（2）政府行政部门监督。

（3）社会保险监督委员会监督。

第六节 军人保险法规与政策

军人保险法规与政策（表3-14-15）

表3-14-15 军人保险法规与政策

要点	内容		
军人保险主要内容	①军人伤亡保险 ②退役养老保险 ③退役医疗保险 ④随军未就业的军人配偶保险		
军人保险的管理	军人保险的经办与监督	军人保险基金	《军人保险法》规定构成、来源、征收方式和管理制度
		军队后勤机关财务部门主要职责	①按时足额支付军人保险金 ②及时办理军人保险和社会保险关系转移手续 ③为军人及随军未就业配偶建立保险档案，准确记录保险情况，列明权益记录，准时送达本人 ④为军人及随军未就业配偶提供保险咨询
		地方社会保险经办单位主要职责	①及时办理军人保险和社会保险关系移接手续 ②为军人及随军未就业配偶提供保险咨询等服务
		军人保险监督方式	①解放军总后勤部财务部门和审计机关进行监督 ②军队后勤机关、地方社会保险行政部门进行监督 ③任何单位和个人有权对违法行为进行举报、投诉

参 考 文 献

[1] 全国社会工作者职业水平考试教材编写组.社会工作实务（中级）[M].北京：中国社会出版社，2015.

[2] 全国社会工作者职业水平考试教材编写组.社会工作综合能力（中级）[M].北京：中国社会出版社，2015.

[3] 全国社会工作者职业水平考试教材编写组.社会工作法规与政策[M].北京：中国社会出版社，2015.

[4] 中华人民共和国民政部.全国社会工作师职业水平考试大纲[M].北京：中国社会出版社，2015.

[5] 朱眉华，文军.社会工作实务手册[M].北京：社会科学文献出版社，2006.

[6] [英] Robert Adams.赋权、参与和社会工作[M].汪冬冬，译.上海：华东理工大学出版社，2013.